JN118845

未来哲学双書

〈世界知〉の劇場
キルヒャーからゲーテまで

坂本貴志
Sakamoto takashi

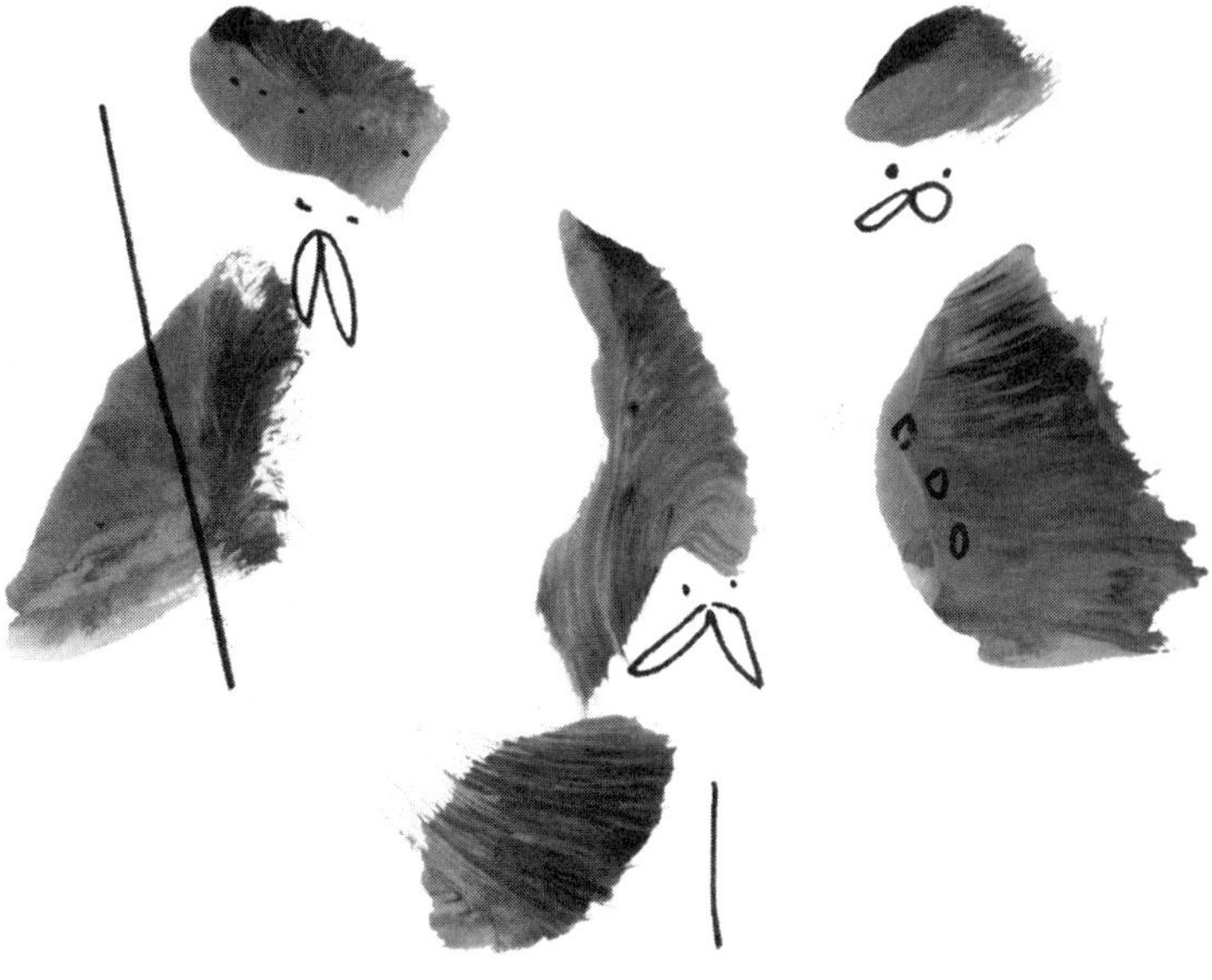

未来哲学研究所
ぷねうま舎

装画＝大森慶宣
装幀＝矢部竜二 BowWow

はじめに

〈世界知〉とは今日聞き慣れぬ言葉である。ドイツ語圏の十八世紀にポピュラーであったドイツ語からの逐語訳であり、原語は Weltweisheit という。辞書を引けば、しかし、この語の訳語は〈世界知〉ではなく「哲学」が一般的である。実際に十八世紀のドイツ語圏でも、「哲学」の意味でこの語は理解された。ただし、「哲学」の意味が、今日のものとは異なる。現代では「哲学」が主として人文科学の領域の中に位置し、人間の精神的内実と社会の構成原理を探究する学問を意味するとすれば、その意味での「哲学」は Weltweisheit の訳語としてはふさわしくない。Weltweisheit は今日の「哲学」の領域を含むと同時に、天文学、物理学、化学、医学生理学、地学、工学といった、自然科学の幅広い諸領域をも知の対象としたからである。博物学ないしは自然誌という、古代的な、そしてその甦りとしてのルネサンス的な学問の性格を Weltweisheit という言葉は濃厚に宿している。古代ギリシアにおいて「哲学《フィロソフィア》」は、文系理系の区別なく総合的かつ普遍的な知への愛を意味したが、そうした古代的な「哲学《フィロソフィア》」への意図的な遡及が Weltweisheit には込められていた。Weltweisheit とは、普遍的な知への愛を意味しており、その根本には、人間を含めた世界を構成する普遍的な原理の探究と、その原理を通したみた神の認識、そしてより良く生きるための知への希求があった。この語が十九世紀以降のドイツ語圏で廃れてしまったのには、その後の人間精神と社会のありようが決定的に影響したが、そうであるからこそ、忘れ去られてしまった知の体系を再構築する努力は、われわれが生きる現代の知と文化の様相をあらためて相対化してみるにあたって意味のある作業でありうるだろう。そのため Weltweisheit の訳語には「哲学」ではなく、博物学的な普遍性を目指した〈世界知〉という言葉こそが、その原義に照らし合わせてふさわしいと考えられる。

〈世界知〉として名指される学は、ドイツ語圏の十八世紀に興隆を見るが、その基本的な有りようを再構成することだけが本書の目標ではなく、また完全な再構成を行うことも、その領域の広さからしてもとより望み得ないことではある。そもそも〈世界知〉の成立および展開についての認識というものが、本書の核心にある問いとの、いわば格闘の中から生まれた、実は副産物と言ってよいのである。最初から〈世界知〉という語が見定められ、そこへと向かおうとする展望の中で本書の探究がなされたということではない。「世界の複数性」と「永遠の哲学」という、鍵となる二つの観念が、バロック期を生きたアタナシウス・キルヒャーの博物学的な知的営為と、啓蒙主義期のヨーハン・ゴットフリート・ヘルダーの同様にスケールの大きな普遍的哲学探究においてともに登場するのはなぜなのか。両者には同質性のみが認められるとするべきなのか、それともそこには何らかの差異を見出すべきなのか、百年近い隔たりのある両者の間に存在した知的展開とは何であったのか。そのような問題意識と関心を携えて、キルヒャーからヘルダーへ、さらにゲーテへと至るドイツ語圏の知性のリレーを追跡してみて、彼らが描いた軌跡の中に浮かび上がったのが〈世界知〉という語なのである。

〈世界知〉という観念は、クリスティアン・トマージウスによってそれと名指され、クリスティアン・ヴォルフとヨーハン・クリストフ・ゴットシェートにより流布し、またカントとヘルダーの意識にしっかりと根を下ろしていた。それは端的にいえば、普遍的かつ総合的な知の探究に他ならず、そこからすれば、いかなる知的営為も本来は〈世界知〉との間に、何らかの関連をもっているはずである。彼らの知的探究の最大公約数として〈世界知〉という語を掲げ、その成立のいわば前史を探りつつ、また〈世界知〉のもったひとつの様相を記述する。それが本書の企図である。

したがって、〈世界知〉はここでは主題というよりはむしろ、キルヒャーからゲーテへと至るドイツ語圏の精神文化の展開をかろうじて名指そうとする、いわば副題のようなものに過ぎない。ゴットシェートは自らの前に見出して総合した学問を〈世界知〉として大きく喧伝したが、その〈世界知〉を構成する主題群こそが主役であり、それらが、キルヒャーからゲーテへと繋がるリレーの中でひとつの連続的な展開をみる、そうした精神文化の歴史こそがここでの主要な関心事となっている。これら主題群の展開は、ある時点においては〈世界知〉として認識されるけれども、この名称を帯びることがなかった局面にあっても、その展開が途絶されることはなかった。対蹠人《たいせきじん》、永遠の哲学、化石、真空、彗星、輪廻転生という、一見互いに脈絡のない観念は、それぞれが固有の意味連関を有しつつ、その上でさらに相互に関連づけられ、ある地平の上に立ち上がってくる。その地平こそが〈世界知〉なのであるが、それがほとんど包括的な学問そのものと同義なのであれば、この語は主題群の共存を可能にする場そのものを名指すということになる。

場というものは、しかし、空間であり、また同時に時間でもある。その「時空の変容」が本書における主題である。右に掲げた主題群は、静的な地平に立ち上がるのではなく、運動を行う媒体を通して登場してくるからであり、この地平は動的なのである。その意味で〈世界知〉は文字どおり、時間の中で創造されたものである。そして主題群の多くは創造の原理と関係し、その由来からして時空のイメージを問題としており、その意味で〈世界知〉は文字どおり、時間の中で創造された空間に現れる万物について、その構成原理を知ろうとする営みに他ならない。そうである以上、主題群が立ち上がる地平の運動とは、キルヒャーからゲーテに至る、時空のイメージの変容を意味しており、この変容を捉えていくこと、これもまた先の主題群の個別的記述と並んで本書のテーマとなる。

対象とする領域が幅広いだけに〈世界知〉のすべての様相に立ち入ることは不可能であるにしても、主として時空という観点から浮かび上がる〈世界知〉の様相を記述すること、これが本書において目指すところとなる。それにあたってはさまざまな観念を援用することになる。世界の複数性、普遍史、自然誌、原子論、古代神学および永遠の哲学といった観念については、日本語に限らずとも、それらを解説する書物には事欠かないが、本書ではこうした観念をあらためて解説し、〈世界知〉の展開を記述することに役立てたい。個々にはすでに存在していたそうした既成の観念が相互に関連する場を〈世界知〉と名指すところに、本書のねらいがあるとも言えるだろう。

ここでは〈世界知〉の時空とは形式であり、それでいてまたひとりひとりの知性の内実そのものであると考えてみたい。本書においてその内実の担い手として登場するのは、十七世紀から十八世紀にかけて、主としてドイツ語圏に生を享けた人々である。「ドイツ語圏」とするのは、今日のいわゆる「ドイツ」だけを地理的な範囲と見定めるためではないからであり、歴史を遡ればかつてはドイツ語が日常語であったが、しかし今日ではいわゆる「ドイツ」ではない、ケーニヒスベルクのような場所の精神文化をも対象とするためである。その意味では唯一、序章で扱うパウルス三世＝アレッサンドロ・ファルネーゼだけは例外である。キルヒャーからゲーテへの知性のリレーを可能にするために、『パルムの僧院』の主人公のモデルともされるこの人から話を説き起こすことにしたが、それは、ルネサンスのイタリアが、その後のドイツ語圏の知性の展開のためのひとつの起点となっているからである。キルヒャーからゲーテへ、これはドイツ語圏のバロック期から啓蒙主義期へと至る〈世界知〉の展開を追う、「世界という時空間」についての物語である。

◇目　次◇

第四章　理性の自律　二人のクリスティアン……113

序　章　対蹠人　パウルス三世

古代神学／永遠の哲学

「対蹠点《たいせきてん》」とは自らの存在する地表上の場所から丸い地球の中心を通って反対側に突き抜けたところの地表点を指す。その場所にいる「対蹠人」はラテン語ではアンティポデス（antipodes）といい、これを文字どおりに訳すと、「足を反対に向ける者」という意味になる。大地の裏側に立って、表側の人間に足を向ける者の謂いである。しかしながら、ヨーロッパの中世では、この「対蹠人」の存在を考えることは異端とされた。例えば七四五年頃、ザルツブルクの司教フィルギールは、マインツの大司教ボニファティウスによって異端の疑いありと宣告されたが、それはほかでもなく、フィルギールが対蹠人の存在を信じたためだったという(1)。

なぜ異端の烙印を押されようとしたのか。それというのも「対蹠人」の存在は、地球がいかなる姿をしているのか、そしてその地球はどのような場所にあるのか、という宇宙論とそもそも関係のあることだったからである。三世紀末から四世紀初頭にかけて活躍したキリスト教の神学者であるラクタンティウスは、地球が球形ではありえず、平坦であるという前提のもとに対蹠人などは存在しないとした。[2] 平坦な地面の裏側に足を反対向きにして立つ人間などは存在しようがないというのである。四世紀初頭のこの考え方は、その後も影響を保ち続けた。

地球の形状からして対蹠人の存在が否定されるべきであったのと同様に、聖書の記述によってもやはり対蹠人の存在は許容しえないことになっていた。というのも、『ローマの信徒への手紙』（一六章二六節）によれば、福音はすべての異邦人に知られるに至ったのであり、そうである以上、福音を知らない人間はそもそも存在しないからである。そのために、キリスト教世界では対蹠人の存在を信ずることは異端であった。ところが大航海時代には、地球が球形であることが証明され、その結果、赤道の下側にヨーロッパに対して足を向ける対蹠人と、彼らと同様に福音を知らない人間が中国や日本に存在することが知られるようになった。そこで、『ローマの信徒への手紙』の記述を逆手に取れば、福音を知らない人間は存在しないのであるから、発見された「対蹠人」は人間ではないことになり、彼らを奴隷化する論理さえも許容されてしまうことになる。

ファルネーゼ家出身の教皇パウルス三世（一四六八―一五四九年、在位一五三四―四九年）は、一五三七年に発した勅書「崇高なる神」において、インディオはキリスト教を信仰するよう教化可能な人間存在であると宣言し、アメリカ大陸の先住民の奴隷化を禁止した。[3] そのすぐ後の一五四〇年、パウルス三世は、イグナティウス・デ・ロヨラ（一四九一―一五五六年）によって創立されたイエズス会を修道会として認可し、これによってイエズス会は福音を伝えるべく、宣教師たちを対蹠人のいる場所、さらには中国や日本へと送り出すようになった。パウルス三世の勅書によって、対蹠人の存在はキリスト教世界の中で公式に認められ、その存在を認めることはもはや異端ではなくなったことになる。

さて、そのパウルス三世に目を向けてみると、今日、ヴァチカンの天使城に残される彼の寝室には、『黄金のロバ』（二世紀後半）の中の有名なエピソード、『アモールとプシュケー』からの場面が天井のすぐ下の側面四方の壁に描かれている。この物語は、イシス神への帰依とピュタゴラス派の輪廻転生の教説とを背景にもつが、この物語から採られた場面が描かれたのは、青年期には人文主義に帰依したパウルス三世の異教趣味だけがその理由ではないように思われる。パウルス三世は、ヴァチカンの図書館司書としてアゴスティーノ・ステウコ（一四九六—一五四九年）を任命したが、ステウコは『永遠の哲学』を一五四〇年に著した際、その献辞をパウルス三世に宛てている。この書こそは、マルシリオ・フィチーノ（一四三三—九九年）が掘り起こした「古代神学」の精神をさらに継承するものなのであった。

「古代神学」とは、オルフェウスやピュタゴラス、ヘルメス・トリスメギストゥスたちを古代の神学者と見立てて、彼らに帰せられるテクスト群——「ヘルメス文書」、「オルフェウス文書」、『シビュラの託宣』、ピュタゴラスの『黄金の歌』など——は、真の宗教の痕跡を含んでいるとみなす考え方である。初期の教父たちの多くもまた、これら異教的なテクストはモーセやノア、さらにはアダムに由来すると主張した。これによって彼らは、オルフェウスやピュタゴラスとの関係が示唆されるプラトンの哲学もまたモーセに由来するとし、プラトンの哲学が真理を含むものとして信仰される道を開こうとした。

このように包摂しようとする動機があった一方で、プラトン哲学の内容はキリスト教として結実する神学の亜流ないしは剽窃だとして、教父たちは異教の哲学者たちを論駁しようとし、また新プラトン主義者をキリスト教に改宗させようとも努めたのだった。[4] 教父たちに倣い、フィチーノやピコ・デラ・ミランドラ（一四六三―九四年）はプラトン主義や新プラトン主義をキリスト教神学の中に統合しようと試みた。フィチーノは、ヘルメス・トリスメギストゥスをモーセと同格の古い実在の人物と見立て、その創始した神学が、オルフェウス、アグラオフェムス、ピュタゴラス、プラトンの師ピロラオスによって継承されたとした。[5]

ステウコの「永遠の哲学」は、この「古代神学」の衣鉢を継いで、事物としての世界と、この世界の生成原因とを一元的に説明する原理を探究しようとする。ステウコによるならば、あらゆる事物の原理とはひとつであり、あらゆる知もまた同じくひとつである。知は総合的で絶対的であることによって、神による事物の創造が明瞭に認識されるようになる。[6] ステウコの考える哲学は神的な智慧の再構成を目指すものであるが、同時にまたその完成へと向かう自律的で、一種の進化論的な力そのものをも孕んでいる。そうした「永遠の哲学」の運動において、ステウコの時代はその第三番目に登場した勢力であり、さかのぼって第二番目がプラトンならびに新プラトン主義の時代、[7] そして最初のインパクトはカルデアの学によって与えられたとする。つまり、カルデアの学がエジプトへと流れ、またギリシア哲学はカルデアとエジプトの学の核心を受容し、また新たに展開させたものに他ならない、というのである。[8] アダムに与えられた本来の啓示とは、智慧、つまりは事物を知るための方法に関する認識であり、[9] この啓示の内実がアダムからその子孫に伝承され、[10] またノアを経て、カルデア、アルメニア、バビロニア、アッシリア、エジプト、そしてフェニキアへと、さまざまな加工をこうむりながらも伝わったとされる。[11] 智慧の総体は時間の経過の中で失われたけれども、古代の神官たちによってかろうじて保たれたために、正しい哲学的な方法によって、つまりはギリシアとローマ時代の文献によるならば、ふたたび再生可能であると考えられた。より後代のものは劣った知であり、最も古いテクストのいわば難破船から残余を回収する必要がある、というのがステウコの考えである。

しかしながらこれら(ギリシアとローマ)の著作を掛け合わせるのが理性的であろうし、常に智慧は必然的にひとつであったか、あるいは後を継ぐ者によって伝承されるか、あるいはまた解釈と判断をともなって引用されるものであるのが明らかなのであるから、二つをともに呼び起こし、集めることが真理なのである。それゆえこれは、対称的形成、しかも永遠の哲学についての、と呼ばれるのである。[12]

エジプトの神学の筆頭にくるのがヘルメス・トリスメギストゥスであり、[13]その教えは『ポイマンドレース』を代表とするヘルメス文書によって伝わる。一方、ギリシアの神学において一番手に数えられるのがオルフェウスであり、これにホメロス、ヘシオドス、タレース、ピュタゴラス、アナクサゴラス、エンペドクレス、パルメニデス、そしてプラトンが連なる、とステウコは考える。[14]エジプトのヘルメス・トリスメギストゥスは、ギリシアの系譜のピュタゴラスやプロティノスといった名と並んで、同一の根源から派生した別の知的系譜をなすものとみなされ、未来の哲学の完成のためのひとつの重要な道標として位置づけられる。

ルネサンス末期のステウコから見て、プラトン哲学と新プラトン主義哲学は「永遠の哲学」の第二波であったのだから、これを研究することは根源にある啓示の智慧の理解に役立ち、それは永遠の営みだというのである。パウルス三世にとっては、聖書に基づかない異教のギリシア・ローマの文献さえも、根源にある啓示の智慧を総合するために有効な手段であるという理論的な後ろ盾を得たことになる。実際に「アモールとプシュケー」の物語の背景にある哲学と宗教、つまりはピュタゴラス派の思想とこれと密接に関係するエジプト伝来のイシス信仰さえも、聖書と関連づけて考えていくことが、「永遠の哲学」によっては可能となるのである。

「永遠の哲学」あるいは「古代神学」という言葉によって名指される精神の運動は、根源にあった啓示と、それについての記憶のさまざまな系譜、そしてその系譜の学的な統合の研究を通して、啓示の真理へと復帰することを目指したものであったと理解される。すべては、同一根源からの派生と劣化なのであり、それらの断片の配置と再構成こそが学の目標となる。そしてこれによって神性の完全なる認識へと導かれるのである。この系譜学の中では、ゾロアスターの教え、プラトン哲学、ユダヤ神秘主義、コーランは、キリスト教の教義と多様に関連づけられ、また多様に組み合わされて解釈される。このように「古代神学」を探究する者たちの思考に特徴的なことは、啓示の記憶はモーセによってのみ伝えられたのではない、とする立場をとることであった。そしてその記憶をさまざまに伝える神学者たちが、オルフェウスやピュタゴラス、ヘルメス・トリスメギストゥスであり、そしてこれら古代神学者たちは、啓示の記憶の連続的な担い手として系譜化されたのである。

「古代神学」のテクストを渉猟する者たちは、「古代神学」の系譜を種々に紡いで根源へと遡及しようとする。その際、「永遠の哲学・古代神学」の思想運動に加担する者は系譜を組み立てるために、本来は別々の古代の神学者たちをときに同一人物に見立てるという手法――ここでは「古代神学的同定」と呼んでみたい――を用いる。この手法が、これから見るようにキルヒャーやジョアシャン・ブーヴェといったイエズス会士の思考方法に受け継がれ、またヘルダーに特徴的であるように、プロテスタントの側でも自然史と普遍史との整合を図る過程で採用されていく。バロック期と啓蒙主義期の知性が東方を見るときのこの特徴的な眼差しは、生命の現象を進化論的に捉えてゆく発想とも親和性をもっており、「永遠の哲学・古代神学」は自然史と出遭うことによって進化論に変容する。この変容は、ドイツ語圏の十七世紀と十八世紀の知性に即して確認されるだろう。

他の天体の住民

さて、いまひとたびパウルス三世に目を向け、彼をしてその後のドイツ語圏における知性の展開のひとつの結節点と捉えるなら、一五四三年、コペルニクスが『天球の回転について』を出版したとき、この書における献辞の宛て先が教皇パウルス三世その人であったことも合わせて考えてみる必要がある。この時代、書において献辞が贈られる人物は、その書の保護者であるのが普通である。ところが、それから七十三年後の一六一六年、この書はローマ法王庁の禁書に指定されてしまった。「世界の中心にある太陽の不動と地球の運動を説くピュタゴラス派とコペルニクスの説は却けられ、有罪とされるべきである」[15]というのであった。このために、コペルニクス説をとるガリレオも同年にローマの異端審問所へと召喚され、教皇パウルス五世によってコペルニクスの説は異端であると布告された。またガリレオと同じ立場をとったジョルダーノ・ブルーノ（一五四八―一六〇〇年）は、すでに一六〇〇年に異端として火刑に処せられていた。パウルス三世の時代からパウルス五世の時代までに生じた変化とは何であったのだろうか。

トーマス・クーンは『コペルニクス革命』（一九五七年）において、コペルニクス主義という天文学的かつ科学的立場の遵守よりは、三位一体を巡る解釈こそがブルーノを異端として断罪するにあたって決定的な意味をもっていたと指摘している[16]。その背景には、地動説そのものではなく、地動説に付随する世界認識の問題、つまりは「対蹠人」を巡って異端が宣告されたのと同じ問題があると考えられる。かつて、大地は球形であるとは信ぜられず、そのために「対蹠人」は存在しないのであったが、同様に世界の中心に不動の地球があるからこそ、「他の天体の住民」など存在しないはずであった。存在するとすれば彼らに福音は届いているのかと、「対蹠人」の場合と同じ問いが生まれてしまうのである。しかしいま、コペルニクスはパウルス三世への献辞の中でまさしく、大地の形状について、かのラクタンティウスの不明を指摘し、同時に地動説の先駆としてピュタゴラス派のフィロラオスの名を挙げる[17]。そのピュタゴラス派こそは、「月はもうひとつの地球である」[18]（ガリレオ『星界の報告』一六一〇年）と考えたのであり、「もうひとつの地球」であれば「対蹠人」のような存在もまた自然であるだろう。そしてコペルニクスの地動説は、もともとコペルニクス主義というよりは、ガリレオもそう名指したように、古くからあるピュタゴラス派の説として認識されていた[19]。

「もうひとつの地球」とその住民との必然的関係は、ピュタゴラス派のプロクロス（四一〇頃―四八五年）に即して示すことができる。プロクロスはプラトンの『ティマイオス』32B の、宇宙における四大の配合について注釈をほどこす際、ピュタゴラス派は、宇宙の至る所に火と土があり、それらが天空の水である水星と、風である金星の力によって混ぜ合わされると考えた、と記している。その根拠としてプロクロスは、オルフェウス派の詩の断片を以下のように引用している。

彼はもう一つの果てしなく広大な地球をつくりあげた。それを「セレネ」と不死なる者たちは呼んでいるが、地上の人間たちは「月」と呼んでいる。そこには多くの山、多くの街、多くの家がある。

(『ティマイオス注解[20]』)

「月」は天空に浮かぶもうひとつの「地球」であり、そうであれば、地球もまた球形である。ディオゲネスが紹介するように、ピュタゴラス派は地球が球体であり、対蹠地の側にも住民が存在すると考えていた[21]。対蹠人を信ずることがかつて異端だったのであれば、今度は月の住民を考えることがやはり異端となるであろう。三位一体のうちのキリストは、月の住民とどのような関係をもつのか、それが問題となる。

復活する原子論

パウルス三世は、ルターによって「エピクロス主義者」と指弾された[22]。これは「快楽主義者」という意味の他に、文字どおりエピクロスの説を信奉する者、つまりは原子論者の意味があり、後者は古代以来しばしば無神論者であるとして誹謗されてきた。パウルス三世が、単に「快楽主義者」の烙印を押されたのではないことは、彼が若き日にルクレーティウスに親しんだことからも想像される。[23] コペルニクス主義と月の住民と原子論とは、ひとつの必然的な意味連関の中にあり、デモクリトス、エピクロス、ルクレーティウスと原子論とによって世界の生成原理を説明しようとした者たちはすべて、他の天体の住民の存在——これを「世界の複数性」と呼ぼう——を主張したのだった。

ここで簡単に原子論の歴史を振り返っておきたい。タレース、アナクシマンドロス、ヘラクレイトス、エンペドクレスが、万物の構成因としてそれぞれ、水、空気、火、あるいは四大の要素すべてを考えたのに対して、デモクリトス（前四六〇頃—前三七〇年頃）はこれら自然哲学者たちが提起した自然の構成因に満足することなく、原子と真空のみによって万物の生成を説明する原子論の始祖となった。[24] デモクリトスの原子論はアリストテレスによって否定されるが、エピクロス（前三四一—前二七一年）の継承するところとなった。エピクロスは原子が重さをもつとして論を拡張し、霊魂もまた物体であるとみなして、それをいずれは分散し消えゆくものと考えて死後の世界を認めなかった。[25] エピクロスの原子論は、ローマ時代にルクレーティウス（前九五—前五五年）の詩によって歌われ、ルキアノスの諷刺を支える根拠となった。さらに紀元後三世紀には、プラトン派やアリストテレス派が衰退を迎えるなか、エピクロス派だけは代々学頭を立てて学派を維持することができた。この時期に執筆されたと一般に推測されているディオゲネス・ラエルティオスの『哲学者列伝』が、プラトンよりも多く最大の紙数を割いてエピクロスを取り上げ、その書簡を三つも引用しながら別格の扱いで紹介していることからも、この学派に対する関心の高さを窺い知ることができる。

だが、キリスト教が国教化されてゆくローマ帝国においては、この国教と相容れぬものとして原子論は斥けられていくことになる[26]。また、帝国分裂後もアテナイで命脈を保っていたギリシア哲学の系譜も、五二九年に東ローマ帝国皇帝ユスティアヌスが発した「異教による教育の禁止令」によって終焉を迎える。ルクレーティウスの写本のうち、現存する最古のものは九世紀の成立であり、また『哲学者列伝』の写本は十三ないしは十四世紀に遡るとされる[27]。スティーヴン・グリーンブラットは、教皇庁に書記として仕えた人文主義者ポッジョ・ブラッチョリーニ（一三八〇―一四五九年）がドイツのとある修道院で一四一七年にルクレーティウスの写本を発見するまでは、中世の間、原子論は抑圧され、忘却されていたと劇的に描いている[28]。原子論は、キリスト教の世界においては実際に傍流に押しやられて肩身が狭い思いを強いられた。

ルクレーティウスの書は、一四七三年に活版印刷され、その後イタリアだけでも五回、刷りを重ねている。ブルーノは『無限、宇宙および諸世界について』（一五八四年）の中でルクレーティウスを引用し、真空と原子の存在を肯定した。ピュタゴラス＝コペルニクス主義によって導かれるブルーノの「諸世界」、すなわち「世界の複数性」は、天空の恒星をいずれも太陽と見立てるものであり、宇宙は全体として中心をもたず無限である。太陽がひとつひとつの世界の中心であるとしても、それらが無限に広大な空間に浮かんでいる様は、原子が無限の真空空間の中に存在するというイメージとよく馴染む。コペルニクス主義と原子論という、それぞれがまったく異なるように見える考え方は、ともに虚無的な無限の宇宙空間というフォーマットの上に展開されている。このフォーマットを原子論がコペルニクス主義に提供したことが、近代になって復活した原子論のもたらした貢献である、とトーマス・クーンはみている[29]。そして、この原子論の背景にある真空を巡るドイツ語圏の知性の展開を見ていくと、それがアリストテレスと同じく真空を否定したデカルトを批判することから始まるのが理解されるのである。

クーンは、スコラ学の基盤をなすアリストテレスの「充満」を説明し、物体とは異なるある拡がり、つまりは「真空」というものが宇宙には存在せず、物体が占める体積によってのみ空間が定義されるとする[30]。宇宙の中心に、土、水、空気、火の四大が集まって、生成しかつ消滅する世界の舞台である地球を形成し、この四大の生成圏の外側が、月を始めとする惑星および天体を構成するエーテルの世界であり、この惑星の世界を恒星天が包み込むことによって有限の宇宙は閉じられる。有限の宇宙の外側には空間も物質も存在しない[31]。宇宙が中心をもつことと、有限であることとは、「充満」の考えと分かちがたく結びついている。一方で、デモクリトスやレウキッポスといった原子論者たちは、アリストテレスが否定した「真空」を場として、そこに存在する分割不可能な原子の結合によって万物を説明しようとした。そのような場が特異点となるような中心をもたず、またそうである以上は無限と親和する考え方となるのはそれこそ自然なことである。中心をもつ有限の「真空」なき宇宙というアリストテレスの空間理解は、中心なき「無限の中立的空間」とは本質的に相容れないものであり、むしろ対峙するものであった。

無限の空間に浮かぶ原子の集合から事物と天体が構成されるときに、地球が特別の中心を占める必然性はなく、天空に浮かぶ月もまた、もうひとつの地球であることになり、地球も無限の空間の中でその位置は相対的なものとなる。そうした相対性の現実的な姿がピュタゴラス＝コペルニクスの地動説であるとすれば、このような世界観の中でキリスト教の意味を考えることは、「永遠の哲学・古代神学」によって異教徒と対蹠人をアダムの子孫と位置づけ、キリスト教へと教化していくことに比して、さらに難しいものとなるだろう。

天界への転生

ピュタゴラス派には、もうひとつの地球は冥界であるとする考え方もあり、「魂《プシュケー》」が死後に旅立っていく先は月だとも考えられていた。つまり、月の住民は死者でもあるという。イアンブリコスの『ピュタゴラス伝』によれば、月は太陽とともに死者の国とも考えられている。

浄福なる者たちの島はどこにあるか？　太陽と月である。(32)

これはピュタゴラス派の人々が伝えた「アクゥスマタ」、つまりは口頭の教えのひとつであるが、月が輪廻転生を終えた人間の魂が赴く先であるならば、月の住民は、地球上の人間が生まれ変わった姿であることになる。ピュタゴラスの哲学を伝える、いわゆる『黄金の詩』の最後の詩節、「そして君がいつか身体を後に残して自由なアイテール（蒼天）へ行き着いたならば、君は不死なる神であるだろう(33)」からも、輪廻転生を終えた魂の天界への帰昇というイメージは読み取ることができる。それはまた、地球上の人間の死後の場所を月に求めることができるということでもあろう。

この点に関連して、チューリッヒの古典学者フリッツ・ヴェーアリは、ポントスのヘラクレイデス（前三九〇頃―？）が天界と見立てられた宇宙空間への、死後の魂の旅を考えてはいるものの、居住可能な他の諸惑星が、人間とは異なる存在の住まう場所であるのか、それとも輪廻転生する人間が住む処であるのかは判然としない、としている。[34] さらに、神話学者カール・ケレーニイは、プルタルコスの『月面に見える顔について』などを引き合いに出しながら、天上の冥界（ハデス）として月を位置づけ、人間の魂が死後に赴く先であるとやはり考えている。[35]『月面に見える顔について』では、巨人クロノスが幽閉されたという島に伝わる神話として、月は太陽があたえる知性の刻印を受けた魂を、地球上に誕生する人間に授け、大地は身体を人間に与えるという。月は、アリストテレスに抗して、地球同様に土からなる、とそこでは語られる。死後の魂は月へと帰り、理知的な生を地上で送ったものは一定の期間の後、さらに第二の死を迎えて魂を月に残し、分離された知性が太陽へと帰還する。そうではない場合は、魂は月へと到達することも許されず、また月で過ごす魂も新たに罪を犯すならば、大地へと押し戻され、人間として生まれるというのである。[36] クロノスに仕える従者たちは、月から舞い戻った神霊とされるが、[37] これはイアンブリコスが伝えるピュタゴラスについての伝承、すなわち「ピュタゴラスは月に住んでいるダイモーンの一人[38]」とまさに符合する。地球の人間存在と比較して、一段上の洗練を得た存在であるダイモーンであるために、神人ピュタゴラスはその超人性を発揮したと考えられるのである。オルフェウス派の詩の断片に描かれる月の世界は、それゆえ人間が死後に赴く先として考えることが可能であり、月の住民を、地球の人間が転生した存在としてみることもできる。古代世界における他の天体の住民は、地球上の人間と純粋に等しく同じ境遇にある存在というよりは、地球上の人間が転生してゆく存在として考えられたともみることができよう。

プルタルコスが紹介する、月を冥界とする神話において重要なことは、魂は知性が分離された後に「幻影」として月に取り残され、いずれは「死者の身体が土へと分解していくように、月へと分解」していく一方で、太陽から月へと知性が蒔かれると、月は新しい魂を生み出し、これに地球の大地が身体を与える、という考えである。ギリシア語で「コレー（娘）」、ラテン語でペルセポネと呼ばれる月は、生と死を支配するために、最も敬われるべき神であるとクロノスの従者は述べるが[39]、月は天空に浮かぶ大地の鏡像であり、また人間の鏡像の故郷でもあり、この故郷への帰還の後、さらなる高みへと人間の中で最も神的な部分である知性が昇りゆく転生のイメージを月は担っている。ここには、十八世紀のドイツ語圏の思想で流行をみる、他の天体の住民の存在と、その存在への地球人の転生の夢の原型がある。

パウルス三世が教皇に即位したときは、カール五世の神聖ローマ帝国皇帝軍によって徹底的な略奪が行われた「ローマ劫掠《ごうりゃく》」（一五二七年）から七年しか経っていなかった。「ローマ劫掠」の十年前には、ルターがヴィッテンベルクの教会の扉に「九十五カ条の提題」を打ち付けて、免罪符発行をめぐるカトリック教会の堕落を弾劾した。そして、その後のトリエント公会議においてパウルス三世の主導により、カトリック教会の改革が図られていく。そうした時代を背景として、パウルス三世の周囲には、「対蹠人」と「月の住民」（世界の複数性）、地動説と原子論、「永遠の哲学」とピュタゴラス派の輪廻転生というイメージが、それぞれ手を携えて複雑に絡み合いながら漂っている。これらの観念のさまざまな変奏を、バロック期から啓蒙主義期にかけてのドイツ語圏の知性の展開にみていきたいと思う。

第一章　中国のイシス　アタナシウス・キルヒャー

世界の複数性

アタナシウス・キルヒャー（一六〇二―八〇年）は、ドイツ中部、現在はテューリンゲン州にあるフルダ司教区の小さな田舎町ガイザに一六〇二年、同地の町長ヨーハンとアンナとの間に生まれた。父ヨーハンは、近郊の町でその三年前まで代官を務め、当時は高価なものであった書物を多く所有する教養人であった。アタナシウスはガイザから南西へ約二十五キロメートル下ったフルダのイエズス会が運営する高校《ギュムナージウム》で古典語とヘブライ語を学んだ後、一六一八年にパーダーボーンのイエズス会神学校へ入校を許される。だが、同年に始まった三十年戦争は、イエズス会士であったキルヒャーに大きな影響を与えた。彼は戦渦を避けて、ケルン、コブレンツと各地を転々としながら学業を続け、一六二五年からはハイリゲンシュタットの神学校において数学とヘブライ語、シリア語を教えるようになる。(1)

彼は一六二九年にはマインツで司祭に叙任され、三〇年にはヴュルツブルクのイエズス会神学校で倫理学、数学、ヘブライ語を教えるべく教授に任命された。しかしその一年後にはグスタフ・アドルフに率いられたスウェーデン軍の侵入があり、さらにフランスへと逃れることを余儀なくされる。三二年から翌年にかけてはアヴィニヨンの神学校で数学とヘブライ語の教授となるが、ウィーンから、ヨハネス・ケプラー（一五七一—一六三〇年）亡き後空席となっていた帝国数学官への招聘を受ける。(2) アヴィニヨンからウィーンへは、イエズス会の本拠地ローマへと一旦迂回して、そこで当地の貴顕たちの知己を得るという長い旅程となっていたが、ローマに辿り着いたキルヒャーは、そこでイエズス会神学校の数学教授職に据えられることになる。ウィーンとローマのポストは、ともにイエズス会が押さえていたのであった。ローマはキルヒャーにとって終生の活動地となり、彼の博物学的関心が具現したヴンダー・カンマー（驚異の部屋）は遍く知られ、グランド・ツアーの目的地ともなった（図1参照）。

バロック期イエズス会の知的巨人キルヒャーが著したラテン語の書物群からは、宇宙と地球とが博物学的関心の中で表裏一体の関係にあったことが、ひとつの特徴としてよく浮かび上がってくる。キルヒャーは宇宙世界の具体的な姿を『忘我の旅』（出版地ローマ、一六五六年）に、また地球の姿をその続篇である『忘我の旅・続』（出版地ローマ、一六五七年）にそれぞれ著した。構造をもった宇宙の中に地球は位置づけられ、地球もまたそこにおいてひとつの構造を備えたものとして描かれる。二篇ともに、主人公テオディダクトゥスが天使コスミエルによって導かれる旅という体裁を採り、二人が重ねる対話を通して、宇宙と地球の姿が驚異の対象として、臨場感あふれる姿で浮かび上がってくる。『忘我の旅』においてテオディダクトゥスは、キルヒャーのヴンダー・カンマーで試演される音楽を聴きながら脱自の状態となり、夢を見る。彼は現れた天使コスミエルの翼に乗って地球を離れ、月、金星、水星、太陽、火星、木星、土星、恒星の世界を順に旅する。また続篇でテオディダクトゥスは、天使が用意した透明ガラスの潜水艦で海中を航行したり[3]、天使がつくるトンネルを通って地下世界を巡る[4]。この続篇はやがて

1　ヴンダー・カンマー（驚異の部屋）

フィクションの要素を取り除かれ、『地下世界』（一六六五年）としてさらに独立した科学教科書的書物になる。

さて、テオディダクトゥスが旅する宇宙は、地球を中心として各惑星が順に地球を取り巻いて周回し、一番外側に恒星の群が天蓋として地球を含めた諸惑星を覆うという、プトレマイオスが整理した、天動説の宇宙である。そしてキルヒャーはこの宇宙旅行を描くにあたって、以下のように教会の公式見解に反することはない、と序の中で明言している。

> 聖なるローマ教会の決定と方針に反することは何であれ、われわれは決して認めることはないし、唯一以下のことに努めるものである、すなわち、地球の運動とともに宇宙の天体の住民たちをわれわれは常に追放する《プロースクリーベーレムス》ものであるということを。[5]

キルヒャーは、ブルーノやガリレオの轍を踏むことのないように自らの立場を明示しているのだが、ここに訳出した文章の「すなわち」以下は実は二義的である。proscriberemus という語は、古代ローマにおいては公示を発して、ある人物を死刑および財産没収の対象と宣告する、ないしは「追放する」ことを意味するが、他方この語には単に「公にする」という意味もある。するとこの箇所だけを取りだしてみれば、「地球の運動とともに宇宙の天体の住民たちをわれわれは常に知らしめるのに、唯一努める…, id vnicum contendimus, vt caelestium globorum incolas vnà cum mobilitate terrae perpetuò proscriberemus.」という逆の意味にもなる。もちろんこの逆の意味ではないということで、イエズス会士の出版物が必ず受けなければならない検閲を通過したのだが、よくも通過したものとの感がある。実際に検閲機関の長フランソワ・ドゥノー（一五九九―一六八四年）は出版の翌年に、イエズス会の長ゴスヴィン・ニッケル（一五八二―一六六四年）に宛てた手紙の中で、この書の検閲通過はむしろ不本意であり、またイエズス会関係者の多くが、この書の出版が許可されたことに驚いている、と述べている。(6)

『忘我の旅』において矛盾と見え、そのために検閲の正統性に疑義が寄せられたその最たるものが、まさしく「世界の複数性」を巡るキルヒャーの態度である。キルヒャーは恒星のひとつひとつが太陽であるという、地動説からの当然の帰結を主張する一方で、そこにまた付随するはずの「他の天体の住民」というものを頑なに否定してみせるからである。「世界の複数性」を考えるにあたっては、ひとえに地球と同等の天体の存在が前提となるが、この条件は、プトレマイオス的宇宙観と並行して保持されるはずの、アリストテレスの『天体論』に依拠するならば、本来は成立しない。四大の生成する地上世界と、円運動を行う不易の球体である天体たちの存在するアイテールの天上世界とは、根本的に別なる世界であったからである。(7) しかしキルヒャーは、『忘我の旅』において、月の世界には水があることを、乱暴にもコスミエルがテオディダクトゥスを月の海に放り出す形をとって描いている。(8) 月には水があり、またやはり金星にも水が存在する、とキルヒャーは説明する。(9) 四大のうちの火もまた太陽の上に見出され、(10) かくして月下世界と月上世界とを区別するアリストテレスの説が実験に基づかない思惟に過ぎず、この点では誤っている、とコスミエルは述べるのである。(11)

宇宙空間を構成する要素の同質性が確認されるならば、後は地球の特異性だけが、「世界の複数性」を考える上では妨げとなる。地球に対して陽光を注ぐ太陽の存在はその意味で特別であり、恒星と太陽とが同質のものであるとの認識があって初めて、太陽を中心とする諸惑星の世界が無数にあるとする「世界の複数性」のイメージが成り立つ。恒星もまた太陽であるのだろうか、という問いに対してキルヒャーは、テオディダクトゥスの旅をプトレマイオス的な意味での恒星の世界に導いて、これを是とする。

コスミエル　東の方角に、外観からすると、太陽と比べて大きさや輝きがたくさんではないにしろ劣っている、あの星が見えるね？

テオディダクトゥス　見えます。しかし、あれはわれわれの太陽ではないのですか？　本当にそう疑ってしまいます。たまたまあなたが、あちらの方の輝きがわれわれの太陽であるとわたしに教えてくれなかったならば、小さな物体の塊となった幻のようなものを、われわれのとは別の太陽だと思ってしまうところでした。

コスミエル　疑ったのは間違いだったね。君が見たあのごく小さな輝きが、君たちの本当の太陽であるが、いまここで君が目にしているものは、君たちの天文学者がシリウスと呼ぶあの星なのだ[12]。

恒星はそれぞれが太陽と同じものであり、その恒星が互いに放つ光が届かないほどに広大な領域が恒星の世界である、とコスミエルは明確に教える[13]。そして恒星がまた惑星を伴っていることを実感させるために、コスミエルはテオディダクトゥスを連れてシリウスへと向かう。

テオディダクトゥス　私たちの月が、私には見えます。

コスミエル　君が見ている月は、地球の近くにある月ではない。そうではなくて、この天体はシリウスの周りを活動して影ができているのであり、これはシリウスの太陽によって照らされて、そのせいで月に似た姿を見せているのだ。(14)

キルヒャーが描く宇宙では、以上のように明瞭に「世界の複数性」が認識される。宇宙空間の構成要素は一律であり、恒星天に無数にある恒星がそれぞれ太陽であり、これはさらに惑星を伴っている。こうした宇宙観は、コペルニクスの地動説が導き出す理論的帰結であり、カトリック教会によって有罪とされたジョルダーノ・ブルーノがその著『無限、宇宙および諸世界について』の中で主張する内容と変わりはない。(15)ただ、キリスト教の神学と照らし合わせて有罪となる考え、つまりは「他の天体の住民」が存在するのかという問題になると、これは『忘我の旅』では繰り返し否定される。太陽系の月でも、(16)水星でも、(17)また木星でも、(18)旅をして行く先々でテオディダクトゥスは人間の存在について問い、その度ごとに否定の返答をコスミエルから受け取る。(19)恒星天に達して、恒星のそれぞれが太陽であると説明された後にもなお、地球が宇宙の中心であり、この不動の中心から宇宙という神の創造全体が観照されるという、人間中心の宇宙論が展開される。(20)そして神の言葉が地球の上でのみ、「宇宙の息子」たる人間の肉となって現れた、とコスミエルによって請け合われるのである。(21)これによってキルヒャーは、『忘我の旅』というサイエンス・フィクションにおいて踏み絵を踏んでみせ、「他の天体の住民」の存在を否定したことになり、「世界の複数性」という問題に関しては、いわば半分だけ肯定した形をとる。つまり地球のような場所が無数にある可能性を示しつつも、キリストの贖罪の一回性という教義上の核心だけは保持して、これによって異端の告発を避けているのである。

この踏み絵と関連して、キルヒャーは宇宙が無限であるということと、さらに原子論のフォーマットとなる真空とをともに認めない。この点でキルヒャーは、世界の基本的構成についてのアリストテレスの考えを遵守している。キルヒャーの宇宙の構造では、恒星の世界の上方を、プトレマイオスの天球を包むようにして水がぐるりと覆い、さらにこの水の周囲を火が包んで、死すべき存在の通過を阻むのである(図2参照)[22]。このような宇宙の姿は、たとえどんなにそれが巨大であっても、当然ながら無限ではない。また何もない虚の空間が存在するならば、その何もない空間には、神の全能がおよばないことになるのだから、真空もまた存在しないと『忘我の旅』では説明される[23]。それにもかかわらず、おのおのの恒星が互いの間にもつ距離と、地球から恒星の世界までの距離とは少なくとも同じなのだという[24]。どうやらキルヒャーの場合、コペルニクス主義によって導かれ、理解された宇宙が、奇妙にもプトレマイオスの伝統的な宇宙像と組み合わされているのであり、さまざまな歪みを抱えながらも伝統的な宇宙像が自らの中に新しい宇宙像を写し取っている、そのような姿が妥協の産物として描かれているように考えられる。

反宗教改革と出版

『忘我の旅』が、さまざまな思惑が拮抗する中にあってかろうじてバランスを保っているのは、第一

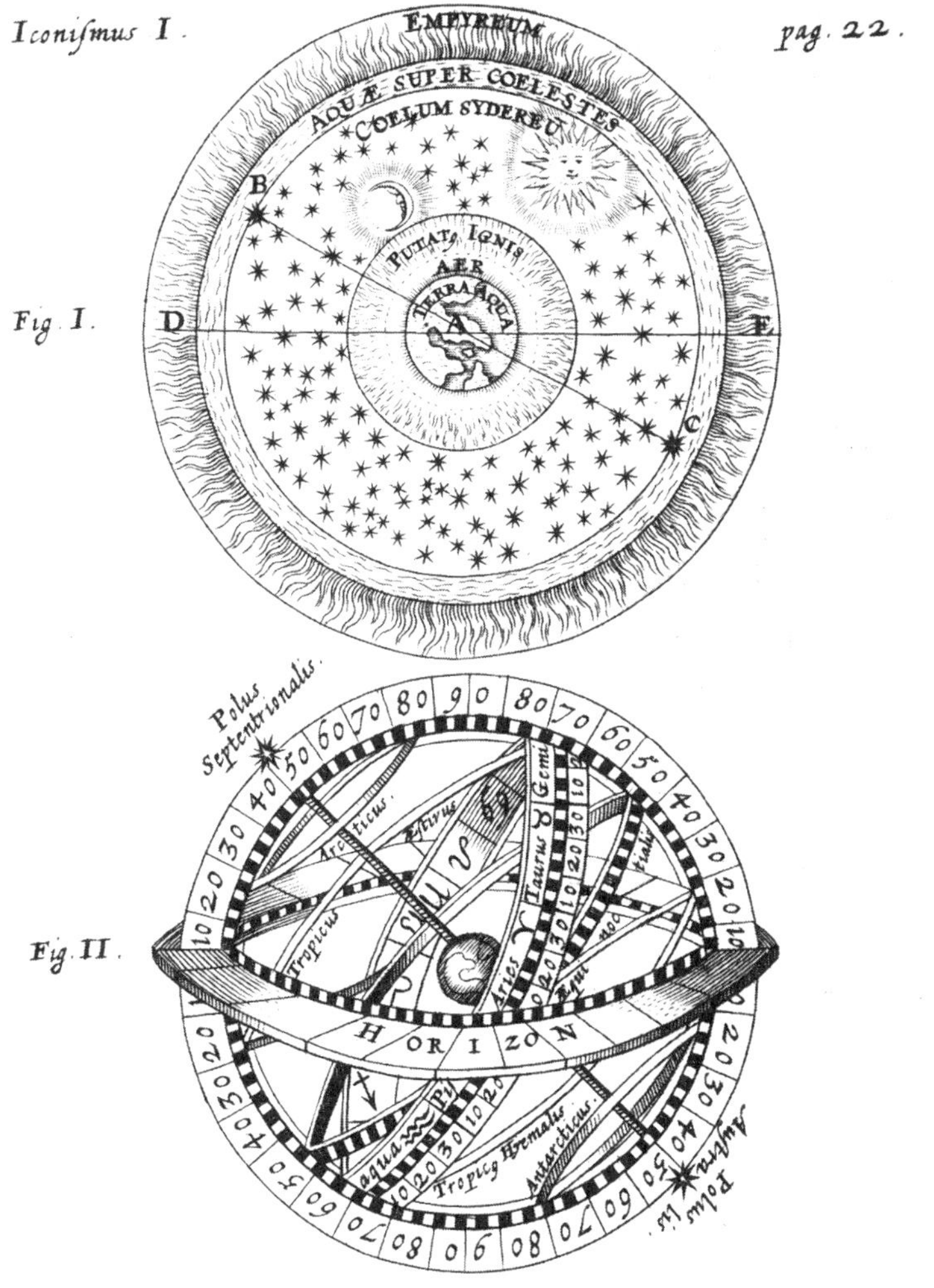

2　上の図では，中心から外の順に，土，水，空気，火があり，これらを囲むのが，星々の天上世界である．この天上世界をさらに水と「火（Empyreum）」が包んでいる．図中のBC が両極の方向を表し，下の図は上の図の中心部分にあたる（カスパー・ショット版『忘我の旅』〔1660年〕より）．

版の献辞がスウェーデンのクリスティーナ（一六二六―八九年、在位三二―五四年）に宛てられたこととも関係がある。彼女の父グスタフ・アドルフは、三十年戦争においてプロテスタント側に立ち、ドイツに軍事介入したが、この父王が戦場で倒れた後は、幼い一人娘クリスティーナが摂政政治のもとで女王となった。十カ国語に通じ、古典学芸を含めて自然科学と芸術に並々ならぬ関心をもっていた彼女は、親政を始めてから一六四九年にデカルトを自らの教師として招聘した。翌年のデカルトの死の後、一六五四年のクリスマス・イヴにクリスティーナは退位してカトリックに改宗したが、これにはキルヒャーをはじめとするイエズス会の働きかけが少なからずあった[25]。デカルトは『哲学原理』（一六四四年）においてまがう方なく「世界の複数性」を説いているが、これはイエズス会にとって許容しがたいものであり、『哲学原理』は一六六三年には教皇庁の禁書目録に加えられた[26]。そのデカルトの弟子であった女王が改宗したとあれば、そのための働きかけを行ったイエズス会士たちの面目躍如というものだった[27]。文字どおりプロテスタント側の世界観からカトリック側の世界観へと移行したクリスティーナに宛てて献辞がなされた『忘我の旅』は、このような反宗教改革の政治を背景にもっている。

また一方、月旅行といったテーマに目を向けると、当時のヨーロッパの政治と宗教を背景とした出版事情というものも浮かび上がってくる。帝国数学官であったケプラーは、月旅行を死後出版としたのに対し（『夢』一六三四年[28]）、イギリスでは聖職者フランシス・ゴッドウィン（一五六二―一六三三年）による『月の男』（一六二九年成立、三八年出版）が人気を博し、これはフランス語の他にも、一六五九年以来たびたびドイツ語にも翻訳された。六七年の第三版では、グリンメルスハウゼンによるとされる注釈がほどこされたことから、その後この物語はグリンメルスハウゼンの手になるものとして受容されてきた[29]。主人公のドミンゴ・ゴンサレスは、鵞鳥か白鳥と覚しい鳥によって引かれる乗り物で月へ行くと、そこには住民がおり、彼ら病いも憂いも知らない長命の人々は階級社会を営んで、警察も裁判所もないユートピアを生きているのであった。[30]『忘我の旅』(一六五六年)が出版されたのと同じ頃、一六五九年に『月の男』は匿名の翻訳者によるドイツ語訳が、ヴォルフェンビュッテルを出版地として世に出た。ヴォルフェンビュッテルの君主は、ここに宮廷を主宰したブラウンシュヴァイク=リューネブルク公アウグスト二世(一五七九―一六六六年)であり、彼はロストック、テュービンゲン、シュトラースブルクに学んだ学者君主であった。彼は、薔薇十字団の運動を興したとして知られるヴァレンティン・アンドレーエ(一五八六―一六五四年)の文通相手であったことのほかにも、ルター派の信仰者として聖書学に関心をもち、今日ドイツ随一の近代思想文化の研究拠点であるアウグスト公図書館の礎を築いてもいる。この図書館の司書として後に名を連ねるのがライプニッツであり、レッシングである。そのアウグスト二世は、テュービンゲンでの学生時代(一五九五―九八年)に、ケプラーの師でもある数学者ミヒャエル・メストリン(一五五〇―一六三一年)に学んでいる。このメストリンが地動説の立場をとっていた、とアウグスト二世はアンドレーエに書き送っている。[31]このアウグスト二世の都では、『月の男』の匿名の翻訳出版が可能であったことになる。カトリックの権力のおよばない場所では、月の住民を想像する「世界の複数性」は許容されたと考えられる。

「世界の複数性」を巡っては、カトリックとプロテスタントでは対応が異なるのだが、キルヒャーの『忘我の旅』では、カトリックとプロテスタントのそれぞれの性質の違いが、次のように剔抉されている。

コスミエル　テオディダクトゥスよ、自らの生来の能力《インゲニウム》で考えたものによって芽生えた信仰《フィデース》は無であるのに対し、真かつ神によって良いとされ、受け入れられる信仰とは教会によるものであり、この教会は神が自らの叡智を伝えるものとして置き、このため同じ教会があるのがふさわしいということを知っているだろう。それゆえ、教会から別れてさまざまに朽ちた流れをもつ異端者たちはいかなる信仰ももたないと認められるのだ。

テオディダクトゥス　異端者たちは、すべては聖書に啓示されており、そこから同様に神の意志の唯一の解釈と誤謬なき法も導かれると信じています。また神の権威が啓示されていると彼らは思うので、真の信仰をもつと見なされる、というのです。

コスミエル　彼らが非常な努力で聖書を読み、そして生来の能力によって解釈をしているのは本当だ。しかしこのように彼らがするのは、君がアリストテレスやプラトンの難解な箇所を自分の能力で解釈するのと何が違うだろうか？　このようにするとき、君はそれらを解釈しながらも信仰に基づく何ものをも生み出さないのだ。彼らとて同じこと。このようにするときにはさらに異端者たちは、自らの生来の能力に合わせて聖なる文字をひろげてみれば、それが理解されるに違いないと考えているが、彼らが生み出すのは信仰ではなく、ただ純粋な推論《オピーニオー》に基づくものなのだ。(32)

この部分は、一六五二年にキルヒャーの助手となり、その後五五年からヴュルツブルク大学で数学の教授となっていたカスパー・ショット（一六〇八―六六年）が編集し、注釈を加え、図版を多数掲載した『忘我の旅』第二版（一六六〇年）では、カトリック教会の中でも異論があったという理由で検閲によって削除されている。[33] この引用の後に、「異端者たち」としてコスミエルによって名指されるのがルター派とカルヴァン派である。「生来の能力」、つまりは人間が固有にもっている理性ないし悟性によっては、真の信仰に至ることができず、聖書を読むだけでは神に嘉《よみ》されない。聖書を「生来の能力」に頼って読み、解釈することは異端につながる。つまり、聖書をアリストテレスやプラトンのように読んではならないのだ。読めば、「生来の能力」が独り歩きし、「信仰」ではなく、個人的な「推論」が跋扈《ばっこ》するようになる。それは人間の理性の独り歩きを許し、最終的には異端ないしは無神論とさえ隣り合わせの場所にまで到達するのではないか。唯一の正しい教会が真の信仰へと導くということが、ここではカトリック側の意見として天使コスミエルによって述べられている。この箇所からすれば、「永遠の哲学」を行うにあたっても、カトリック教会とのつながりをもたなければならない、ということになる。

しかしながら一方では、テオディダクトゥスが代弁するように、これをルター派やカルヴァン派の側から観るならば、人間の知性に理解できるものとして、聖書に神の意志は啓示されているはずだし、聖書を読むことが真の信仰となり、さらになお被造物の世界そのものの中にも神の意志は読解可能であることになるだろう。対話のこの箇所のテオディダクトゥスの言葉は、プロテスタント側の論理にも一理あるとしてとられかねない。聖書に依拠する以上は、「生来の能力」によるか、教会によるかは選択されてもよいのではないか。もしも「生来の能力」が、「教会」によるよりも自然の認識に関して真理へと導くのであれば、聖書の読解においてもそれは許されるのではないか。このように考えてみるならば、自然の認識のうちで最大のものである宇宙の構造については、プトレマイオスかコペルニクスかで意見が分かれる以上、これについて詳らかにするのはそもそも「教会」の側にとって都合の良いことではないだろう。

『忘我の旅』の背景には、イエズス会が牽引する反宗教改革の運動があり、その抑圧の目標は「世界の複数性」と、これを導き出すコペルニクス主義とであった。その意味ではプロテスタントの側から見れば、コペルニクスと「世界の複数性」とが、宗教改革の隠れた合い言葉、ないしはモットーとなりうる。

キルヒャーは「世界の複数性」を半ばは肯定しつつも、他の天体の住民の存在を認めず、地球を特別な場所だと抗弁したのだから、これはいわば踏み絵を迫られた彼なりの、偽りの信仰告白であったとも考えられる。実際に若かりし頃、アヴィニヨンで数学とヘブライ語を教えていたキルヒャーは、月にも地球同様の自然世界があるとさえ考えていたとされる。(34) これはキルヒャーを、「学者共和国」――ガッサンディ、デカルト、ガリレオ、カンパネッラ、デッラ・ポルタ、ベーコンが参加した、学者・文人たちの書簡によるネットワーク――に招じ入れた、フランスの天文学者ニコラ＝クロード・ファブリ・ド・ペーレスク（一五八〇―一六三七年）の報告に拠る。『忘我の旅』のキルヒャーは、反宗教改革の政治状況と、自らが秘かに信奉する宇宙像についての思想との間でかろうじてバランスをとっていたのではないだろうか。

「普遍的種子《パンスペルミア》」

「世界の複数性」を巡るキルヒャーの一見矛盾する姿勢は、彼が融通無碍に駆使する得意の概念である「普遍的種子《パンスペルミア》」の場合にも見て取れる。「普遍的種子」の概念は、『磁石』（一六四一年）、『地下世界』（一六六五年）、『ノアの箱船』（一六七五年）など彼のさまざまな著作に登場するが、コスミエルもこの「普遍的種子」を、太陽から拡散されるエネルギーの本質として以下のように説明する。

ここで、君はきっと以下のことに納得するだろう。すなわち、太陽という天体の要素すべてが、単一の力ばかりか、普遍的種子の一種の勢力によっても満たされており、この勢力こそはまさしく太陽のさまざまな部分の多様な性質として、太陽の世界の秘かな内部にその豊饒さを隠しつつ、多様に彩られる燃える流体《フモール》となり、増幅された勢力によって多彩に満たされて多方向に放射するものとなって下方の流出物へと達し、どんな低位にある性質のためにもさまざまな効果を生み出すのだということを。(35)

ここでは太陽から発出するエネルギーである「燃える流体 humor igneus」が、「普遍的種子」の姿を変えたものであり、太陽という天体は「普遍的種子」の勢力をさらに下位へと分光してゆく一種のプリズムであると説明されている。つまり「普遍的種子」は、宇宙のさまざまなレベルで多様に姿を変えつつ、物質世界を構成する原理として働くと説明される。絶対的な一者なる神が、創造の多様性をひとつの形成の原理を通して展開するという思想を表すのが、この「普遍的種子」の概念であり、これがキルヒャーの世界を理解する上での鍵となることは、トーマス・ラインカウフがキルヒャーの思想を包括的に解説する書、『結合された世界』（一九九三年）の中でも述べている通りである。(36) 太陽から発出するエネルギーに成り変わる「普遍的種子」が、地球上における事物の創造の原理としても働き、それが聖書の記述に合致するとのキルヒャーの説明は、『忘我の旅・続篇』の発展版である『地下世界』第一巻でも以下のように説明されている。

> 付言されるのはすなわち、地球のさまざまな要素がすでに前もって、いかなる地域の必要にも応じ、どんな事物自身にも固有となる種子たちを創造されたときに合わせもち、この種子たちが、取り上げるものの熱がもつ、雄弁で精気ある勢力を受けて、無数の事物の成長として現れた、ということである。
> 実に、地球に合わせて創造された事物の種子というものを聖なる『創世記』は第一章第十一節にて明瞭に示している。「神は言われた。『地は、緑に萌え種子を宿す草と、自らの種に相応しい果実を豊かに結ぶ木を芽生えさせよ。その果実の中にある種子よ、地の上にあれ』。するとそのようになった」。したがって普遍的種子《パンスペルミア》、あるいはすべての事物の種子的な混合が地球に合わせて創造されたのである。[37]

「普遍的種子」は以上のように、太陽を構成するエネルギーとなって地球に降り注ぐものである一方、地球上のあらゆる事物が生まれ、生成してゆく普遍的原理であることが知られる。そしてこの万能の「普遍的種子」を発芽させる形で神は、「複数の天界と、星たちと、鉱物、植物、動物[38]」を生みなしたのだ、とキルヒャーによって語られる。

「普遍的種子」の、太陽を媒介とした地球上における特殊な発芽が、人間という固有種を生み出すとキルヒャーは考えており、これは人間存在を宇宙において特別なものであるとする、『忘我の旅』における彼の考えに対応するものである。しかしながら、恒星を中心とするそれぞれの世界が無数にあり、また太陽を通してもろもろの天体に降り注ぐ「燃える流体」が、地球においてのみ特殊な発芽を「普遍的種子」に行わせるというのは、「普遍的種子」が本来宇宙のあらゆる領域でさまざまな事物として発芽する性質をもつという考えからすれば、不合理なことではある。宇宙に遍在するキルヒャーの「普遍的種子」は、マクロな宇宙そのものから、天体とそして惑星上のさまざまなミクロの事物に至るまでを構成する創造の原理であるが、こうした融通無碍の勢力が、『忘我の旅』においては、無数にある別なる恒星系の惑星の上で、また別なる知的住民として発芽することがないと考えられているのは、やはり辻褄が合わないだろう。

この融通無碍に万物へと発芽してゆく「普遍的種子」は、真空に浮かんでいるのではないが、原子だけが万物を構成するという原子論と、非常によく似た性格をもっている。そのため「普遍的種子」も、原子論と同じく神の介在をそもそも必要としないのだろうか、との疑問も湧く。この点では、キルヒャーの同時代の新プラトン主義者レイフ・カドワース（一六一七—八八年）は、「普遍的種子」とよく似た理論を駆使しながら、神の介在という点に注意をはらった議論を展開しているので参考になる。カドワースがその主著『宇宙の真の叡智的体系』（一六七八年）の中で展開する「形成的自然 plastic nature」[39]は、原子のように振る舞う一方で、その形成の原理を上位の叡智的世界から受け取るのであり、この原理をまたカドワースは「種子的原理 spermatic principle」とも言い換えている[40]。カドワースはキルヒャーを知っていたことから、[41]「形成的自然」はキルヒャーの「普遍的種子」をヒントにした可能性があるとも指摘され、[42]また反対にキルヒャーの側でも「普遍的種子」の力を「形成的 plastica」[43]と呼んでいるため、キルヒャーの「普遍的種子」とカドワースの「形成的自然」との間には、その思想内容に連絡があるようにみえる。

その「形成的自然」は、「物活論」つまりは生命が本質的に内在する物質が自ずと展開することによって有機体を含めた自然世界を生成するという目的論的機械論に反対した。[44]「形成的自然」は物質の世界において自立して運動するのではなく、常に神の叡智に依存するのであり、超越者の神が物質の世界で働きかける際の媒体として、つまりは神的なエージェントとして働く。カドワースの『宇宙の真の叡智的体系』は無神論への反駁であり、その無神論の代表がデカルトとホッブズとされるが、この書にはまたはっきりと無神論的な原子論への対抗の意志が見て取れる。カドワースは、ポセイドニオスに依拠してストラボンが記録するフェニキアの哲学者モスコス（Moschus）が真の原子論の始祖であり、[45]その機械論的な堕落がレウキッポスとデモクリトスの原子論であるとし、これを復活させたのがデカルトとガッサンディであったとみなす。[46]その一方で、エンペドクレスの原子論をモスコスに由来する真の宗教的な原子論であるとして、これを新プラトン主義と接続し、真の原子論の復活を果たそうとする。カドワースは、ピュタゴラスがエジプトへ渡る途次、フェニキアのシドンに赴き、そこで預言者にして自然哲学者であったモコス（Mochus）の流れを継ぐ者たちに出会ったとのイアンブリコスによる記述に基づき、モスコスとはモコスのことであり、またモコスとはモーセ（Moses）のことであるという古代神学的同定の論法をとって、原子論の創始者をモーセであるとみなすのである。[47]

カドワースであれば、原子論がもつ無神論的な性格を払拭するために、以上のようにかなり念入りに「形成的自然」と神との連絡をつけている。これと比較してみれば、キルヒャーの「普遍的種子」では、先に引用したその定義にあった、「神は言われた」という点が、神との連絡を保証するものとはなっている。キルヒャーは、真空を認めないのだから原子論を支持することはない。しかし原子論がもつ一元的世界創出の原理という性格は魅力的であり、カドワースと同じように、そうした神的な創造の原理をキルヒャーは「普遍的種子」に託したと考えられる。確認されるべきは、「普遍的種子」のような普遍的な創出の原理が、博物学的に総覧される世界を前にして必要とされた、ということである。

永遠の哲学と普遍史

さて、「他の天体の住民」の存在をキルヒャーは否定したが、これと同じ類推の対象となる「対蹠人」の存在について、彼はどのように考えたのであろうか。キルヒャーの生きたバロックの時代には、空間上の対蹠点の人々の存在そのものはもはや自明となっていたが、その彼らがどのような歴史的な時間を有しているのか、つまりは彼らのもつ歴史が、キリスト教の知る歴史の時間の枠の中におさまるのか否かが今度はあらためて問題となる。つまり、ステウコの「永遠の哲学」は、キリスト教とは異なる宗教と思想を一元的な枠組みに収める意図をもっていたが、異なる文明が有する歴史の時間もまた、キリスト教の知る歴史の時間と整合性をもつものでなければならない。しかし異なる文明は時として、キリスト教の知る歴史の時間、いわゆる「普遍的な歴史」というものとすりあわせることが難しいのであった。

キリスト教世界における「普遍的な歴史」というものについては、ハレ大学で古代学と雄弁術を教授したクリストフォルス・ケラリウス（＝クリストフ・ケラー、一六三八―一七〇七年）が著した同名の書（一七〇二年）が最も特徴的である。[48] ケラリウスは自らの描く世界史が「普遍的《ウーニウェルサーリス》」であると考えているが、その「普遍」のもつ意味は、「世界の始めから現在までのあらゆる場所でおこったことを全て含む」[49]というものであり、どんな帝国や国の歴史も、「個別の歴史」としてこの「普遍」を完成する要素となると考えられている。「普遍的な歴史」は、地球全体を覆う規模であると同時に、始まりから連続的であるという点が「普遍的」と考えられており、その連続性を支えるのが、歴史の書としても真実を伝えるとされた聖書なのであった。ケラリウスは唯一聖書だけが真の報告を伝えているとし、例えばノアの大洪水は、創造の後の世界の歴史において一六五七年に発生したものであるとさえ述べている。[50]

　この年数は、キリスト紀元ではなく、創世紀元というものに基づいている。創世紀元とは、聖書の記述に基づき、アダムから順に、その子供が生まれた時の年数を足していき、大洪水の発生、エジプトからの脱出、バビロン捕囚の時代、そしてイエスの誕生をすべて年代記として一元的に数える歴史の表記方法である。例えば、ギリシア語七十人訳聖書に基づけば、アダムが二百三十歳の時に生まれた子のセトが二百五歳の時にエノシュを、エノシュが百九十歳の時にケナンをもうけたとして、アダムの末の生誕時の年数を和してゆけば、ノアの生誕までに一六四二年が経過し、[51] ノアが洪水を経験したのが六百歳であるから、大洪水が発生したのは天地創造後二二四二年と数えられる。これに基づいて聖書年代学を創始したエウセビオス（二六五頃―三三九年）によって、創造からイエス誕生までに経過した時間が五二〇〇年と数えられた。[52] 一方、ヘブライ語聖書はアダムが百三十歳、セトが百五歳、エノシュが九十歳の時にそれぞれ子をなす、と記述しているので、大洪水の発生は天地創造後一六五六年、そしてイエスの生誕までが三九八三年である、とパリ大学の神学教授であったイエズス会士ペタウィウス（一五八三―一六五二年）は数えた。(53) それぞれが依拠する聖書の種類によって歴史の長さは異なるが、「普遍的な歴史」の考え方に即した十七世紀の人々の意識においては地球の年齢もおおよそ六千年と見積もられたのであった。

「普遍的な歴史」、いわゆる普遍史が普遍的であるためには、キリスト教の外部の異教徒たちの歴史をも包摂することができなくてはならない。しかしエウセビオスはすでに、普遍史が包摂できない歴史の長さという問題に直面していた。というのも、エウセビオスは、アブラハムをエジプトの第十六王朝と同時代人であると記しているが、(54) これを事実として七十人訳聖書を典拠に計算するならば、大洪水からアブラハムの誕生までの九四二年の間、エジプトには十五の王朝とその間の三七三二年の時間が存在したことになる。(55) このことは、普遍史との整合性という点で辻褄の合わない時間の長さを問題として突きつけることになった。また、古典学者ヨセフス・スカリゲル（一五四〇―一六〇九年）も、紀元前三世紀のエジプトの神官マネトンに基づいて、エジプトの王朝は三十一代、五三五五年を数えると述べた。(56) これは七十人訳聖書が語る大洪水からキリスト生誕までの時間、約三千年を超過するどころか、天地創造以前にまで遡るほどの時間であった。

そのため、聖書にのみ依拠して普遍史を遵守する立場をとれば、エジプトの歴史の長さを無視するほかはないことになる。ところがキルヒャーは『エジプトのオイディプス』（一六五二―五四年）において、エジプトの人たちが伝承したアラビア語文献をいくつも引き合いに出しながら、そこにどれほどの真実が含まれているかは確信できないとしつつも、「洪水の前にはエジプトに王朝および支配者たちが存在した[57]」と認めるのである。キルヒャーの場合、普遍史の枠の中に無理にエジプトの歴史を押し込めようとするのではなく、むしろエジプトの側に理があるのではないかと考える。「永遠の哲学」とは聖書以外の古代神学者の文献にも、真理へと至る知の断片を探究しようとする精神であったが、キルヒャーもまた、「異邦人の文献という燃え残る灰の下にも、真理の火花が隠れている[58]」かもしれないとして、確信はもてないと言いつつも大きな信を寄せるのである。それが、「古代神学者」の筆頭とキルヒャーがみなす、ヘルメス・トリスメギストゥス、すなわちヘルメス文書の伝える教祖への彼の信奉として顕著に現れる。エジプトの「古代神学」へのキルヒャーの信奉は、『エジプトのオイディプス』の次の箇所にとりわけ明瞭である。

エジプトの人、ヘルメス・トリスメギストゥスは、ヒエログリフの発明者にして、また正しくもエジプトのあらゆる神学と哲学の創始者にして父であるが、彼はエジプト人の間ですべてのものの始めにして最古の者であり、神的なる事物について正しく知覚した。彼はそれら神的なる事物についての彼のいわば不滅の考えを、永続するであろう石たちや、大きな石の尋常ならざる構築物に碑文として刻んだが、それは他の箇所で充分に証明したとおりである。このことゆえに、オルフェウス、ムーサエウス、リーヌス、ピュタゴラス、プラトン、エウドクソス、パルメニデス、メリッソス、ホメロス、エウリピデスなど、神と神的な事物に関して賞賛に値することを生み出した者は誰であれ、彼に続く者であったということを、異教の古い哲学の創始者たちのみならず、聖なる教父たちの正統の文書がさらに充分に証明している。そしてトリスメギストゥスこそが確かに最初に、ピマンデルとアスクレピウスにおいて善一者なる神を本質的に啓示したのであり、トリスメギストゥスのあとに後代の哲学者たちは続いたのである[59]。

キルヒャーは、ヘルメス・トリスメギストゥスをノアの息子ハムと同じ時代の人間とみており、ハムがモーセより遥かに遡る時代の存在であることを考え合わせれば、ヘルメス・トリスメギストゥスは、モーセよりも啓示の記憶においてより根源的な場所に位置する、とキルヒャーが考えていることはここに明らかである。古代神学者の系譜の中で、ヘルメス・トリスメギストゥスは別格に古い場所、場合によっては大洪水以前の時代に位置づけられたのであり、それゆえに彼と関係づけられるエジプトは、「永遠の哲学」の思考方法をとるものにとっては、真理と叡智を取り戻すにあたって根源的な場所にあると見定められる[60]。

キルヒャーにとって「対蹠人」に相当する存在は古代エジプトの人間であり、この「対蹠人」は彼らの有する歴史の時間の長さによって普遍史を破り、その分、彼らの神学の表現であるヘルメス文書とヘルメス・トリスメギストゥスへとキルヒャーの関心を誘い、その引力がキルヒャーの場合には「永遠の哲学」となって現れる。そして、その「永遠の哲学」は、エジプトと同じく「対蹠人」として登場する中国の人間とその歴史とを、今度はエジプトからの派生として位置づけることになる。

その中国が有する歴史の長さもまた、普遍史との関わりでは問題をはらんでいた。キルヒャーの弟子であるイエズス会士マルティノ・マルティーニ（一六一四—六一年）は中国に派遣され、中国の王朝の歴史を『中国史』（一六五八年）に記した。『中国史』はキリスト生誕の時代に至るまでの中国の歴代皇帝を紹介し、初代の皇帝 Fohius すなわち伏羲《ふっき》が支配を始めた紀元前二九五二年[61]から、前漢の第十二代皇帝、哀帝 Ngayus までの三千年間の中国史を記述している。哀帝以後も中国皇帝の年代記は連綿として続くのだから、それ以降の記述は必要なかったであろうが、問題は伏羲が支配を始めた紀元前二九五二年という歴史の時点が、ヘブライ語聖書に拠れば、大洪水の発生以前にまで遡ってしまうことであった。とりわけ、紀元前二三五七年から九十年間を支配した第七代皇帝、堯《ぎょう》 Yaus の時代に記述される大洪水をどのように理解するかが問題であり、マルティーニは、堯をヤヌスとみなすのは決して迷信の類いではなく、むしろノアその人であったと信じられるという[62]。ペタウィウスは、創造からイエス生誕までの時間は三九八三年であると数えたから、これを起点として大洪水発生の時点（創造後、一六五六年）にまで遡れば、それは紀元前二三二七年となるので、洪水を事実とする観点からはヘブライ語聖書に基づく年代記と中国の王朝の記録とは一致し、辻褄が合うことになる。ただし、伏羲の支配の開始は大洪水以前に遡ることになり、この中国の歴史の古さは聖書との整合性をはかる上で不都合ではある。ヘブライ語聖書に拠る限り、普遍史は破綻することになるのだが、七十人訳聖書に拠るならば、この問題は一応解消される。七十人訳聖書に基づいて古代の年代を数えたイギリスの牧師ジョン・ジャクソン（一六八六―一七六三年）によれば、イエスの誕生は創造後五四二六年であり、大洪水発生は同じく二二五六年、すなわち紀元前三一七〇年になるので[63]、伏羲が支配を開始した紀元前二九五二年は大洪水後となって平仄が合う。

普遍史と中国の歴史との関係についてもこのような問題が存在したのだが、キルヒャーはマルティーニとは異なり、七十人訳聖書の方に依拠して中国の歴史の始点を大洪水の前に置くことはしなかった。中国王朝の始祖である伏羲の活動時代は、以下に引用するように、大洪水の三百年後と考えられ、また中国の文明は、エジプトを経由したものと位置づけられている。

私が述べたのは以下のことである。洪水の後の約三百年後、それはノアの息子たちの支配に世界が委ねられていた時代であり、彼らは世界の全領域に勢力を拡げていたが、その頃に、皇帝伏羲によって文字の最初の発明がなされた。そしてこの伏羲は疑いもなく、それをノアの系統から受け取っている。というのも、『エジプトのオイディプス』第一部において語られたように、ハムがエジプトからペルシアへと最初に出たのであり、そこからバクトリアに彼の植民地をもたらしたのであったが、このハムこそはバクトリア人たちの王であるゾロアスターと同じであるとわれわれは理解するからである。他方でバクトリアはペルシア人の領域としては一番端であり、ムガルあるいはヒンドスタンの領域に接して、植民地の中では、丸い地球《オルビス》の居住地としては最後となる民のところ、つまり中国へと赴くのに容易い好都合な場所に位置している。この植民の際、同時に文字の最初の要素を彼らは父ハムと、その息子ミスライムの顧問でヒエログリフの最初の発明者であるヘルメス・トリスメギストゥスとから不完全にではあるが学び、伝えていくことができたのだった。(64)

(『聖俗の記念建造物、さまざまな自然および人工物の眺望、珍しい事物およびその他のものの描写により説明される中国』一六六七年、以下では『中国図説』とする)

ヘルメス・トリスメギストゥスは、ハムと同列の存在として真理の伝承に関わっている。そしてヘルメス・トリスメギストゥスから啓示の記憶を文字とともに受け取ったとされる「彼ら」に含まれるのが、「伏羲」だと言うのである。キルヒャーがここで採用している聖書は七十人訳聖書であり、これに従えば大洪水の発生は紀元前三二四六年となるので、伏羲の王朝の始まりは普遍史の枠の中になんとか収まる。その一方でキルヒャーは、ノアの息子ハムのさらに息子ミスライムが、エジプトの最初の支配者であって、その時期はアラビア語文献によれば大洪水以前にさえ遡るとする。(65) したがって彼の普遍史に対する見立てはエジプトを例外としているか、あるいは普遍史の方がエジプトの歴史を前に修正を迫られていることになる。

いずれにしろキルヒャーは、異なる固有名をもつ歴史上の人物を同一と見立てる古代神学的同定の論法を用いて、ノアの息子ハムをゾロアスターと同一視するので、中国の神話的始祖である伏羲は、ハムの後裔ないしはその知的継承者であるとみなされる。かくして、中国の文明はインド・イランの宗教と哲学から、また後者は洪水以前に既に存在したエジプトの知から派生したものであると、「永遠の哲学」の流儀に従って、位置づけられるのである。

キルヒャーは、エジプトから中国へと文明が派生したという説を支えるために、引用にあったように「文字の最初の要素」が漢字になったと考えた。それというのも、当代のヒエログリフ解釈の第一人者であったキルヒャーが、漢字もまたヒエログリフと同種のものと捉えたためであった。漢字が万象を象って文字をつくっているのは、動物、鳥、地を這うもの、植物などを模して文字にしているエジプトのヒエログリフと同じであるというのである。(66) こうした発想の根幹には、眼に見える図像に対して古代神学的同定がとりわけ類推的に作用するという特性があるためと考えられる。神性は図像によっても表現されるのであれば、古代神学的同定は神の図像に対しても効果的に働く。そのため仏像は、イシス神の属性《アトリブート》と共通点をもつことから、「中国のイシス」とキルヒャーによって呼ばれるのである。そうした図像学的な古代神学同定の姿を、次に見ておきたい。

古代神学的同定——中国のイシス

図像における古代神学的同定は、別々の神をひとつに同定していく。とりわけエジプトの女神イシスは、キルヒャーがさまざまな異教の神々をひとつに統合し、「永遠の哲学」の思想をひとつのアレゴリーとして表現する上で、決定的な役割を果たしている。アプレイウスに拠れば、イシスはあらゆる女神を統合する最上位の女神であり、あらゆる女神はイシスの別名に過ぎない(67)。キルヒャーは、オウィディウスの『変身物語』から引用しつつ、イシスについて次のように説明する。

最初にケレースが曲がった鋤で大地にみぞをつけ、
最初に大地に果実と甘い滋養を授け、
最初に法を与えた。すべてはケレースの恵みである。

さて、わずかなことからより多くの事柄をわれわれが理解するように、オシリスにおいて神々のすべての系譜が表されたのだから、同じようにイシスにおいても女神のすべての系譜が表されるということが知られるべきである。ただし、オシリスを活動する原理の相、イシスを受動する原理の相とみなすことにする。イシスはしたがって、智慧と広められるべき法の場合にはミネルウァ、彼女がもたらす豊饒性としてはウェヌス、彼女が支配する風としてはユノー、地下の支配者としてはプロセルピナ、もろもろの果実の発明の場合にはケレース、シリアの人びとの守護と、あらゆる動物に与える力を保持する者としてはディアーナ、大地に絶えることなく恵みをもたらす影響力としてはレアー、彼女が引き起こす嵐と、事物を制御する力としてはベローナ。さまざまな形態、さらにはダイモーンとなって彼女はあらゆる形に自らを変容させ、また神々のあらゆる名称を担うので、神々すべての母という名称が彼女に付随したのはいわれなきことではない[68]。

（『エジプトのオイディプス』）

イシスは、「受動する原理の相」においてさまざまな神々を統合するイメージを担うのであるが、それは万物の母としてのイシスが原理的には、自然における一なる根源とそこから生まれる多様性との統合として理解されることに対応している。万物の母たるイシスにおいて女神たちの混淆が行われ、イシスはあらゆる女神を統合する概念となるが、それは教義的あるいは儀式的な側面ばかりではなく、図像的にもなされる。いにしえの小アジアのエフェソスには、アルテミスあるいはディアーナを祀った巨大な神殿が存在したが、それは狩りの女神であり、また豊饒の女神でもあるので、神像として表される際には、非常に特徴的な姿をしていた。果実ともみなされるたくさんの乳房によって上半身を覆われる女神は、獅子や牛、鹿、蜜蜂などを下半身に多数付随させている。この図像は、遅くとも五世紀にはイシスと同一視されていたことが、マクロビウスによって知られており[69]、キルヒャーもまたこのエフェソスのディアーナ像をイシスの表現として理解した[70]（図3参照）。

このイシス像を手がかりとしてキルヒャーは、まったく異質と見える文化圏の宗教的現象をも、エジプトという根源から分岐したものとして古代神学的に理解しようとする。キルヒャーは、イエズス会士の情報源に基づいて著した『中国図説』（一六六七年）において、中国と日本という、異なる文明の文物をさまざまに紹介するが、その中で中国と日本の阿弥陀をイシスに類するものと見なしている。キルヒャーは、エフェソスのディアーナ像が備える豊饒さ、多数性のイメージを手がかりとして、これを仏像がもつ手の多数性と関連づけた上で、阿弥陀をもまたイシスの別なる現れと見立て、それを「中国のイシス」と呼ぶのである（図4参照）。万物と神々の母なるイシスが、図像的には豊饒性と多数性を一身に表現するエフェソスのディアーナ像となり、この像のアナロジーにおいて、地中海文化圏を越

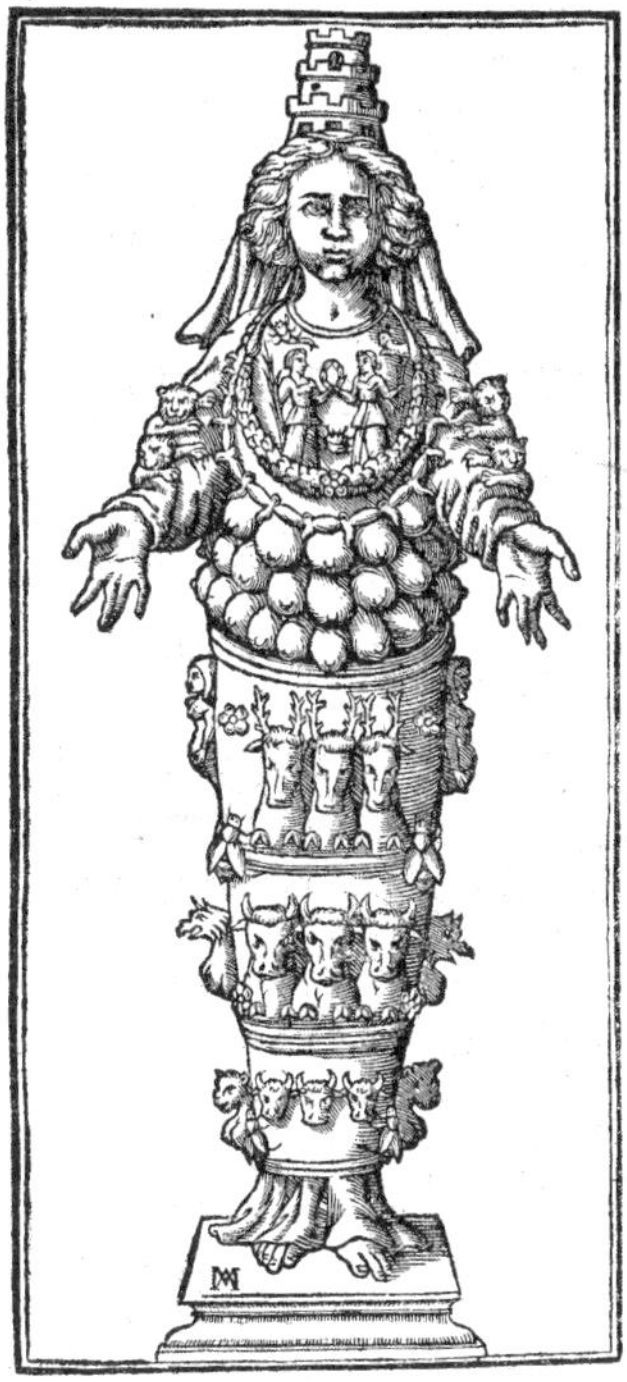
3　エフェソスのディアーナ像.

4　キルヒャーの「阿弥陀」.

えたところでの神の現れをも、やはりイシスの名の下に了解しようとする動きがキルヒャーに存在することが、これによって理解されるのである。

キルヒャーが、阿弥陀をイシスに等しいと見なす具体的な根拠としては、『中国図説』一四〇頁と一四一頁との間に挿入されている図版に見られるように（図5参照）、阿弥陀菩薩において表現される十六本の腕が表す多数性を、イシス＝エフェソスのディアーナ像が有する乳房の多数性と結びつけるアナロジーがひとつにはある。また一方で、これよりもより根本的に連想を支えるのは、中国と日本の阿弥陀が等しく、蓮の上に座するという点である。蓮が阿弥陀とイシスとを繋ぐ鍵となるのであるが、この蓮についてキルヒャーは『中国図説』と『エジプトのオイディプス』第一巻の両方で同じ文章を用いて次のように記している。

イアンブリコスとアレクサンドリアのクレメンスから、われわれはエジプトの人たちが神を花咲く蓮の上に座するとして神秘的に描いたことを知っているが、蓮が描かれるべき聖なる理由を継承したグノーシス派の人びとはその後、ハルポクラテスを同じ花の蓮と組み合わせる表現をさまざまな象徴を用いて行った。この風習は、ペルシアだけではなく、インド、さらには極東の中国と日本にも浸透したようである。彼らは神、かの有名な彼らの阿弥陀、あるいは別名で本分を、花あるいは薔薇、あるいは睡蓮の上に座し、光線の大きな輝きによって光るものとして描いている(71)。

この蓮を説明して、キルヒャーはさらに以下のようにも言う。

5 「阿弥陀菩薩あるいは, 中国のキュベレないしはイシスの像」.

ところで阿弥陀菩薩は蓮の上に座っているが、それは、水の上に浮かび湿潤の豊饒性に浸されて常に潤っているこの植物が、すべての事物の湿潤なる始まりを示唆しているからであり、このことを、理性的意見をもつ中国の多くの学者が、ギリシアの人々の古い哲学者たちとともに一致して考えている。彼らは言う、かの菩薩は真に自然を司る者であり、あるいはもっとよく言うならば、中国のイシス、ないしはキュベレである、と。その影響によってすべては豊饒にされ、保たれてあると信じられていた[72]。

6　イシスの息子，ハルポクラテスの座る蓮．

イシスの息子であるハルポクラテスの座る蓮が、湿潤さのもつ事物の創造の原理と結びつけられる結果、蓮もまたイシスと関連づけてイメージされる（図6参照）。この蓮の上に阿弥陀が座っているのであれば、「永遠の哲学」を行うキルヒャーの眼差しにおいては、この阿弥陀が、中国あるいは日本のイシスと見なされることになるのである。キルヒャーのこの古代神学的同定は、まったく荒唐無稽という訳ではない。蓮は、生命の根源である水から直接生え出て繁茂する性質を有することから、誕生・生成のイメージと深く関わり[73]、それが生命の原理そのものであるイシスと結びつくのは容易いことである。さらに蓮が広くアジアの文化の中でひとつの世界、あるいは宇宙そのものをも象徴する性格をもつものであれば[74]、蓮をイシスと結びつけて考えることにもまた必然性がある。

仏像を図像的に蓮の座の上に置くようになったのは、仏教美術の世界では紀元後三世紀の始めからであるとされ、その背景には、オリエントを含むインドから西側の文明の、インドへの影響と、もともとはインダス文明に古くからある蓮そのものを豊饒の女神と見なす考えとの混淆が指摘される[75]。ただ、蓮と阿弥陀、蓮とハルポクラテスのイメージの連関を支える背景には、蓮と睡蓮の混同ないしは取り違えが存在し、それが古代神学的なイメージの継承を可能にしていると思われる。インド・中国が原産とされる蓮が、西洋原産とされる睡蓮と[76]、そもそもその形状と性質が似ているためにしばしば同じものと見なされたのでなければ、ハルポクラテスと阿弥陀とが同じ花の上に座すとして、ひとつの構図の中で認識されることはないであろう。というのも、エジプトは本来、蓮の生育しない地域であって、ペルシアがエジプトに侵入した紀元前五二五年以降に蓮が移入されたとする説があり[77]、ハルポクラテスが関連づけられる花はもともとは蓮ではなく、睡蓮である可能性がある。ハルポクラテスが座す花の構図が、アジア圏における阿弥陀と蓮との連関へと文化的に伝播したか否かを明らかにすることは簡単ではないけれども、少なくとも睡蓮と蓮とが混同可能であったという歴史的・文化的背景が存在し、この混同を鍵として、神像をめぐるキルヒャーの古代神学的同定もまた成り立っていると考えられる。蓮か睡蓮であるかを問わず、ともかくも豊饒性と世界そのものとを象徴することのできる花のイメージを支えとして、ハルポクラテスが阿弥陀に翻訳され、それは図像的に変容しつつも継承された仏教版のイシスである、とキルヒャーが古代神学を探究する過程で考えたと見なすことができるだろう。

キルヒャーは、「永遠の哲学」ないしは「古代神学」の探究という知的態度において、世界のさまざまな宗教と文化を、キリスト教を必然的に生みだすに至るところの、一元的なひとつの流れとして理解する方向へと向かおうとする。エジプトは、真の宗教と哲学の根源であり、そこからすべては派生し、それはヨーロッパから見てまったく異質な文明である中国と日本をもまた「古代神学」による包摂の対象とする。東洋に現れる偶像崇拝の宗教も、エジプトから派生した真の宗教の痕跡を残しているのであり、そのためには仏像でさえも、「中国のイシス」として理解される。

地中世界と化石

キルヒャーの「永遠の哲学」は、啓示の記憶を再構成するためにエジプトとヘルメス・トリスメギストゥスとを大きな支柱として採用した。そして、この支柱の支える穹窿《ヴォールト》の末端に、中国の歴史と文明もまた吊り下げられたのである。地球上の遠隔点も歴史的時間の長さも、エジプトの知が支える「永遠の哲学」によって一元的に系譜化されたのだ。ただ、地球のもつ自然史的な時間が「永遠の哲学」と普遍史の枠の中に取り込まれるのだとしても、現実の地球の驚異的な姿そのものは、そうした形而上学の運動に抗するかのようにしてキルヒャーの前に立ち現れ、彼もまたその記述をまっとうしようとして、『忘我の旅・続』においては、主人公テオディダクトゥスの冒険という形で、地球世界の姿をさまざまに描き出した。

テオディダクトゥスは、水の精ヒュドリエルから事物の普遍的原理としての水についてレクチャーを受けた後、コスミエルからさらに地球の表層面におけるさまざまな現象、とはつまり植物、動物、鉱物の生成の原理的な説明を受けてから、海中と地中へと旅をする。海中では鯨やセイレーン、さらに竜まで遭遇するのだから、キルヒャーは想像の世界で遊んでみせてもいる。

他方でキルヒャーは、カスピ海や地中海など諸方の海が、大西洋などの大海と地下でつながっている、という見解を披露する。[78] この点を明確にしているのが『地下世界』であり、各大陸に存在する巨大な山岳、アルプス、チベット、アンデスなどの地下には広大な湖が存在し、これらがさらに各地域にある湖や大海とそれぞれ地下水脈によってつながり、ネットワークを構成しているとする。このことを地球規模で図示するのが『地下世界』第一巻（一六六四年版）の一七四頁と一七五頁の間に挿入された図版である（図7参照）。

地球の中心には巨大な火が描かれているが、海の水はそこまで到達はしないものの、まるで地球の内部に根を張るようにして、奥深くまで水脈をのばし、その水路はまたさまざまに連絡し合っている。地球の中心にある火は『地下世界』第一巻一八〇頁と一八一頁の間の図版にも描かれ、中心の火はさまざまな経路を通って地球表面の火山へと通じている（図8参照）。途中、局所的な火の海が各所に描かれているが、これは地球誕生時の火の名残りであり、またここへとつながることで火は地表面へと至る勢いを得ると考えられている。

こうした地球の姿は、地中に火と水の存在を想定する点で、その中心に重い土を想定するアリストテレスの地球像[79]を大幅に刷新し、またデカルトが『哲学原理』の中で描く地中の火というイメージとも連絡している[80]。「世界の複数性」に対してキルヒャーは曖昧な態度をとったけれども、宇宙のあらゆる場所に四大が遍く存在するとする姿勢は一貫しており、空間についてのイメージは更新されている。とはいえ、地球が本来もった自然史の時間というものの認識はなお遠い。自然史の中で重要な項目を占める「化石」についてキルヒャーが示す認識は、未だ大きく普遍史の鋳型にはめられており、そのため奇妙な姿を見せるのである。

動植物の「化石」の生成原因をどのように理解するのかという問題は、そもそも普遍史と照らし合わせるならば、容易なことではなかった。山や海が神によって創造されたのであれば、山上や地底に見出

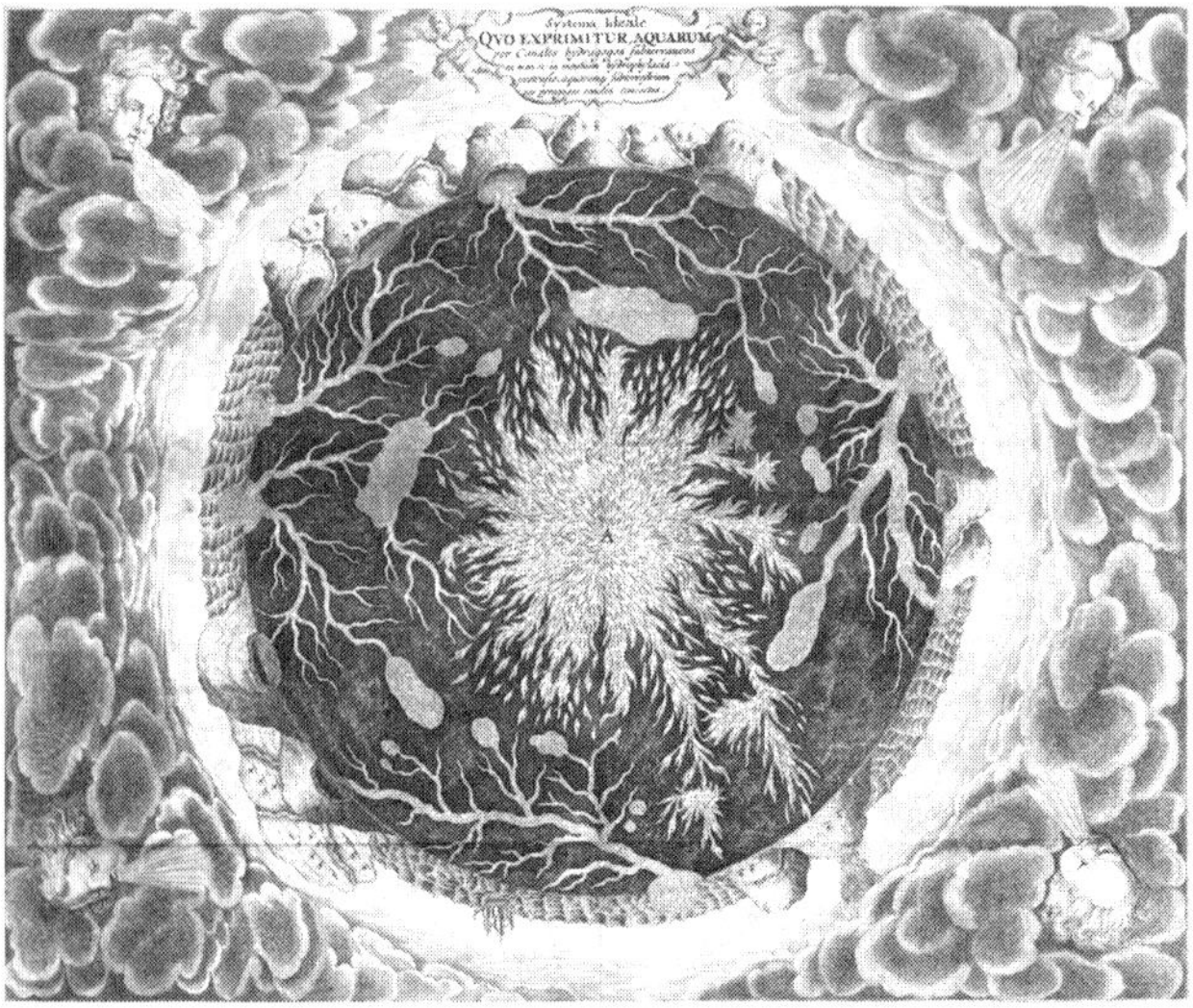

7　地下水脈のネットワーク.

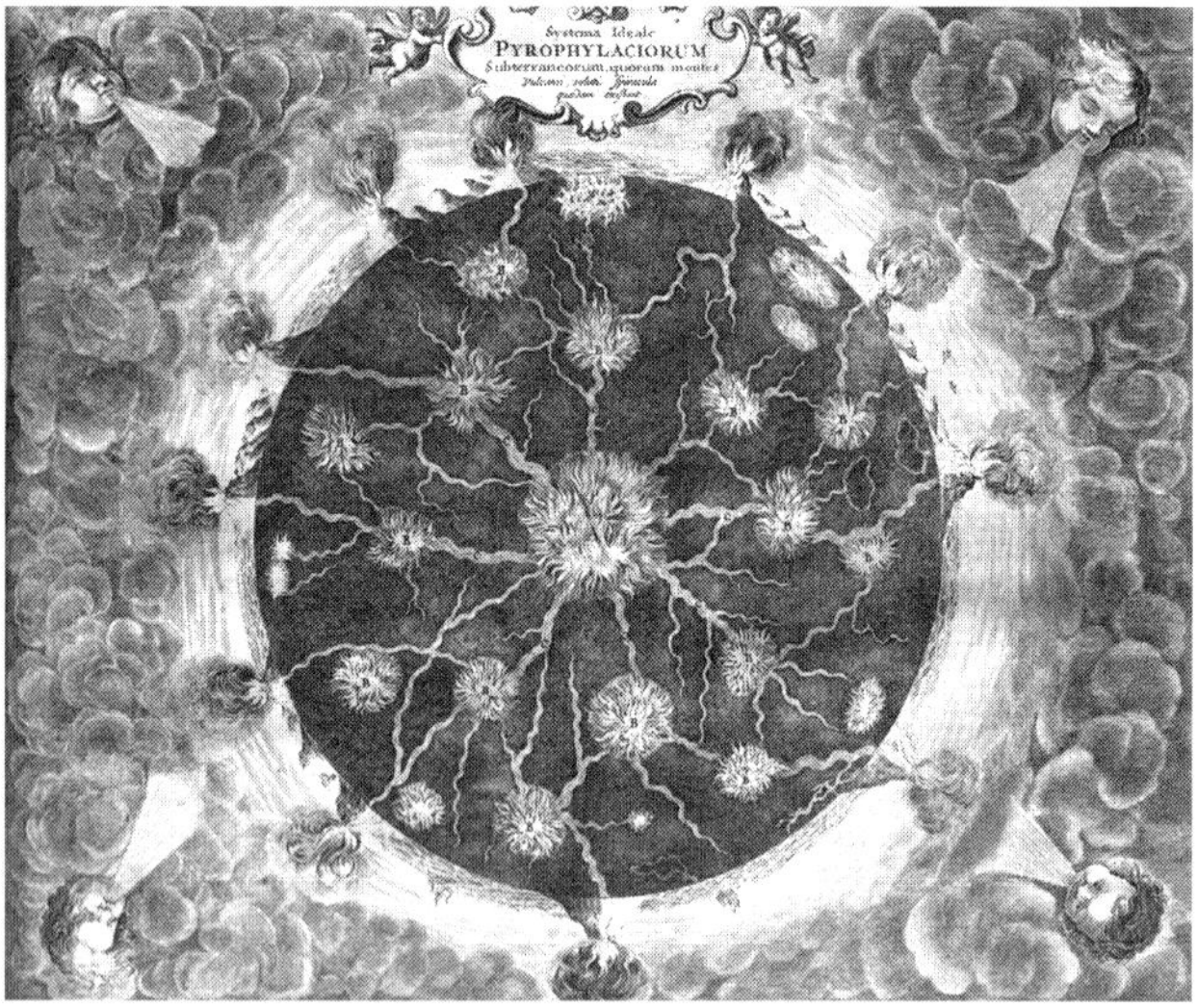

8　地球内部の火のネットワーク.

される貝の形状をしたものもまた創造の瞬間に同時に造られたものであるか、あるいは少なくとも山上の分は、大洪水を原因とするのでなければならなかった。[81] キルヒャーは、石の中、あるいはその表面に像が模様のように生成したと説明したが――今日の目からすればいかに荒唐無稽に思われようとも――、それが十七世紀半ばに至るまでの、ヨーロッパの知識人たちが概ね抱いていた見解であった。[82]

この化石というものの存在を説明する際にも、事物の生成に関わる「普遍的種子」が登場する。キルヒャーは、『地下世界』第二巻第八章にある「自然が石に刻んださまざまな像、形、幻」という節で、自然に産出する多様な形態の石について言及するが、その中でとりわけ、石に二次元的、あるいは三次元的に現れる像の生成原因について想念を巡らせている。人間の幻想が偶然に読み込むものや、神や天使の作用による像の出現と並べて、有機物の石化したものという、今日的な意味での化石を不思議な現象として取り上げつつ、他方で、本来は化石として認識されるべき、像をもった石について、その生成原因を以下のように記している。

第二の様態では、変化に富んで見える大理石を生み出す、大地の本質である物質とともに、そしてその物質の内側、すなわち一般にはモデルと呼ばれる一種の型の内側で、多彩な流体《フモール》とが混ぜ合わされ、最終的には息吹の作用を受けて、物質の母胎が産む像の中へと石化がなされるのである。[83]

この生成のあり様をさらに説明する文脈で「形成的能力《プラスティカ》によって」という言葉をキルヒャーが用いるように、「普遍的種子《パンスペルミア》」による形成の力が断片的に行使された結果、石の中にも「化石」のような、動植物の模様や形態をもった石が生まれてくる、とキルヒャーは考えている。「化石」に対するこの荒唐無稽な考えは、世界の生成についてのもっとも権威ある記述であった聖書とそこから導かれる普遍史の観念とに縛られた結果であった。シナイ山は、モーセが十戒を授かったときと同じ高さで聳えるのであり、普遍史が創造以来の歴史全体の長さを約六〇〇〇年と見積もっているのであれば、地形の変化を悠久の時間の中で説明するアリストテレスの議論は受け入れられないのであった。[84] そうであるからこそ、むしろ、新プラトン主義的な原理に基づく、地中ないしはその表面における像の生成という説明の方が、より合理性をもつものでなければならなかった。こうした「化石」が、石と動植物との、さらには自然物と人工物との境界を曖昧にし、そのために古代の遺物も「化石」も同様に珍奇なものとして、色や形など独自の指標によって分類され、各地のヴンダー・カンマーの陳列棚を飾ることになるのは、合点のゆくことである。

ただし、「化石」が「化石」として認識される過程が、キルヒャーの時代にはすでに進行していた。デンマークに生まれ、アムステルダムとパリでは解剖学者として、フィレンツェではさらに地質学者として活動したニコラウス・ステノ（一六三八―八六年）は、ステノン管に名を残すごとく、さまざまな解剖学的「線」の発見者であるが、その彼はサメを解剖した折り、その歯が、古来「舌石 Glossopetren」として知られるもの――マルタ島で多く見つかり、お守りとして、魔除け、歯痛の治療、女性への求婚に役立ち、空から降ってくると信ぜられていた[85]――と同一のものであると確信した（図9参照）。そこから進んで、『固体の中に含まれる自然固体についての試論』（一六六九年）においてステノは、水が介在して形成される地層の堆積作用を明らかにし、「化石」が有機物の痕跡であり、それが含まれる地層がかつては水に覆われていたことを主張したのだった[86]。「化石」が、岩の中に生成する像ではなく、古生物の痕跡であるとの今日的な認識が広まるのには、普遍史が障壁としてなお立ちはだかり続けるのだが、ステノ自身は、地層の堆積作用を明らかにしても、それは普遍史と矛盾するのではなく、むしろ符合すると考えていた。「世界的な洪水の時に関して、聖なる歴史は、すべてを仔細に眺めるならば、世俗の歴史とは矛盾しない[87]」。始原に地を覆った水も、大洪水も、そのいずれの痕跡も地層に刻まれているのであり、ステノにとって「化石」の発見は、なお普遍史と問題なく共存することができた。大地が海によって浸食され、変化するとしても、その時間的な長さを問うのでなければ、ステノのように考えることは可能であった。

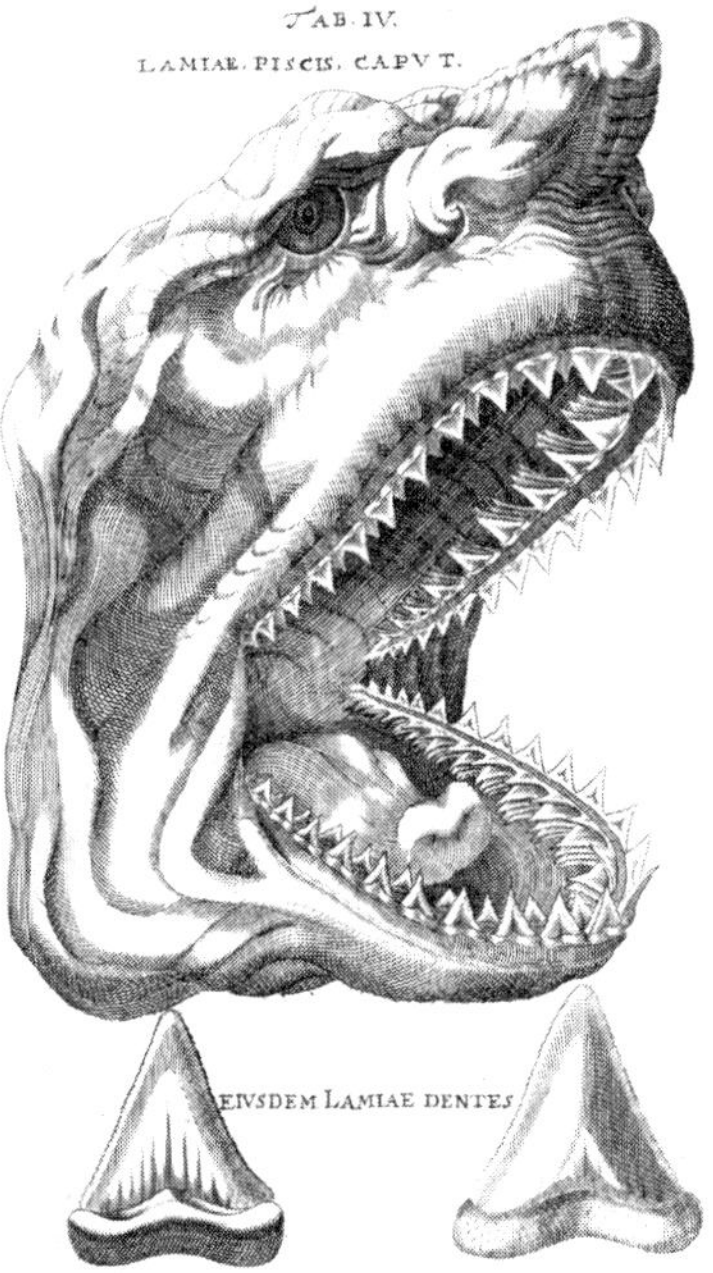

9 「吸血魚」, すなわちサメの頭とその歯.

　ステノは故国で許されるプロテスタントからカトリックへと改宗し、早い晩年を禁欲的な宗教者としてのみ活動した。それはあたかも、自然という書物を「自らの生来の能力」で読み、そこから得られる結論――それこそは普遍史の時間の枠を根本から覆すものであったろう――を引き出すのを怖れたかのような、そんな印象を与える。

地球のもつ自然史としての時間は、「世界の複数性」と同じく、あるいはそれ以上に、ドイツ語圏を含めたヨーロッパの知性の展開にとって思考の根本的な枠組みの更新を向後、要求していくことになる。

第二章　マクデブルクの半球　オットー・ゲーリケ

三十年戦争

「世界の複数性」に対する曖昧な態度と「普遍的種子」と「永遠の哲学」とが、イエズス会士キルヒャーの思想の特徴としてあるとすれば、「真空」によって伝統的な空間のイメージを覆し、「世界の複数性」を決然と主張したのが、オットー・ゲーリケ（一六〇二—八六年）である。

オットー・ゲーリケはキルヒャーと同じ時代を生き、そしてこの時代の宗教戦争の惨禍を最も過酷に経験した一人である。ゲーリケは一六〇二年、キルヒャーと同じ年に、帝国自由都市にしてかつてのハンザ都市であるマクデブルクに生まれた。両親はそれぞれ同市の素封家一族の出身であった。父ハンスはポーランド王家に九年間仕えた後、マクデブルク市の行政に参加し、一六〇八年には市長に任ぜられた。父方の一族だけで十三人の市長を輩出したその一人にオットーもまた数えられるが、フォンという、貴族の称号が許されるのは彼の代からであり（一六六六年）、それは政治と学問における彼の顕著な功績による。オットーは一六一七年から二四年にかけて、ライプツィヒ、イエナ、ライデンの各大学で、法学、諸言語、数学、築城術、機械工学を学んだ[1]。一六一八年にプラハ城の窓から皇帝の代官が投げ落とされて始まった三十年戦争は、オットーが身を立てるまでの教育の間にさしたる影響をおよぼさなかったようである。彼は故郷マクデブルクに戻ってから、二六年には市政に参加し、三〇年には建築部門の責任者の一人となって、市の城壁の整備を担った。

マクデブルクは、東方伝道の前哨拠点として大司教座が置かれ、エルベ川を利用した交易によって商業の栄えた都市である。ゲーリケの時代には、大司教座が新教を奉ずるブランデンブルク選帝侯の一族によって占められ、これを認めない皇帝に対しては、三十年戦争の間、幾度か譲歩をしつつも都市としての独立を守ってきた。スウェーデン王グスタフ・アドルフの軍が新教擁護のためにドイツのバルト海岸に上陸したときには、マクデブルク市の参事会でも新教派が優位を占めるに至り、スウェーデン軍による救援に望みを託して、反皇帝の旗幟を鮮明にした。これを受けて皇帝軍による市の包囲攻撃がなされ、一六三一年五月十日、「マクデブルクの婚礼」と皮肉にも呼ばれる、三十年戦史の中で最も凄惨を極めた市の陥落とこれに続く略奪が起きた[2]。二万人の市民が殺戮され、市が灰燼に帰し、言語に絶する野蛮が繰り拡げられた市から、全財産を失ったゲーリケは、身代金三百ターラー（これは後に市長職で得る年収の一・五倍である）を担保に妻と息子二人——ただし次男は兵士に重傷を負わされ、これがもとで命を落とすことになる——とともに下着姿で逃れた。

リュッツェンの戦いを経て、グスタフ・アドルフと皇帝軍総司令官ヴァレンシュタインのいずれもが戦争の舞台を去った後の一六三五年、プラハで平和会議が開かれ、マクデブルク市は新教側ザクセン選帝侯の所有となった。ゲーリケは、市の代表者として市の独立回復のために皇帝とザクセン選帝侯の宮廷へと幾度となく赴き、さまざまな外交を展開したが、結局市の独立が回復されることはなかった。ただ、ゲーリケは一六四六年に、ザクセン軍と皇帝軍双方の駐留から市を解放することには成功し、これを機に市長に推挙され、以降三十年間その職を勤めた[3]。

ヴェストファーレン条約によって三十年戦争は終結したが、この条約を補完するための帝国議会が一六五三年から翌年にかけてレーゲンスブルクにて開催され、ゲーリケもまたそこにマクデブルクの権利回復を目指して参加した。聖俗の帝国諸侯が参加して一年以上も続いた会議には、アトラクションも欠けていなかった。そのさ中の一六五四年、ゲーリケはすでに幾度か成功していた真空実験を、皇帝フェルディナント三世を始めとする貴顕の諸侯を前に実演してみせた[4]。彼は自ら考案した実験道具を使って「真空」の存在を証明する実験を行い、これを人々の目の前で実演して見せたのであったが、これはこの時代を画する、文字どおりひとつのセンセーションであった。

実演のうちでも、特にゲーリケが一六五七年に行った、「マクデブルクの半球」と呼ばれるものが最もよく知られている（図10参照）。ゲーリケは、直径五十センチメートルほどの銅製の半球二つを組み合わせてから、これに鑞とテルペンチンを塗った革製の輪を中心の直径部分に回して空気が外部から入らないようにし、そうしておいてから、あらかじめ球の中に満たしておいた水を自ら考案したコルク式の特殊なポンプを使って排水した。この後、半球にハンダ付けしておいたリングに十六頭の馬を繋いで引かせたけれども、二つの半球は空気圧のために離れなかったという真空実験である。

遡って、一六五四年のレーゲンスブルクでのゲーリケの実演に感激したマインツ選帝侯＝大司教ヨー

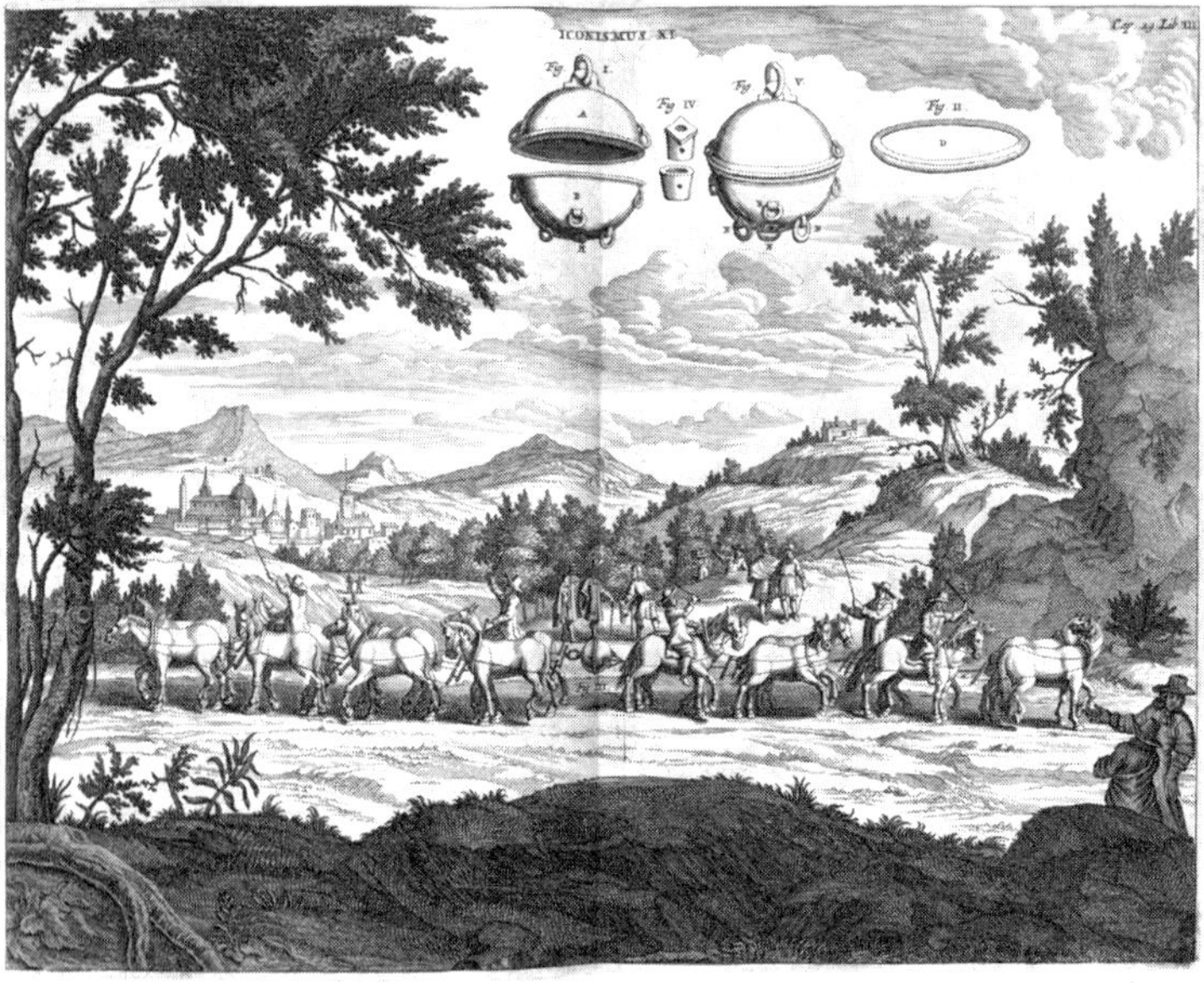

10　ゲーリケの真空実験と「マクデブルクの半球」.

ハン・フィリップ・フォン・シェーンボルン（一六〇五―七三年）は、ゲーリケの実験器具をすべて買いとり、これを当時支配していたヴュルツブルクの宮殿へ運び入れて、カスパー・ショット（一六〇八―六六年）ほか同地のイエズス会士教授陣に実験を再現させた。カスパー・ショットは、キルヒャーの『忘我の旅』に注釈と図版を付けてニュルンベルクにおいて第二版（一六六〇年）を出版した人物だが、『忘我の旅』第一版出版の翌年にあたる一六五七年に自身が著した『水と空気の力学』において、ゲーリケの真空実験を「マクデブルクの新実験」として図版入りで詳細に紹介した。その「マクデブルクの新実験」の章には、他ならぬキルヒャーへの献辞が添えられており、そこでは以下のように語りかけている。

しかし私に真空を見せようとするのか、とあなたは言うでしょうか？　深遠なるあなたの計算によれば、真空などはあり得ません。ですが、あなたがかつて理性でもって理性的な説を受け入れた、その同じ理由故にあなたの名前が挙げられ、そのためにここに献辞があるのですから、あなたはきっと感激というか、お気に召す気持ちでいっぱいになるか、あるいはご不快には思われないことでしょう。(5)

この献辞から読み取れるのは、キルヒャーが徹底した反真空の立場をとっていたことであり、また「普遍的種子」もそうした空間の性質を背景としていたということである。ショットがいち早く紹介した「マクデブルクの新実験」に基づいて、ロバート・ボイルは助手のフックとともに器具を改良して実験を行い、その結果を一六五九年に公表した（New Experiments Physico-mechanical, touching the Spring of the Air, and Its Effects）。そのためボイルもまた真空論者として著名となる。ショットとゲーリケの間には書簡による交流があり、またゲーリケはショットの編集になる『忘我の旅』第二版を献本されている。ゲーリケが『真空についての（いわゆる）マクデブルクの新実験』（出版地アムステルダム）を著したのはようやく一六七二年になってからであるが、それに先立って六六年に貴族に列せられたことが、出版の権利を認める「皇帝特権」の取得のためには重要であったと考えられる。というのもこのゲーリケの書は地動説を合わせて主張するものであり、カトリック教会の禁書目録に背く形で、ピュタゴラス＝コペルニクスの地動説を述べる以上は、出版にあたってなにがしかの許可を得ている必要があったと考えられるからである。そのためこの書の出版に関わる権利と複製禁止、内容に関する保証を「皇帝特権」

として求め、これを承認されたことが、ゲーリケの書の巻頭図版に続く頁に記載されている。

この手続きは、コペルニクスの書が教皇庁の禁書に指定された直後の一六一九年に、帝国数学官ケプラーが地動説の立場から著した書『宇宙の調和』を出版するに際して、「偉大なる神聖皇帝の特権を得た Cum S(acrae). C(aesareae). M(ajesta)tis. Privilegio」と記したのに準じたものと考えられる[6]。ゲーリケの書が「特権」を得るための申請者は帝国副首相レーオポルト・ヴィルヘルム・フォン・ケーニヒスエッグ伯爵（一六三〇―九四年）であり、この帝国副首相は、マインツ大司教が慣例として就く帝国首相に継ぐ、神聖ローマ帝国ナンバーツーの実力者であった。さらにゲーリケの書では、この帝国副首相による「皇帝特権」が提示された後に献辞が続き、その宛名は、ブランデンブルク選帝侯フリードリヒ・ヴィルヘルム（一六二〇―八八年）となっている。この大選帝侯のもとで勢力を拡大しつつあったプロイセン公の事実上の支配下に、一六六六年以来マクデブルクは置かれていたのであった。献辞を贈られる側はその書の内容に当然のことながら同意しているはずであり、したがって皇帝と大選帝侯の庇護のもとでこの書は出版されたことになる。

真空

さて、ゲーリケは『真空についての（いわゆる）マクデブルクの新実験』の中で繰り返し『忘我の旅』について言及し、キルヒャーの書で展開される非コペルニクス的世界観と非複数性の世界観とを批判している[7]。というのも、ゲーリケの書は、自らが行った真空実験を報告するとともに、真空の理論が表裏一体として導く「世界の複数性」を描き出すことが目的だったからである。

そもそも真空は、アリストテレスが「空虚は、自立離存したものとしては存在しえない」[8]（『自然学』216b20）として否定し、またデカルトが『哲学の原理』（一六四四年）の中で以下のようにあらためて退けていたものである。

> ところで真空、すなわち哲学的な意味で実体がまったく存在しないところのものがあり得ないのは、空間ないしは内部の場所の拡がりは物体の拡がりと異なることがない、ということから明らかである。[9]
>
> （第二部一六節）

真空は存在せず、またこのことと不可分に「原子《アトムス》」もまた存在しないとデカルトは考えるが、[10]これは原子と真空とが表裏一体となって、世界の形成を説明する原理として働くのを思えば自明のことであろう。デカルトは、ときにそう分類されるような原子論者なのではなく、[11]この点では自ら明瞭にデモクリトスから距離をとっている[12]（『哲学の原理』第四部二〇二節）。デカルトはいわば流体論者なのであり、ミクロなレベルからマクロなレベルまでをさまざまな「流体《フルイドゥス》」の運動によって一つの無限の世界を説明する。この流体こそが微小なレベルでも空間そのものなのであり、天体もまた流体によって運ばれ、流体はそれぞれの恒星を中心として渦を巻く。これが『哲学の原理』第三部三〇節に展開されるデカルトの「渦動説」である。[13]これについては次章でさらに詳しく見ることにする。

デカルトは、「世界の複数性」という考えを原子論者と同じく共有はするものの、しかしながら世界の構成原理として、真空という空間のフォーマットに浮かぶ原子という説には決して与しない。この点で、真空と「世界の複数性」とは必ずしも不可分なイメージであるとは捉えられない。「世界の複数性」という宇宙論の革命を迎えてもなお、デモクリトスは必ずしも理性の受け入れるところではなかった。そこには、神が介在しなくとも世界の構成が原子の運動によってのみ説明できるとする無神論を回避しようという意志が働いているようにみえる。

さて、このようなデカルトの反真空を論駁する形で、ゲーリケの「真空」についての議論は『真空についての（いわゆる）マクデブルクの新実験』において以下のように「空気」の定義に即して展開される。

1　空気とは、水陸よりなる地球の蒸発物ないしは物体的な流出物である。2　地球はこの空気を自らの存続のために、しかも確かに重さをもつものとして保持している。3　したがって空気は地球によって引き止められるために自分自身のうちに非常に強く圧縮されるが、低いところの空気は高いところの空気よりも強く圧縮される。4　空気のこの重さは非常にしばしば変化する。5　いずれかの高さにおいて、あるいは山の上で山のさまざまな高さに応じてもまた常に変化する。6　空気はその重さゆえに、物体によって充たされていないあらゆる空間に入り込む。7　真空に対する忌避というものは事物の世界には存在せず、この忌避は周囲にある空気の重さに起因するものである。8　いかなる空気もガラス製の容器や筒から人為的に排出可能であり、したがって真空というものをつくることができる。(14)

「空気」は、ここに記されるように地球上のあらゆる物体からの流出物であり、延長と固さをもった物質の中には入り込むことができない「物質的作用力」[15]と説明される。この「空気」は他方で、2の定義から読み取れるように、地球がもつ自己を維持する力という、「非物質的作用力」[16]を受けて、地球に引きつけられる結果、重さをもつと説明される。[17]ゲーリケはこの地球がもつ非物質的な「維持力」を物体の重さの原因であると考え、物体自体が重さをもつというアリストテレスの考えを修正する。この「非物質的作用力」は、延長と固さをもった物体を貫いて働くが、地球は他の天体と同じく多種多様の「物質的作用力」と「非物質的作用力」とをもつとされ、「空気」は「非物質的作用力」、つまりは引力を受けつつ、「物質的作用力」を及ぼすものと考えられている。その上で「空気」の作用力がおよばない場所においては、「そこでは必然的に純粋な空間、あらゆる物体を欠く真空が始まる[18]」のである。

ゲーリケにとっての真空実験の成果は、「天体の間の途方もない空間にはまったく物体がなく、真空である[19]」という、宇宙論の現実的な姿を実証的に確認するために用いられる。と同時に、この真空の空間を貫いて働く「非物質的作用力」というものを考え、この力の働きによって太陽系そのものの運動をも説明している。というのも太陽は自ら回転することによって各惑星に働きかけ、この一種の渦動力により、諸惑星は太陽を中心とする運動を行うからである。しかもこの渦動力による「非物質的作用力」は、物体の大きさに比例して大きくなるので、木星や土星といった大きな天体ほど太陽から離れて回転運動をするのだという。[20]

ゲーリケの著書が全体として抱える意図は、太陽を中心とする惑星系のシステムと、恒星ひとつひとと

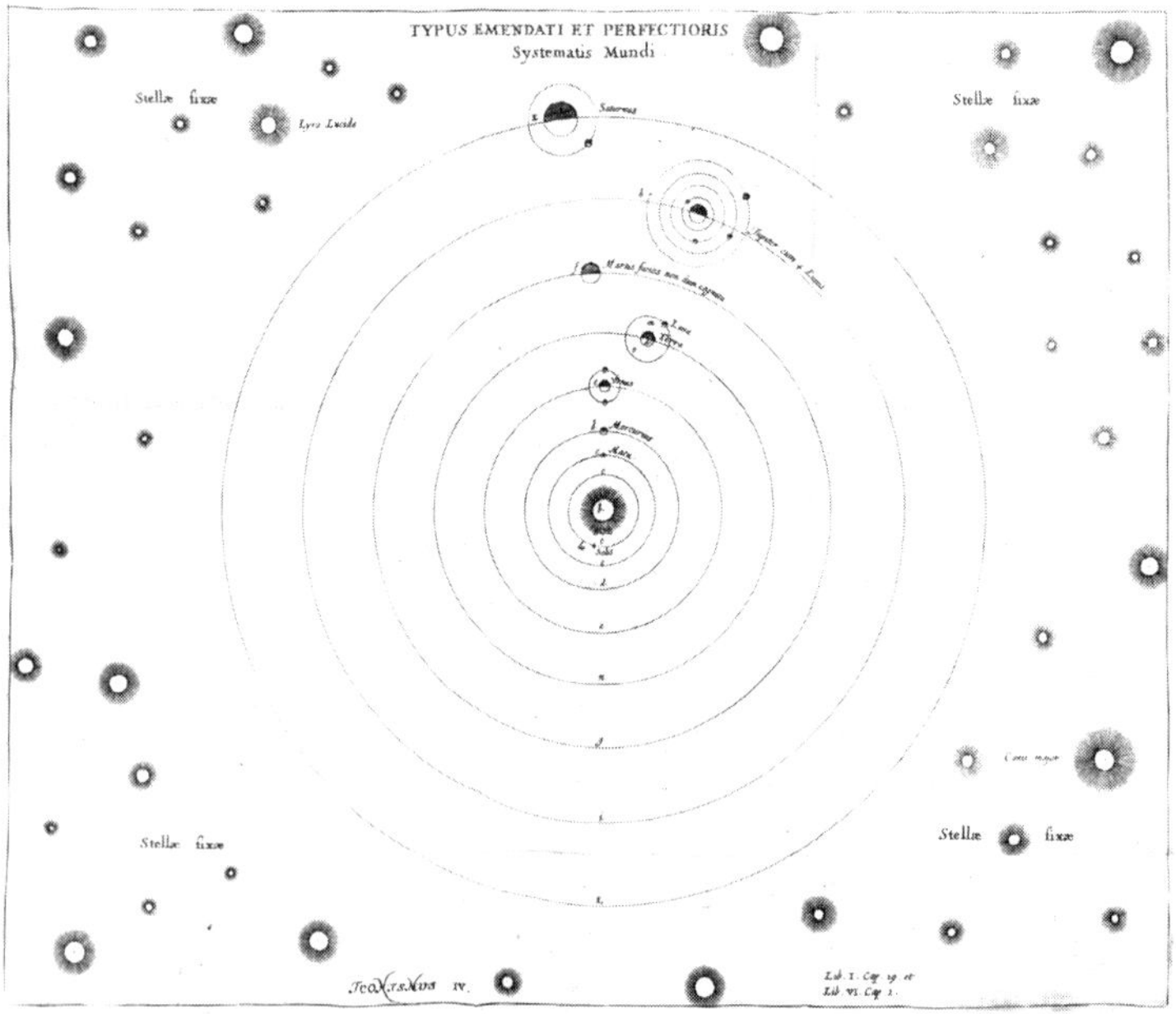

11 「正しくし，より完全な世界体系の図」真中に太陽が位置し，それぞれの恒星もまた「太陽」である．

つが太陽であるという、「世界の複数性」の議論を真正なる宇宙論として紹介することにある（図11参照）。真空そのものの実験にゲーリケを向かわせたのは、宇宙の大きさに比すればひとつの天体などはあたかも一個の原子の様に思われる、そのような巨大な空間がいったいどのような性質のものであるのか、という問いなのであった[21]。ミクロなレベルにおける真空に浮かぶ原子のイメージは、マクロなレベルにおける真空に浮かぶ天体と同じなのである。ゲーリケが言うように、この巨大な宇宙空間そのものが神の全能の現れなのであれば、その空間の性質を知ることが、神をよりよく知ることにつながる。

さらにゲーリケの『真空についての（いわゆる）マクデブルクの新実験』は、

コペルニクス以後の新しい宇宙観に基づいて、他の天体の住民についても言及する論考であり、第六章第一五節「諸惑星に生物は存在するか?」では、この問いに対してゲーリケは是と答える。理由はさまざまにある。宇宙の途方もない空間の中で地球にだけ生物が存在すると考えるのは信じがたいことであるが、ゲーリケは、カプチン会の僧にして天体望遠鏡を考案した天文学者であったアントン・マリーア・シュルレウス・デ・レイタ(一六〇四―一六六〇年)の『エノクとエリアの目』(一六四五年)にとりわけ依拠して、その理由を長々と引用する。すなわち、創造のとき以来存在していた木星の衛星が望遠鏡の発明によってようやくその存在を知られたというのに、それら衛星が地球のために回っていると考えるのは合理性を欠き、また月が木星のために回転していると考えるのも同様に不適当である。そしてこれは対蹠人の例と同じであるという。すなわち、対蹠人は常に存在していたのに、その存在が確かめられたのはようやく二百年前のことであった、と[22]。ケプラーもまた、月にも木星にも住民が存在すると考え、さらに未来におけるその発見を、かつては困難と考えられた大西洋横断による新大陸の発見に擬えた[23]と紹介される。すなわち対蹠人の存在は、ここでも他の天体の住民のアナロジーとなっているのである。

「宗教の複数性」

天体を巨大な真空空間に浮かぶ原子のごときものとみなすゲーリケは、宇宙空間の同質性を「真空」の存在によって証明し、その同質性から他の天体の住民の存在をも必然的に導く。これは見方を変えるならば、月を天空に浮かぶ地球と見立てるピュタゴラス゠オルフェウス派の思想が、真空空間における

「世界の複数性」の議論として、ゲーリケにおいて復活したと捉えることもできる。というのもゲーリケは、他の天体の住民についての問いに答えるにあたっては、月の上に生命が存在すると主張した、ポントスのヘラクレイデスとピュタゴラス＝オルフェウス派を引き合いに出すからである。その根拠をゲーリケは示していないが、ポントスのヘラクレイデスについては、ピュタゴラス派同様、諸惑星が空気に取り巻かれていると主張する複数の証言が伝えられており、(24) 空気がある以上は、そこは居住可能だと目されている。ピュタゴラス＝オルフェウス派については、序章で触れたときに見たとおりである。

他方で、「世界の複数性」と三位一体との関係という、ブルーノにとっての躓きの石をゲーリケはどのように考えたのであろうか。この問題に関してゲーリケは、ガリレオの『天文対話』（一六三二年）から他の天体の様相についてさまざまに思い巡らせた一節を引用し、ガリレオに即して、他の天体の事物は知的存在も含めて、地球上のものとは根本的に異なっていると考える。

したがって、もしもこの地球の人間やその他の動物というものが他の星々には存在しないのであれば、神のわざや働き、法や仕組みなども、この地球の諸地域におけるのと同じであることはないであろう。さらにはそれらの星々の主要な存在者たち、ないしは理性をもった動物たち（これは、おそらくそこにもいる）の文化は、地球というこの天体におけるのと同じであることはなく、彼らの頭脳と知性に即したものであるだろう。なによりも、われわれは、神がこの地球のあらゆる地域で等しく同じ配慮で活動しているのではなく、ユダヤの民にはある種の法を、そしてまた違う形で他の諸々の民に法を与え、さらに他の諸々の民には許されなかったある種のことをユダヤの民に認め、

配慮したのを見ている。それどころか神は、個々の人間たちにそれぞれ違った形で関わったのである。(25)

つまり、所変われば、環境もそこに住まう存在もすべて異なった様相をもち、他の天体に住む住民の宗教は、われわれの想像がおよびもつかないほど異なったものであるだろうと、ゲーリケは考える。そしてその様相は、地球における啓示宗教が多様であるのとちょうど同じだという。地球上にはユダヤの宗教もあれば、キリスト教もあり、それと同じように、宇宙には多様な形の宗教があって、そのどれもが真実の宗教として唯一の神を礼拝するものであるはずだ、とゲーリケは考えている。多様な神々が存在した上で、これに応じた多様な宗教があり、それが奉じられる、というのではなく、一神は多様な宗教のあり方を通して自らが造物した世界と関わる、というのが「世界の複数性」と三位一体との関係についての、ゲーリケの立場であるだろう。

さらに、「神は個々の人間たちに、それぞれ違った形で関わった」という言葉は、地球上にもさまざまな宗教があり、そのいずれもが正しいとする立場を擁護するものと考えられる。つまり、「世界の複数性」は、他の天体の宗教がいかなるものであれ、地球上のキリスト教が真実であるのと同様に、地球上の他の宗教がいかなるものであれ、ゲーリケが帰依するルター派のプロテスタントの信仰もまた真実であるとするための論拠となりうる。ゲーリケにあって明瞭に浮かび上がるのは、「世界の複数性」とは、単に恒星世界の複数性と他の天体における住民の存在とを肯定するだけではなく、地球上も含めた「宗教の複数性」をも意味するのでなければならない、ということである。

さて、多様な宗教が複数の多様な神をそれぞれ戴いて、そのことが結局は争いの種となるという帰結を避け、常に一神を志向するという論拠もまた、ゲーリケに拠れば次の引用に見る通り、真空から導かれた無限の空間によって保証される。無限はカオスではなく、無限という集合を想い見るひとつの神の視点を必然的に要求する。この点で、ゲーリケの真空論は、エピクロスの古代以来、無神論に等しいとされてきた原子論を凌駕するのであり、無限を、宇宙世界として現れる神の壮麗さの表現であると想い見て感動する人間の新しい情動、つまりは、後の十八世紀の美学で名指されることになる「崇高の感情」というものと密接に結びついている。

したがって、恒星が無限であると考えれば（キルヒャーによれば複数と言うべきだが）、さらに加えて惑星が幾千もあり、さらにそれらが衛星をもち、途方もない広さのいわば野に蒔かれてあることからすれば、われわれは以下のように認めざるをえない。すなわち、天体たちのかくも大きな行軍と天上の軍陣が適切に配置されるためには、途方もなく続く空間が必要であり、どんな数をもってしてもそれが終わりであると言うことができないような、そうした巨大な行軍にはそれだけ巨大な司令官がふさわしい、と。むしろ、この司令官は途方もない方なのだから、同様にその輝く配下の数にも限りがないのである。途方もない君主が、限りある数の臣下によって近侍されて満足を覚えるというのは実際にふさわしくないと思われる。
かくしてこの天上の軍勢は空想の中にあるのではなく、認識されるものとして与えられており、いわばその陣列はわれわれの眼前に整然と並んでいるのだが、それは輝きの与える一種の戦慄によって、悪しき者、神を怖れぬ者をしてその堕落した行いの中にあっても畏怖の念を起こさせるためであり、また善良なる者、神の意志を怖れる者にはまさしく、眼に見えぬ聖なる慈悲深い主ツェバオトをかくの如く露わにしてみせて、被造されたもの、正しくは知性を授けられたものにとっては、眼に見えて明瞭に、言い尽くせぬ全能の君主が輝いて、われらをして悪しき行いをあらためるよう誘うためである。(26)

無限の空虚の中に浮かぶ無数の世界には神を讃えるさまざまな知的存在者が散りばめられている、というこのイメージは、神の権能の無限の大きさ、素晴らしさを表すのにふさわしい。巨大で壮麗なる宇宙という、神の創造を目の当たりにすることが、人間の教化に役立つ、とゲーリケは考えている。神の権能を映し出す巨大な宇宙を通しては、人間が永遠の来世において享受することになるであろう至福もまた約束されるのである。

ゲーリケにとっての「世界の複数性」は、地球を含めた宇宙全体における「宗教の複数性」と表裏一体であり、異民族の宗教もまた、それが啓示宗教であれ、また自然宗教であれ、それらが同じ一神を志向する限り、いずれもが真実であるとするのを許容することになるだろう。そうであればこそ、プロテスタントの宗教もまた、カトリックと並存するものでなければならない。「途方もない君主」の前に戦列をなす「天上の軍勢」とは、彼の時代に惨烈を極めた闘いの様相と無縁な表現ではないと思われる。かくしてゲーリケの場合は、「永遠の哲学」ではなく、「真空実験」が「世界の複数性」とプロテスタントを信奉する自由を支えるための根拠となるのである。

第三章　「いずこも同じ！」ゴットフリート・ヴィルヘルム・ライプニッツ

ゴットフリート・ヴィルヘルム・ライプニッツ（一六四六―一七一六年）は、一六四六年に道徳学の教授フリードリヒを父とし、法律家の娘カタリーナを母として、ライプツィヒに生まれた。ライプツィヒはザクセン選帝侯に帰属し、ルター派神学研究の拠点として、三十年戦争の災禍を受けることが比較的少なかった。見本市で有名な交易都市、そして大学都市でもあるライプツィヒにおいて、ゴットフリートの祖先は、主に役人、教師、神学者、鉱山技師、工業経営者として活動した。父フリードリヒの三回目の結婚によって生まれたゴットフリートは六歳の時に父を亡くすが、早くから文字に親しみ、八歳ですでに父の蔵書――ローマの古典、教父文学、アリストテレスの論理学、スコラ学――を独学で読み始めた。七歳からニコラーイ学校に通い始め、同年、教授の子弟の特権として、ライプツィヒ大学に入学を許された。その後ライプニッツは、十五歳の年から実際に大学で学び始め、途中の一学期間をイエナ大学で数学を学んだ以外は、ライプツィヒにて法学を専攻した。一六六六年、二十歳の時にライプニッツは、博士号取得のための審査を申請したが、これは大学関係者のさまざまな思惑に妨げられて却下された。それならばとライプニッツは同年、帝国自由都市ニュルンベルクの管轄するアルトドルフの大学に移籍して、すぐに博士号を取得し、さらにライプニッツの年齢からすれば異数のことではあるが、同地での教授職を打診されるも、これを固辞した。六七年までニュルンベルクに滞在したが、この期間に同地の錬金術師協会に入会し、その会でマインツ選帝侯の宮廷の前首相であったヨーハン・クリスティアン・ボーイネブルク男爵（一六二二―七二年）の知己を得て、彼を後ろ盾とし、ゲーリケの真空実験に感激した、あのマインツ選帝侯＝大司教ヨーハン・フィリップ・フォン・シェーンボルンの宮廷の参事となった。ボーイネブルクは五三年にカトリックに改宗した人であったが、彼もまたレーゲンスブルクの帝国会議に参加していたのであった。

ライプニッツはその後、政治家ボーイネブルクとともにドイツの宗教的分断状況を文化的に克服すべく活動を展開し、七二年からはパリへ赴いた。ライプニッツは、ルイ十四世の侵略政策の目標をエジプトに転じさせるという任務を帯びていたが、目的を果たすことはできなかった。しかしその間、数学を研究して微積分法を発見し、またホイヘンスの知己を得た。七六年、パリ滞在を経済的理由で断念し、参事兼図書館長として仕えるべく、ハノーファーの宮廷に転じ、その後四十年間、ハノーファー公が彼の主家となった。ライプニッツは十六の国にまたがる千百人以上の文通相手をもち、「学者共和国」と呼ばれるにふさわしい広範な知的ネットワークを構築し、さらに十八世紀の知的世界をリードすることになるプロイセン王立科学協会の設立にかかわって、一七〇〇年、その初代会長におさまった。(1)

ライプニッツと「真空」

ライプニッツは一六七〇年頃から物理のさまざまな問題に取り組み始め、『新しい物理仮説』（一六七一年、マインツにて出版）をイギリスの王立協会に提出して、その会員となった。そして七一年にライプニッツは、『真空についての（いわゆる）マクデブルクの新実験』を出版する前のゲーリケとの間で、幾度かにわたって書簡を交わした。新進のライプニッツが「学者共和国」の著名人であるゲーリケに問うたのは、鉱物の塊である天体がもつ力、すなわちゲーリケのいう「非物質的作用力」が、なぜ他の天体ないしは物体に移植可能であるのか、そしてそのような「移植される力」を認めるのならば、なぜその力は天体から生ずるのかを問うものであった（一六七一年八月一七日付）[2]。ライプニッツからすれば、そのような力はスコラ学者のいう「隠された性質《クアーリタース・オクルタ》」であって、認めることができないものであり、この姿勢は、後にアイザック・ニュートン（一六四二―一七二七年）の重力を批判する際にも繰り返された。ライプニッツは真空の代わりに、そこを埋める「エーテル」の存在を仮定し、この「エーテル」が太陽の渦動によってともに運動する際に地球上にある物体に衝突し、この衝突の結果生ずる抵抗によって物体が重さをもつと考える[3]。この「エーテル」がまた、デカルトの「流体」と同じように、天体の運動そのものをも説明するのである。ゲーリケの実験と自らの仮説との間にある相違を、ライプニッツは以下のようにゲーリケに宛てて要約している。

> 離れた場所に運動を移植する媒体が、貴殿の場合では、不動の空間《スパティウム》であり、私の場合はしかし、（事物そのものではなく）あらゆる事物のもつ通路を貫通してゆく微細な、可動性のあるエーテルなのです。このエーテルの運動により、すべての天体がもつさまざまな力の原因が与えられるのです[4]。

真空という場が力を媒介するというゲーリケのイメージに対して、ライプニッツは充満するエーテルが運動を伝達すると考えている。この構図は、ゲーリケとデカルトそれぞれの世界理解においてすでに対照的に観察されたものであった。

エーテルは互いに触れ合うことで、その和が延長を構成するものであるために、この延長はエーテルそのものへと無限に分割可能であり、その結果エーテルのつくる空間は、原子とこれが浮かぶ真空というイメージとは対立する。ただし、ライプニッツは後の『単子論』（一七一四年）においては、事物を複合して構成する「単純な実体」である「単子《モナド》」を「原子《アトム》」と呼び、一方で空間は充満しているという考え方をとる。世界は「単子」と「単子」との合成物から成り、「全物質は互いに関連し合って、全体としてはあらゆる運動が離れた物体に作用を及ぼす」[5]と説明する。そうである以上は、無限数かつ無限の多様性をもつ「単子」が合わさって隙間なく宇宙全体を埋め尽くし、この全体は逆に無限に分割可能であると考えられていることになる。つまりは、ライプニッツがゲーリケに向かって披露した「エーテル」は、のちに「単子」そのものか、「単子」の合成物に変容すると考えられる。そして全体が関連し合っているからこそ、運動が伝達可能となり、またその結果あらゆる「単子」は自らの内側で全宇宙を表象することが可能となるのだろう[6]。

創造された事物のすべてがおのおのの事物に対してと、おのおのの事物が他のすべての事物に対してもつこの連係と適応によって惹き起こされるのは以下のことである。すなわち、単純な実体はどれも、他の実体のすべてを表現する関係をもち、それは結果として宇宙を映し出す生きた永遠の鏡なのである。[7]（『単子論』一七一四年、フランス語版完成、ドイツ語版は一七二〇年、イエナにて出版）

ゲーリケがマクロな世界に見た無限の世界は、ライプニッツの場合にはエーテルをモナドの集合とすることで、ミクロなレベルへと向かって無限に見出されることになる。「単子」が世界を、程度の違いはあれ、それぞれ映し出すのであれば、無機的な物質も、有機的な物質もすべて、その構成要素と器官のあらゆるレベルにおいて、すべての「単子」が宇宙を幾層にも映し出していることになる。そのため、「物質のおのおのの部分は、植物に満ちた庭園と、魚に満ちた池として理解可能なのである」[8]と考えられる。こうして、ライプニッツにとって「世界の複数性」は、人間が仰ぎ見る大きな宇宙世界でのみ考えられるだけではなく、有機体としての自らの身体の内部にも、ほとんど無限に存在すると考えられるようになる。ゲーリケに宛てた書簡でライプニッツは真空を認めず、その代わりに「エーテル」の存在を主張したが、この「エーテル」がのちに「単子」へと発展し、世界を構成する普遍的な原理となった、と考えることができる。

『プロトガイア』

さて、宇宙の全体を「エーテル」によって構成するライプニッツは、地球についてはどのように考えていたのであろうか。ライプニッツは、恐らく一六九一年から九三年の間にかけて、[9]『プロトガイア（原始の地球）』（一七四九年、死後出版）という、地球の地質学的な生成の理論を執筆している。これに先立つ一六七七年末にライプニッツは、教皇特使としてハノーファーを訪問したステノを知り、また八七年から九〇年にかけてのイタリア旅行の折りには、ヴェズーヴィオ山に登り、フィレンツェではステノの書いた文書を調べてもいる[10]。

『プロトガイア』は、ブラウンシュヴァイク＝リューネブルク家のルーツをエステ家に求め、その家系図を書くための序章とされるが[11]、その中で当時新しい学問として、「自然地理学 Geographiam Naturalem」[12]と呼ばれた自然史の記述を行っている。ライプニッツの自然史は、「エーテル」の考え方と同様、デカルトの地球生成の理論に多くを負っている。そのためデカルトの説を、『哲学の原理』から少し詳しくみておく必要がある。

デカルトの渦動説

デカルトに拠れば、そもそも可視的な宇宙世界は、三種の要素から成る。1 大きな運動量をもち、他の物体に衝突すると無限に小さく分割される物質。これが恒星の要素となる第一物質である。2 球形の、それ自身さらに分割可能な非常に小さな第二物質。これが天界を埋め尽くす一種の星間物質となる。3 より粗く、運動に向かない形態をもつ第三物質。これより成るのが、地球を含む惑星と彗星である[13]（『哲学の原理』III.52）。デカルトは、「流体《フルイドゥス》」（III.24）とも呼ぶ一種の星間物質（＝第二物質）が互いに摩滅し合うことによってだんだんとさらに小さくなり、これらが集合して渦を巻き、この渦が球形の大きな流体である恒星となる、と説明するので（III.54）、第一物質と第二物質とはすべて「延長」、つまりは大きさによってしか区別されない「流体」であることになる。流体の運動が渦を形成し、この渦の中心に恒星が出現し、この恒星から第一物質が流出して、また他の渦動――正確にはその回転軸となる極の部分――へと移動しつつ（III.70）、さらには時に光を構成して第二物質の球形流体の間を通って、第三物質である惑星天体に達することになる。第三物質である天体は、ある一定の「堅さ《ソリディタース》」以上であれば、第二物質の渦動の勢いに取り込まれることなく、渦動から渦動へと渡り歩く彗星となり、一定以下であれば渦動の勢いに取り込まれ、第二物質によって運ばれる惑星となる[14]（III.119）（図12参照――真中の下方に見える天体NがC点を経て2から7さらには8へと辿りゆく航路が、彗星の軌道であるとして説明される）。それゆえ「堅さ」によってのみ、彗星と惑星とは区別され、これらは本来は同質のものである。彗星は渦動によって運ばれつつ、恒星を中心としたひとつの渦から別の渦へと旅していく存在であり、渦に取り込まれた彗星が惑星となる、というのだ。各渦動の中心には恒星が存在するの

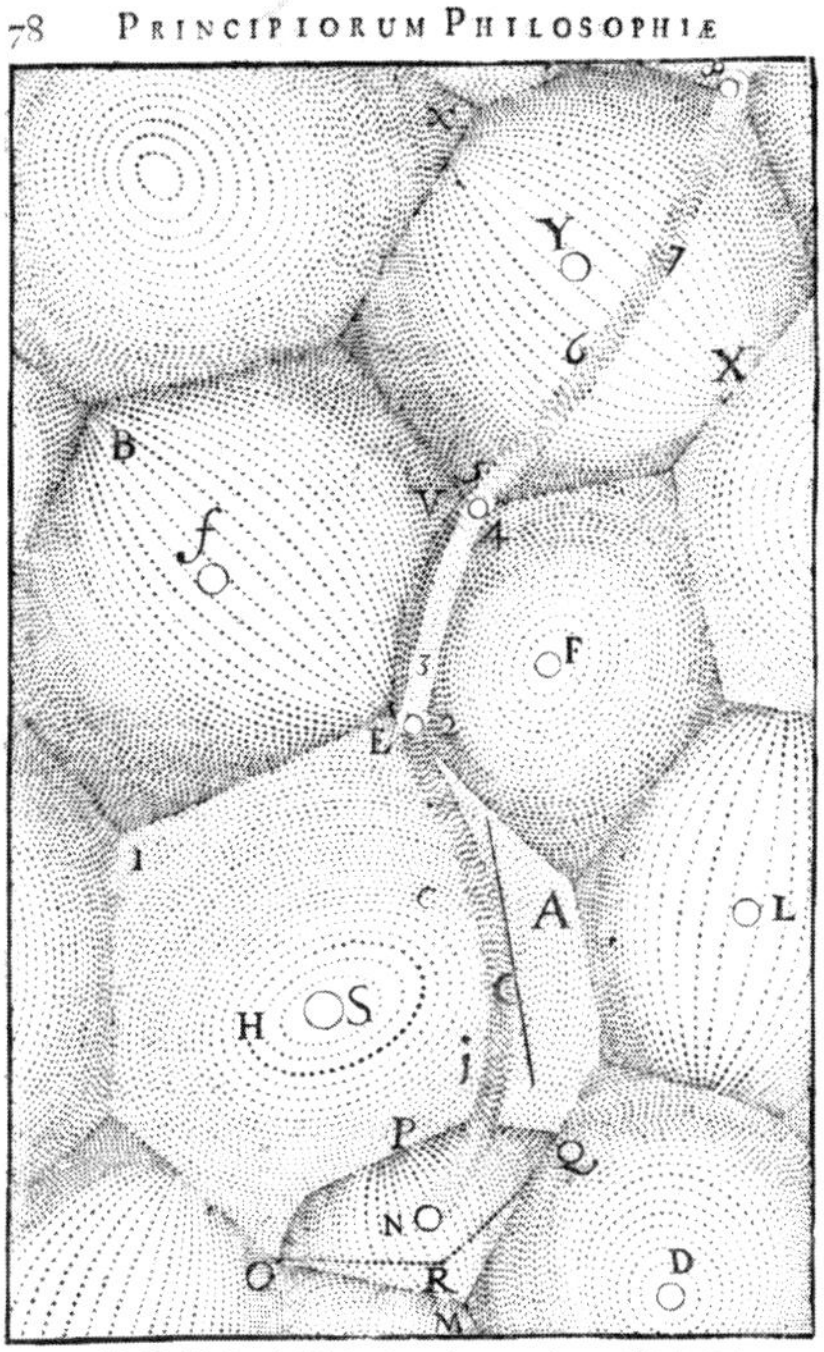

12　渦動説を表現したデカルトの宇宙図.

で、デカルトもまた「世界の複数性」論に与しているが、「流体」によって宇宙空間がすべて満たされているとする点で、非真空論者である。彗星と惑星との違いは、「堅さ」にしかないのであるが、そもそも彗星＝惑星もまた、その成り立ちは、恒星と変わらない。いずれも中心には第一物質をかかえ、これらが渦動するのであるが、勢力の小さい渦動は、大きな勢力の渦動によって遅かれ早かれ呑み込まれ、渦動のそれぞれの中心が彗星＝惑星になってゆくというのである[15]（III.146）。また集合した第一物質の運動による一種の沸騰の結果として生ずる「黒点《マクラ》」[16]が第三物質としてそれぞれの天体の表面をいずれは覆うことになる。

　地球もまた、その中心には第一物質の集合をもち、その周囲を第三物質が取り囲む形で内奥部に固い地殻を最初に形成した、とデカルトは考える[17]（IV.3）。第三物質の粒子の運動による析出の結果、この地殻の上にそれを取り巻くようにして水の層が形成され、この水の層の上にさらに空気の二つの層が、もうひとつ外側に形成された大地のヴォールトをサンドイッチにする形でつくられた、というのがデカルトの描く原始の地球の姿である[18]（IV.40）。このヴォールトが崩壊することによって、のちに山岳と海が出現したと、デカルトは考えた[19]（IV.44）（図13参照）。

大地の創成

　さて、ライプニッツは、デカルトの地球形成の理論におけるヴォールトの形成と崩壊のアイディアを借用し、このヴォールトを二層化するという独創を発揮する。ライプニッツはまず、固体つまりは岩石の起源を、火による融解とその後の冷却と、そして水への溶解を経た後の固形化に求める。そして地球が火による融解の後に冷却される過程で、最初の地表となる最も外側のヴォールト（図13ではEに相当）と、その内側にもう一つのヴォールト（図13ではCに相当。ただし、デカルトの場合と異なり、CとMの間には空洞がある）が二重に、多孔質的に形成され、二つのヴォールトの間に大量の水が収められていたと想定する。外側のヴォールトが崩壊し、その際ヴォールトを支えていた壁面が山稜となって残る一方、最初の地表面となった、もともと外側のヴォールト部分は溢れ出た大量の水で覆われる。さらにその後、内側のもうひとつのヴォールト部分が崩壊して、この二番目のヴォールトの下部の空間に水が流れ込むことで、山と大地と海が形成されたとする(20)。つまり最初に大規模な崩落が起きた後に、水の作用によって再び水平な岩石層が、より内側のヴォールトの上部に形成されるが、これがまた崩壊したのであろう、とライプニッツは説明している。

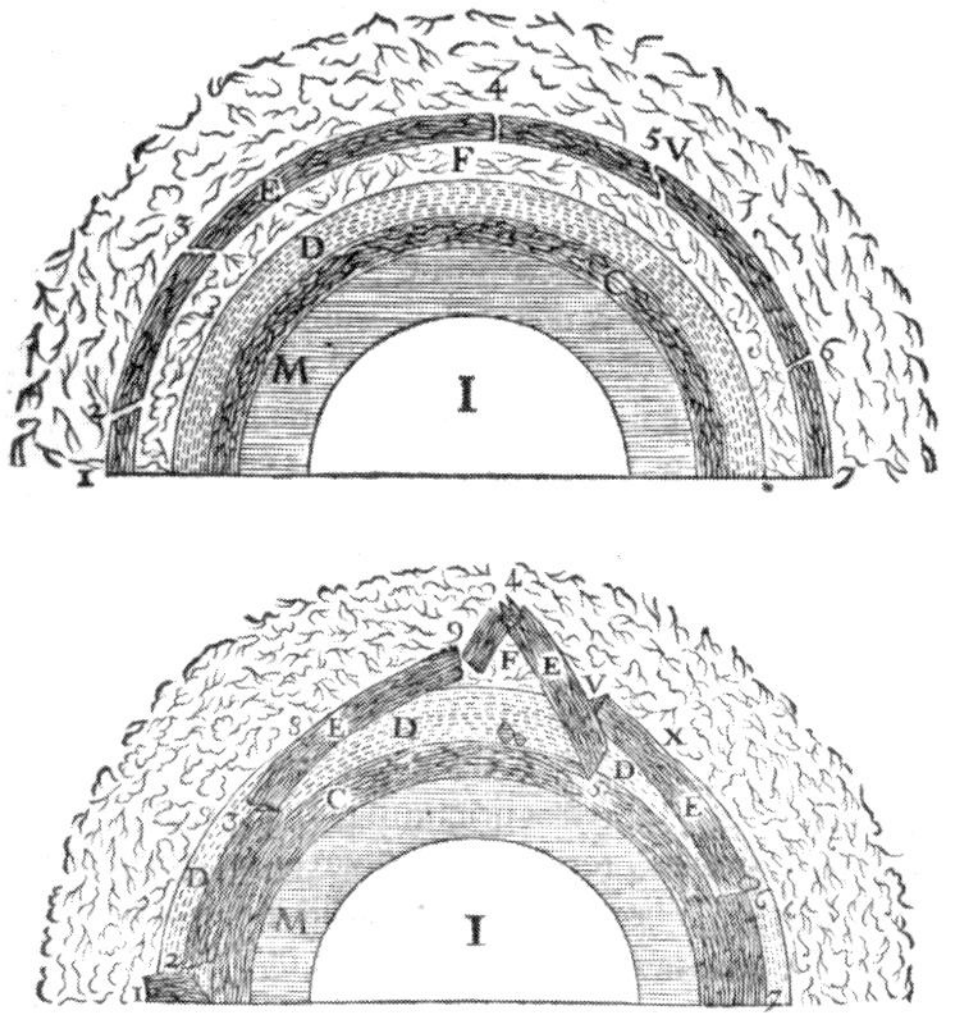

13　デカルトの原始の地球. C, E＝大地, D＝水, F＝空気, I＝第一物質, M＝第一物質の合成物.

大地の球体が最初に崩落したからにしろ、あるいは大きな洪水が繰り返し後から陸地を浸食したからにしろ、水によって地層がさまざまな傾斜で形成されたときには、それぞれの地層部分が重みによって自分の場所を得て、そして地平線に対して水平となる面を水の作用によって形成し、その後その面の均衡を、より大きな力が基盤を揺るがす形で失わせた、ということよりもさらに自然に則したことがあるだろうか？[21]

外側のヴォールトが崩壊したのち、水の作用によって内側の第二のヴォールトの上部表層面が層状にさらに形成され、これがさらに崩壊したとして、地層の形成と崩落とそのさらなる水平化を説明するという点で、ライプニッツはステノの地層累積の理論を援用している。二重のヴォールトの崩壊というアイディアは大洪水の発生原因を説明するとともに、化石の存在を大まかにではあるが説明するのにも好都合であった。第一の外側ヴォールトの地表面においてすでに存在した有機物、つまりは動植物が、二重のヴォールトの崩壊の過程で、内側の第二ヴォールトをもとに新たに形成された山頂や山腹へ、あるいは大洪水の水が引いた後の最下層の地表面に落下し、それが水の作用によって石化し、さらに地表面を幾度も覆った水の作用によって地層の下部に埋もれたというように。

そして、貝を含んだ底の泥がヴォールトの崩壊によって流れ落ち、水によって最下部へと行く途中で真ん中の場所で取り残されて引っかかり、そしてついには石になった、というのは自然なことである。[22]

化石に関してライプニッツは、キルヒャーに代表される、新プラトン主義的な、土中への形象の刻印という説をはっきりと否定している[23]。それというのもライプニッツは、有機物とその形状が「前もって形成されたような、同種のものの種子[24]」のみから生まれてくる、という前成説にその視座を置いているからである。

ライプニッツは、大地の形成と、鉱物ならびに化石の生成とを説明して自然史を記述するのであるが、この自然史は、聖書における地球の創造の記述と必ずしも一致するものではなく、後者の記述が正しいか否かの判断は留保されるとしている[25]。この点では、自然史と聖書に基づく普遍史との一致を求めたステノとは異なる立場に、ライプニッツは立っている。

回帰的時間

このライプニッツの立場が最も明確になるのは、二重のヴォールトの崩壊と水による岩石の形成の結果生じた地球の現在の姿が、いかなる時間的拡がりの中にあるのか、それを見積もるときであろう。ライプニッツは『プロトガイア』の最終節で、アムステルダムでかつて井戸が掘削された折りの、約七十メートル分の土壌の成分を以下のように紹介する。泥炭層が一回、土の層が五回、粘土層が五回、砂の層が六回以上、貝を含む層が一回、それぞれの層がさまざまな厚みをもって登場し、地表から三十メートルの深さのところで、第二のヴォールトが崩壊した結果、形成されたかつての海底が現れるとしている。そのかつての海底の上で洪水が繰り返されつつ、今日へと至る地球の歴史が地層として刻まれた、とライプニッツは考える[26]。そしてこの層の形成の時間は、概ね二万四八〇〇年[27]を越えるものではないと、ライプニッツはみている。というのも、泥炭層が形成されたのは過去一回だけであり[28]、これが再度形成されるのには、「世界のプラトン的回帰の後 post Platonicam rerum reuolutionem」、すなわち地球が歳差運動によって、黄道面に対して同じ角度を示すまでに要する時間がかかると、ライプニッツは見積もっているからである[29]。裏を返せば、地層の中に泥炭層を一回分有する地球の年齢は、プラトン年より少なくとも若いことになる。プラトン年によって表される二万四八〇〇年という数字は、後にビュフォンが見積もる地球の年齢よりはずっと短いが、普遍史が捉える六〇〇〇年という枠を大きく越えている。ライプニッツがみる自然史の長さは、普遍史によって記述される世界の歴史的な時間の長さを大きく越えてゆく可能性をもっていることが、以上の考察によって明らかになる。このようにライプニッツが普遍史に対して距離を取ることができるのは、地質学への理解が背景にあるからだと考えられる。

他方でライプニッツが描く回帰的時間は、アリストテレスの時間論への復古である。というのも、アリストテレスは『生成消滅論』の中で、天界における天球の行う円環的運動が地上における円環的生成のアナロジーとなると考えている。「移動という形の運動が永遠なものであることはすでに証明されているのであるから、これら天界のことがらが是認される限り、必然的に、生成もまた連続的に行われなければならない[30]」(336a10)と述べて、アリストテレスは回帰的な時間のイメージを語っているからである。これからすると時空間についてのアリストテレスの考えは、近代においてアンビヴァレントな扱いを受けるのであり、すなわち有限かつ地球を中心とする空間のイメージは、復活するエピクロスの原子論と「世界の複数性」によって否定されたのであったが、一方の回帰的時間は、単元発生的な歴史観・

時間感覚が徐々に否定されていく過程で、いまライプニッツによって逆に肯定的に受け入れられるのである。

ビュフォンの自然史

自然史の時間というものについて、ライプニッツから進んでジョルジュ＝ルイ・ビュフォン（一七〇七―八八年）におけるその展開をみておきたい。ビュフォンがその『一般と個別の自然誌』を著した一七四九年に、『プロトガイア』もまた出版されたのだから、『一般と個別の自然誌』における「地球の記述と地球の理論」の結論部でビュフォンが見積もった以下の地球の歴史的時間は、ライプニッツが構想した歴史的時間の枠からさらに大きく進んだことになる。

> 海の水の自然な動きによって、また、雨、凍結、流水、風、地下の火、地震、洪水などの作用によって、またその結果、海が継続的に大地の場所を奪ってきたことにより、さらに何よりも、創造後の最初の時間では地球のもろもろの事物が今日よりもずっと柔らかかったことからして、地球の表面では、変転《レヴォリュシオン》、変動、個別の変化ないし変質が無数に起こらなかったと疑うことは不可能である。[31]

自然の営みを正確に計るには、人間のもつ時間は十分ではなく、それは創造された自然の時間の長さと持続に比すれば、ただ点のごときものにすぎない。[32]「地球の理論」の結論をこのように述べて締めくくるビュフォンは、地表面の「変転」の回帰する様相を想像してみせることによって、数千年の枠で考えられてきた普遍史の枠組みを大幅に踏み出す、歴史的な時間というものをみていた。

ところで、ここに訳出した「無数の変転《ユヌ・アンフィニテ・ドゥ・レヴォリュシオン》」は、ツィンクによるドイツ語訳版（一七五〇年）でも、[33]マルティーニによるドイツ語訳版（一七八五年）でも、[34]全体的にはいずれも忠実な訳ではあるものの、その箇所だけは「非常に多く《ゼア・フィール》」と弱められた表現に変えて訳されている。普遍史を超える時間のスケールもまた、「世界の複数性」と同じく、聖書の教えと矛盾するために、禁忌の観念であったのである。ビュフォンのこの歴史的時間のスケールの認識は、第六章で紹介するアルブレヒト・ハラーがこれより少し早い時期に詩の中で思い描いたのとちょうど同じものである。

ビュフォンは『プロトガイア』を知った後、『一般と個別の自然誌』の補遺第五巻（一七七八年）の中に収めた『自然の諸時期』においては、地球の形成に要した歴史的時間のスケールを狭め、より精緻なものにしている。ビュフォンは『自然の諸時期』において、化石が有機物の痕跡であり、それの見つかる場所が大規模な地理的変容を被った結果であるとのステノの立場を踏襲している。ビュフォンは地球の地質学的成立の歴史を考察するにあたり、いくつかの事実を所与のものとして出発しようとするが、そこでは貝殻を始めとする海の遺物が高山の上にも発見されることが、やはりひとつの重要な認識となっている。これを大地表面の変化の最終的な証拠として、他のいくつかの事実から地球が生成する姿の大枠をビュフォンは描き出す。すなわち、地球の中心から極への距離よりも赤道への方が遠いことから、地球が赤道の面方向に扁平であるのは、地球が生成の始めに液体であったためであり、それはまた原初の地球が火によって溶融状態にあったことを意味し（第一期）、これが冷える過程でさまざまな金属が次々に昇華してガラス質の物質を一般に形成した（第二期）。このガラス質の物質が水の中で有機物によって変成され、大理石など石灰質の物質を形成し、これが地表面を覆う時期が続いた（第三期）。その後、地表面を覆う水が後退していき、火山が活動を始め（第四期）、熱がまださめやらぬ時代には南方地域は不毛であったが、北方は居住に適していた（第五期）。この後にヨーロッパとアメリカの二大陸の分離する時期が続く（第六期）。以上が、自然の太古の時代に存在した六つの時期である、とビュフォンは考えている。[35]

なおまだ沸騰状態にあると考えられた大惑星の木星や、冷却状態にある小惑星の月などの熱の状態と、地球の熱の状態との比較をビュフォンは行った結果、地球が融解状態にあった第一期は二九三六年、また物体一般の冷却が実験的には直径と密度に比例することから、第二期が三万四二七〇年であったとする。[36]水による堆積の緩やかさを考えて、第三期の期間を一万五〇〇〇年から二万年と見積もり、火山活動と川による大地の浸食作用の第四期を一万年、[37]第五期の冷却期間から第六期までを九〇〇〇年から一万年、そして人類が学問の歴史を始めたのが第七期として、これがすでに六〇〇〇年を経過したとする。ビュフォンは、誕生からの地球の年齢を七万六〇〇〇年であると計算し、[38]さらに冷却が完了して地球の地質学的歴史の完了するのが九万三〇〇〇年の後であると考える。[39]

化石が有機物の結果であるとの認識から進んで、地球の構成要素への火と水の段階的作用、大地の形成における有機物の決定的作用、そしてその作用結果のさらなる累積と変容という、大局的には今日的な意味での自然史の大枠を描き出している点が、ビュフォンの『自然の諸時期』の画期的な点である。

また人間が認識可能な歴史の長さであった六〇〇〇年という数字を、根拠を示しつつ数万年単位の時間によって置き換え、従来の人間の想像力を超えた単位を導入しつつ、自然史と普遍史とを切り分けて見せた点にさらに意味があった。ただしビュフォンは、自らの自然史が普遍史とは異なるものであっても、それらが互いに調和する可能性は担保しようとする。(40) 聖書の「一日」が地球の自転の「一日」とは異なるとして、創造の六日間を六つの時間の拡がり、つまりは上記の「時期」として捉え直し、(41) モーセの物語が民衆の知性に合わせた一種の寓話であり、そこに描かれる内容は自らの自然史におけるさまざまな歴史的事象と矛盾することなく、整合性をもつと主張したのだった。(42) とはいえ、これらはライプニッツの時代からなおずっと後になってなされた考察である。

イエズス会の「永遠の哲学」

ライプニッツにとっても、普遍史は当然のことながら視野に入ってはいた。七十人訳聖書が描く族長の時代の歴史的な時間の長さは、他のヘブライ語聖書、サマリア人聖書と比較して最も長く五〇〇〇年を越えるものであったが、この立場が有利となるのは、中国の歴史の長さを取り込むことができるためであった。しかし中国の歴史記述の正統性を疑う向きもあるので、これを精査することが重要である、とライプニッツは、知己を得たイエズス会士クラウディオ・フィリッポ・グリマルディ（一六三八—一七一二年）が中国への再度の布教の旅路にあるときに書き送っている(43)（一六九二年三月二十一日付）。その同じ手紙の中で、ケプラーが古代神学的同定に則した考え方をしていたことが紹介されている。ケプラーは、イエズス会士ヨーハン・シュレック（＝Terrentius 一五七六―一六三〇年）に宛てて、中国には、イスラム世界のヒジュラ歴（太陰暦）か、あるいはその太陽暦版であるイラン歴が伝わった形成がないか、調べてくれるように依頼した、と。それはケプラーが、中国の帝王堯《ぎょう》とはノアの息子ヤフェトの息子ヤワンであると考えていたからだというのである。[44] これは、イエズス会マルティーニが堯をノアその人であったとした、あの古代神学的同定に先行する議論である。あらゆる学問に通じて中国の暦を改める作業に従事したシュレックに、天文学者でもあったグリマルディを重ねつつ、自らをケプラーと同じ立場に置くライプニッツにもまた普遍史への期待があったのであろうか。

　グリマルディとの交流の後、ライプニッツは北京にいたイエズス会士ジョアシャン・ブーヴェ（一六五六―一七三〇年）と文通を始める。ブーヴェは、伏羲《ふっき》によって発明されたとされる六十四卦図（図14参照）の分析に取り組んでいたが、これはブーヴェの時代から見て四千六百年以上遡るものであり、しかしその意味が孔子の時代には既に忘れられた、というものだった。ブーヴェがこの「地上における最古の記念碑」[45]に期待したのは、神による創造の原理の記録であった。陽爻《ようこう》⚊か陰爻《いんこう》⚋のどちらかを六つ重ねる形は六十四通りあり、それぞれが対応する漢字をもつのであるが、これは零と一によってあらゆる数を表すことのできる二進法の考え方と基本的には一致すると、ブーヴェはライプニッツに知らせたのだった[46]（一七〇一年十一月四日付）。

　ブーヴェはこれこそ、伏羲が後世に伝えようとした、万物の真の創造原理であると理解し、六十四卦を古代のヒエログリフやカバラと等しく、根源にある智慧を指し示すものと考えた。[47] さらにブーヴェは、六十四卦を通して伏羲がキリスト教と同じ一神を知っていた以上、中国にキリスト教を導入するために

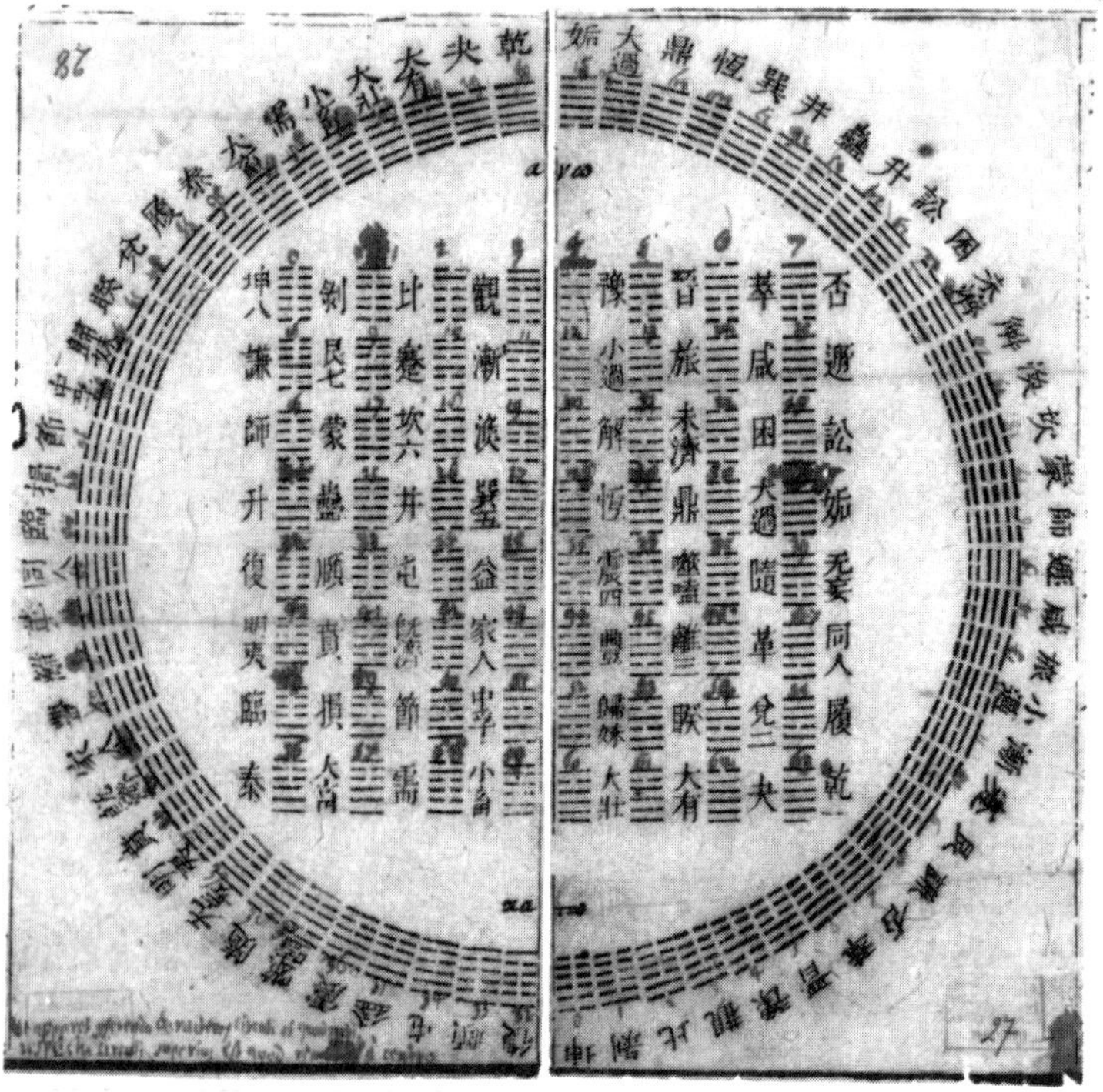

14　ブーヴェがライプニッツに送った六十四卦図.

は、まず中国の古い哲学を中国人たちに教えればよいと考える[48]。ブーヴェが「永遠の哲学」の思考方法をとっていることは明確であり[49]、彼は、漢字がエジプトのヒエログリフと同根のものであって、漢字の創始者でもある伏羲は[50]、ゾロアスターかヘルメス・トリスメギストゥスか、エノクのうちの一人に他ならないとし、さらには論拠を挙げてヘルメス・トリスメギストゥスその人である可能性を指摘する[51]。

　ライプニッツは、ブーヴェから報告を受けて後、その報告をなぞる形で六十四卦と二進法との関係についてフランス王立科学アカデミーの年報において以下のように報告した（一七〇三年）。四千年以上前に実在したと信ぜられた伏羲は、漢字の創始者であり、またいまではその意味が忘れ去られてしまっている六十四卦の発明者であるが、この世界最古の学問的文書である六十四卦の中に二進法の原理を読み込むことができる、と。[52] この年報への執筆の後、ライプニッツはブーヴェに返信を書く（一七〇三年五月十八日）。ライプニッツは、六十四卦と彼の二進法とが一致する点に関してはブーヴェと同じく、そこにキリスト教を中国に布教する際の利点を見出している。すなわち、ライプニッツは、二進法の背景に、有を一に、無を零に見立てる神学的意味があることを説明しつつ、「中国の学者たちが、伏羲のシステムとわれわれのシステムとの一致を知ったならば、この偉大なる人間（伏羲）が事物の造物者としての神と、さらに無から神が事物をつくりなした創造とを表現しようとしたことを、信ずる気にまさしくなるだろう[53]」と述べて、啓示の神と自然神学の神とが一致する可能性に、ライプニッツは期待をかける。しかし一方で、ライプニッツは古代神学的なものの見方とは距離をとる。エジプトのヒエログリフと漢字とが符合するようにみえるとして、中国がエジプトの植民地であったと主張する学者がいるが、これはあまり信用できないとライプニッツは言い、そうした学者の一人に『エジプトのオイディプス』の著者アタナシウス・キルヒャーの名前を挙げるのである。[54]

グリマルディへ手紙を書き送ったときの、ケプラーの言葉を引用する形でなされた「永遠の哲学」へのライプニッツの期待は、六十四卦と二進法との一致をもとに「永遠の哲学」を確信するブーヴェを前にして、かえって萎んでいるように見える。少なくとも、伏羲はヘルメス・トリスメギストゥスではなく、また彼に教えを受けたのでもない。残る可能性としてあるのは、伏羲が別系統のノアの末裔であるか、あるいはまったくそれとは関係がないとして、普遍史を否定的にみるか、のいずれかである。

典礼問題

吾天主乃古経書所稱上帝也[55]。

（吾が天主はすなわち古経書に称するところの上帝なり）。

マッテオ・リッチ（一五五二―一六一〇年）は、中国人に対して右のように説明し、キリスト教の神が、儒教における上帝ないしは天帝、すなわち天にあって地における万物の進行を司る唯一神と同一であると説いた。キリスト教の教える唯一神と、初期には人格的性格をもっていたものの、後代にはその性格を失っていった神とを同一視するという、中国で布教を行うにあたってリッチがとった方針は、祖先を祀る祭祀をキリスト教の枠内で許容する施策と合わせて、イエズス会とカトリック教会の中で、「典礼問題」と呼ばれる問題を惹き起こした。儒教の天帝とキリスト教の神とを同一視し、また祖先への信仰を許容したのは、むろん布教のための便宜を図った結果ではあるが、この同一視はキリスト教の唯一神に対する誤った考えを生む。また祖先を神の如く扱う中国における祖先崇拝の儀式は、やはり同様にキリスト教と本来相容れることのできないものであるために、リッチがとった施策は異端的なものとされたのであった。リッチ自身も、その布教方針における矛盾を意識し、西洋における自らの同胞に典礼の意味を説明するときには、祖先崇拝の宗教的性格を否定し、また反対に中国人にキリスト教を布教するにあたっては、祖先崇拝の宗教的性格を肯定するという矛盾を冒した[56]。それは先祖の魂が永遠であることを強調し、その延長線上に、自らの肉体の死後における魂のあり方を配慮するように導いて、ひいてはキリスト教への信仰へと繋げていこうとするためであった。

イエズス会の中国における布教活動で、リッチの後継者となったニコロ・ロンゴバルド（一五六五―一六五四年）は、とりわけ唯一神を巡って、キリスト教と儒教との間にある差異を問題とした。[57] また最高位の官に上りつめた徐光啓《じょこうけい》（一五六二―一六三三年）は、西洋の幾何学と天文学とを中国へ導入するにあたって大きな役割を果たし、洗礼も受けたが、その徐光啓でさえ、儒教の側の知性が認識する天帝とキリスト教の神とは一致しない、とロンゴバルドには語った。[58] 儒教とキリスト教との間での唯一神についての認識の不一致は、かたや自然神学的な神、かたや啓示宗教の神が問題となっている以上、本来当然のことであり、それを一致するものとみなしたのは、リッチが宥和的かつ混淆主義的な布教策をとったためである。それはとりもなおさず、不一致をなす原因を儒教の側から取り除くことは根本的に難しいからでもあった。ここにかりそめに演出された一致を、しかし布教の観点ではなく、神学的、哲学的な観点から眺めるならば、どうであろうか。

ロンゴバルドは、理気説を説く朱子学に基づき、リッチの適応政策を批判して、一六二三年にラテン語で『儒教とその教説について De Confucio ejusque doctrina tractatus』をイエズス会士向けに著した。これを一七〇一年になって、当時イエズス会に敵対していた「外国宣教会」がフランス語に翻訳し、『中国人の宗教にまつわる諸点についての論』として出版した。[59] 形而下的な質料の原理である「気」に対して、「理」は形而上的な秩序原理として働き、この二つの原理は互いを必要として、これによって万物が生成するが、それゆえにロンゴバルドは、理の性質に質料的なものをみて、理は神ではない、という。[60]

ところがライプニッツは『中国人の自然神学論』（一七一六年）において、ロンゴバルドのこの考えに反論し、中国人の理とはキリスト教徒が神の名のもとに崇拝する「至高の実体」であり、中国古代の哲学者は真の神を認識していたとして、リッチを擁護する論陣を張る。[61] ライプニッツは、古代の中国人が精霊を崇拝し、霊魂の存在を信じていたと言い、[62] 彼の同時代の中国人たちが無神論的であるのは、古代からそうであったためではなく、堕落した結果だと考えた。ここでライプニッツは、古代神学的探究の方法ではなく、あくまでも啓示された神と自然神学的に導かれる神との一致の可能性を探っているようにみえる。

ライプニッツと「世界の複数性」

『中国最新事情』（一六九七年）の序文で描かれるように、ライプニッツが中国の人々の存在について驚愕したのは、彼らが技術的な工芸のさまざまな分野でヨーロッパと同等であり、数学と哲学に代表される思弁的な形而上学の分野において彼らはヨーロッパにひけを取るものの、実践的な哲学、つまりは倫理と政治の分野ではむしろ優れているという点であった。[63] 人間同士の平和と共生のためにすべてが調整されているかにみえる中国の社会が、ヨーロッパよりも広い領土として存在し、それが長い連続した歴史によって維持されてきたという事実は、三十年戦争によって国土と人心が徹底的に荒廃したキリスト教社会の一員であるライプニッツからみて、驚異そのものなのであった。社会的な上位者や年長の者に対する恭順、子が親に対してもつほとんど宗教的な配慮、同僚および些細な縁者に対して示される驚くほどの敬意、さらには友人同士の間での友愛という風に、儒教に支えられた倫理的観念の浸透は、平和社会の実現のための基礎であることが、中国において看取される。[64] ヨーロッパでなら、貴族社会で習いとなっている行動の様式が、中国では農民や従者の振る舞いなのであれば、大官ならびに高官たちの振る舞いとはなおいかなるものであろうか？　そして実際に天子は、儒教の最高の実践者なのだった。

ライプニッツは無論、中国の人間もまた、吝嗇や放蕩、虚栄心といった人間的な弱点を免れているとは考えない。人間がもつそうした悪しき特性を、しかしかなりの程度、押さえる術を知っているとして評価するのだが、ライプニッツがこのようにして中国の人間を思い浮かべる際、その彼らは、他の天体の住民が思い浮かべられるときとちょうど同じ連想の場所にいる。他の天体の住民と対蹠人《たいせきじん》は、その存在可能性が、同じパラダイムの上で展開されるのであった。すなわち、地球が平たいのであれば、大地の裏側に存在する人間を想像することは難しい。しかし、月が丸いように、地球もまた丸いとするならば、丸い地球の至る所に対蹠人も含めて人間が存在し、さらに丸い月の上にも地球と同じように住民がいると想像するのは、類推の正当な帰結であった。ライプニッツが『中国最新事情』において中国の人間を考える際に、彼らの人間的特性がヨーロッパの人間と同じであるとするとき、彼の時代に一世を風靡した、ノラン・ド・ファトゥヴィーユ（？―一七一五年）のフランス語によるイタリア風喜劇『月の皇帝アルルカン』（一六八四年）の中の一場面を、ライプニッツは引き合いに出す。[65] 月の皇帝アルルカンが月の世界を語って、医者は病人を殺し、判事は賄賂を求め、ご婦人方は昼過ぎに起きて三時間かけて身繕いをし、豪華な馬車に乗って遊びに出かけては朝方就寝すると言うとき、その様に相づちを打つ登場人物たちは、「いずこも同じ！　C'est tout comme icy.」という台詞を繰り返す。[66]「いずこも同じ」ではあるが、それでも中国の人間は啓示を知らないのにもかかわらず、こうした悪徳の芽をかなりの程度押さえるのに成功している、とライプニッツは言う。

啓示の神をもつ点でヨーロッパの人間は、中国人よりも素晴らしいと言えるが、しかしその点を除くならば、彼らの方がヨーロッパの人間に優っている。中国人が自然神学の立場から、自然を支配する原理の創造者である神を認識し、理性にかなった振る舞いを行うのであれば、彼らの実践的な哲学をヨーロッパの人間は学ぶ必要があり、対してヨーロッパの人間は、啓示の神を救済のために彼らに伝えなくてはならない(67)。ライプニッツが目指しているのは、啓示宗教と自然神学との合同であり、それはとりもなおさず、自然神学によって把握される神が、啓示の神と本質的に同一であり得ると考えられているからに他ならない。

ライプニッツが期待したのは、大陸の両端で最高度の文明と文化の段階に到達しているヨーロッパと中国に、それぞれ蓄積された知の合同――ヨーロッパの側にある形而上学的な理論知と、中国の側にある実践的な知との合同――であった。そのためにライプニッツはイエズス会の宣教師たちを通じて、倫理、政治の他にも、とりわけ、医術、天文、鉱山、化学、狩猟、農耕、造園、植物、そしてさまざまな機械に関する知の様相がいかなるものであるのかを知ろうとした。プロテスタントとカトリックとの合同のみならず、歴史上に蓄積された全世界の知のユニバーサルな結合の夢が、中国に対するライプニッツの関心の中にはある。

ライプニッツは、中国人のもつ自然神学の神とキリスト教の啓示宗教の神とが、最終的には一致すると考える。しかし、それは中国人が普遍史の枠組みにおいて啓示の神の記憶を一度はもち、それを忘却する形で自然神学の神の理念を抱いて、だからこそ両者の神性はふたたび一致可能であると構想したからだとすることは、ライプニッツの自然史への眼差しを重ね合わせるならば難しいであろう。普遍史を相対化した上で、自然神学の神と啓示宗教の神とは、同じ根源に由来するものではないかもしれないが、しかし一致しうるというライプニッツの考えは、「世界の複数性」の議論に対しても応用できるようにみえる。すなわち、中国人が他の天体の住民に喩えられたように、他の天体の住民が有する神は、例えばそれが自然神学的なものであれば、地球の人間がもつ啓示の神と一致しない可能性はないのである。中国の場合を引き合いに出して、自然神学の神が啓示宗教の神と一致するならば、それは、啓示の神が自然神学的に認識される他の天体の住民の神とも一致する可能性として、読み替えることができる。この議論は、ゲーリケの「世界の複数性」が「宗教の複数性」に等しいとみる考えの理論的根拠ともなるだろう。

他の天体における自然神学の神と啓示宗教の神との関係は、ライプニッツにおいては、「理神論Deismus」と奇跡との共存という形で別様に理解される。というのも、理神論は、ジョン・トーランド（一六七〇―一七二二年）の『秘儀なきキリスト教』（一六九六年）に代表されるように、一般には三位一体を含む奇跡による神の、世界への介入を認めない。この点で理神論は、啓示宗教と根本的に対立する。理神論の考え方では、神は創造の後、創造された世界には介入しない。しかし世界は創造主の存在を認識させるのに充分な材料を、さまざまな法則や自然現象を通して、人間の理性に充分に与えている。自然世界の現象に対する考察と認識は、必然的に理性によって神の存在を確信させるに至るという立場が、自然神学ないしは自然宗教として理解されるのだから[68]、自然神学と理神論とは表裏一体である。あるいは、少なくとも互いに排除し合うものではない。

ライプニッツは『弁神論』（一七一〇年）を展開するにあたって、理性は信仰と共存するという立場を示し[69]、さらに理神論の立場をとりつつも、神が世界の創出にあたって予め定めたものであるとして奇跡の存在をも認める。[70]この奇跡と密接に関連するのが、啓示された神をもつ、地球の唯一性である。というのも、ライプニッツは『弁神論』において「世界の複数性」と他の天体の住民の存在とを認め、しかも地球は特別に優れた場所ではないと考えている。古代の人間は、地球だけに人間が住んでおり、対蹠人の存在さえ認めなかったという、ゲーリケも紹介した事実を引用しつつ、今日では無数の地球とその住民の存在とを認めなくてはならないと言う。[71]それでいて、「神の息子」キリストが人類に与えられたという、地球の人類が備える特殊性をも認識している。[72]ライプニッツは、他の天体の住民の存在を当然の前提としても、彼らは地球上の住民とは異なり、罪を犯していない浄福なるものと考える。

ひょっとすると、こうした太陽はすべて、ただ幸福な被造物たちによってのみ住まわれているのかもしれない。また、そこに罪を宣告された多くの者たちが存在するという想定を、われわれに強いる理由は何もないのであって、それは、善が悪から引き出す利点を示すのには、わずかな例、あるいは模範があれば充分だからである。[73]

（第一部第十九節）

キリストがわれわれの地球に住まう人類全体に与えられたという事実を、「世界の複数性」の議論を前にして正当化するためには、理神論と奇跡とが共存する可能性を検討すればよく、神は他の天体の住民には啓示を行う必要はないが、地球の住民には啓示と奇跡とを特別に行うようあらかじめ計画したのであると考えればよい。そして理神論と奇跡とのこの共存は、自然神学の神と啓示宗教の神とが一致するという議論にちょうど重なる。この一致のためには、「永遠の哲学」は必ずしも必要ではないのである。

第四章　理性の自律　二人のクリスティアン

ハレの騎士アカデミー

今日のドイツ北東にあるザーレ川沿いのハレは、古くから製塩と交易で栄えたかつてのハンザ自由都市であったが、十五世紀末にはマクデブルク大司教領となり、一六八〇年までは大司教の本宅にあたる宮殿が置かれる都となった。大司教は大司教座のあるマクデブルクへとハレから約七十五キロメートルの距離を豪華な馬車で行き来したことであろう。このマクデブルクの大司教は、ヴィッテンベルクが近いこともあり、早くからルター派に転じていた。そのせいもあって、大司教座のあるマクデブルクは三十年戦争の時代に未曾有の都市破壊を経験し、マクデブルク大司教領は、この戦争の終戦協定であるヴェストファーレン条約によって、ブランデンブルク選帝侯への帰属となり、その委譲が完了したのが一六八〇年であった。

大司教の宮廷が去ったハレは急速に寂《さび》れたが、入れ替わりに勃興したのが学校であった。この地に、ユグノーのフランス人ビネ・ラ・フルールという人物が、すでにフランスにおいて貴族の子弟の教育機関として人気を博し、ドイツでも各所に芽生えつつあった、騎士学校《リッター・アカデミー》を設立運営する許可を選帝侯に求め、・六八五年に許可された。騎士学校とは、将来宮廷で内政と外交に携わるであろう有為な人材を育成するために、近代外国語（フランス語とイタリア語）とダンス、騎乗、フェンシング、つまりは語学と体育を教える場であった。当時の貴族の子弟は、大学出の家庭教師によって家で個人教育を受け、その仕上げとして、各地の大学や宮廷に滞在しながら、最終的にはローマを目指すグランド・ツアーを行い、教養を完成させるのが普通であったが、その仕上げの局面でのいわば漠然としたプログラムの代わりに、明確に宮廷での活動に役立つ授業を行うという点に騎士学校の特徴があった。神聖ローマ帝国内にあった大小三百を越える各宮廷は、ヴェストファーレン条約の後、その所領の実質的な支配と経営権を得たためにいずれも人材を欲しており、その供給源として騎士学校が登場し、やがて競争相手である大学を凌ぐ勢いを見せるようになる。

クリスティアン・トマージウス

寂れたハレに賑わいを取り戻すにあたって騎士学校の有用性に目をつけたのが、ブランデンブルクの大選帝侯、フリードリヒ・ヴィルヘルム（一六二〇―八八年）である。彼はベルリンにも騎士学校を設立していたが、一六八八年にはハレにもまた、ラ・フルールのものと競合するような騎士学校をつくり、ラ・フルールには恩給を与えてその学校を閉じさせた。そしてその二年後、フリードリヒ・ヴィルヘルムのハレの騎士学校に着任するのが、クリスティアン・トマージウス（本名トーマス、一六五五―一七二八年）である。

トマージウスは、ハレから遠からぬ、ザクセン選帝侯支配のライプツィヒに、哲学の大学教授ヤーコプを父に、マリアを母として生まれ、フランクフルト・アン・デア・オーダーで法学を修めた。ライプツィヒはドイツ語圏ではハイデルベルクに次いで二番目に大学が設立され（一四〇九年）、古くから商業が発達し、出版書籍数は十八世紀のドイツで最も多かった。現在も続く見本市が開かれる折りには芝居も上演され、学問と文化の花が開いた[1]。この故郷ライプツィヒでトマージウスは私講師として法学を教えるようになり、そして一六八七年にはドイツ語で講義を行おうとした。講義題目は、「日常生活と振る舞いではフランス人のどのスタイルを真似るべきだろうか？」というものであった。若い私講師は、学生が払う講義の受講料が主な収入源となるため、学生からの受けを狙ったものであろうことは想像できる。そしてこの講義タイトルは、とみに勢力を拡大しつつある騎士学校の向こうを張ったものでもあっただろう。トマージウスはフランスの宮廷文化に範を仰ぎ、宮廷での作法とその理想的人間像を「典雅さ《ギャラントリー》」というものに求めたが、それは法学を修めて、各地の宮廷に職を得るのが目標であったであろう学生たちの関心をとらえるためのものであった。

しかしこのトマージウスの講義の企画は、内容はさておき、形式の点で、従来式の大学教育に対する重大な挑戦となった。というのも、当時存在したドイツ語圏各地の大学とは、ルター派の拠点であることのライプツィヒ大学はむろんのこと、ラテン語の世界だったからである。教養科目としての「哲　学《フィロソフィア》」を学んだ後に、学生は神学、法学、医学のいずれかを修める仕組みであったが、講義も教科書も学位論文も、そしてその口頭審査もすべてラテン語であった。このラテン語文化にそまる大学は、しかし、三十年戦争の後の時代には、社会の知的要請から乖離して象牙の塔になりつつあった。神学を別格として、医学の世界は空虚な理論に堕しやすく、外科手術と薬草学の知識は専門技術者のわざであって、ブールハーフェの新しい近代医学教育もまだ登場していなかった。大学は真理探究の場というよりは、異端告発や衒学趣味、単なる喧嘩の作法の追求へと堕した学問的風潮が支配的な、閉塞感漂う場所という観すらあった。そのような雰囲気の大学に新進のトマージウスが登場したのであった。

大学の外でもトマージウスは、ドイツ語では初の定期刊行物を自ら発行し、新刊紹介を含むさまざまな話題を提供していたが、(2) 一六八九年には、ルター派の人々の怒りに触れる立場をとったために、講義および出版活動を禁じられ、ライプツィヒを追わることになる。というのも、モーリッツ・ヴィルヘルムは、ブランデンブルク選帝侯フリードリヒ三世(一六五七―一七一三年。一七〇一年より、プロイセン王フリードリヒ一世となる)の妹マリア・アマーリア(一六七〇―一七三九年)の再婚相手となったが、彼女はカルヴァン派を宗旨としているために、ルター派であるモーリッツ・ヴィルヘルムは「宗旨違い」の婚姻をすることになってしまうのであった。これがライプツィヒを支配するザクセン選帝侯の宮廷では不評であったのにもかかわらず、トマージウスは、神学的にも神聖ローマ帝国の観点からしてもこの結婚には問題がないとする根拠を法学者として提出し、その結果、大学での講義および執筆活動がザクセン領内では禁止されることになったのだった。

ライプツィヒを後にするトマージウスが向かう先は、ブランデンブルクの宮廷であり、一六八八年より父の後を襲っていたブランデンブルク選帝侯フリードリヒ三世は、妹マリア・アマーリアの結婚問題を解決してくれたトマージウスを宮廷顧問として採用し、彼にハレへと赴き、かの騎士学校にて哲学と法学を教授するよう命じた。(3) この騎士学校にてトマージウスは急速に学生を獲得した。騎士学校は一六九四年に大学へと改められ、市民の若者たちにも門戸を開放し、プロイセンの官僚養成機関として機能していくことになる。

ドイツ語母語での「哲学」＝「世界知」

騎士学校の学生たちは、母語のドイツ語で外国語と体育を学ぶのだから、やはり当然のことながら、ドイツ語で「哲学《フィロソフィア》」の内容を学ぶことになる。トマージウスのドイツ語の「哲学」がいかなるものであったか、その基本的な概要は、彼が騎士学校で教えるための教科書として一六九一年にハレで出版した、『理性学の手引き』を通して知ることができる。そもそも「哲学」は大学において学ぶものであったから、ラテン語名で philosophia であるが、すでにドイツ語でもこれに対応する語が Philosophie としてあった。しかし同書の中でトマージウスは Philosophie に代えて、これに対応するドイツ語として Weltweißheit ——日本語に直訳して「世界知」——という語を登場させている。その序文には以下のようにある。

この私の哲学《フィロゾフィー》と教説をなぜドイツ語で出版するのか、その理由はいろいろと容易ならぬことがあるけれども、その中で最も重要なもののひとつは、以下のことを実際に示してみたいからである。

すなわち、諸言語とそれについての学は確かに基本的なものではあるが、――他の言語で書かれたものを、とりわけある種のテクストの権威に依存する事柄に関して理解するのをやめたりする必要は無論なく、またそのようなことをここで論ずるのは私の意図ではない――しかし、あらゆる民族に共通して植えつけられている理性によって認識される事柄に関しては、外国語の知識はまったく必要ではない、と。世界知《ヴェルトヴァイスハイト》とは非常に易しいものであるから、これはあらゆる人々によって、身分と性別を問わず、理解が可能なのである。だからギリシアの哲学者《フィロソフィー》たちはヘブライ語を書かなかったし、またローマの哲学者たちもギリシア語を書かなかった。おのおのが自分の母語を用いている。フランス人たちは今日、この利点を用いる術をよく心得ている。あたかも哲学《フィロゾフィー》と学問がわれわれの言葉では講義できないかのようにして、どうしてわれわれドイツ人が、この利点を享受する他の人々によって笑われなければならないのであろうか(4)。

この引用文の中で「哲学《フィロゾフィー》」と「世界知《ヴェルトヴァイスハイト》」とが同義であることは、ここでこの二つの語を区別せずに交互に登場させていることから了解されようし、そのような意図のもとに並列されてある。つまり、「哲学《フィロゾフィー》」をドイツ語で行う場合、その名称もドイツ語母語に訳してみるならば、「世界知《ヴェルトヴァイスハイト》」というものになる、というわけである。

この引用文中には、理性の使用と、これに基づく人間の平等とがはっきりと述べられている。さらにトマージウスは、理性がまさしく「自然の光(5)」であると、この書の本文で述べている。一般にドイツ語圏における啓蒙の始まりは、トマージウスがドイツ語で講義を始めようとした、ライプツィヒ大学での出来事を発端とすると指摘もされるが、(6)ここでの彼の主張にある、理性が母語とともに万人に備わっているとする点もまた顧みられてよいと考えられる。「自然の光」である理性を使用するためには母語があれば充分であり、また理性を使用する上では母語を使用する方が理性のもつ利点を引き出すことができるというのである。閉鎖的かつ特権的なラテン語を使用しなくとも、「哲学＝世界知」を学ぶことはできるのであり、「哲学＝世界知」は本来万人に開かれているのだと、そう理解できる。

確かにこの当時、「哲学《フィロソフィア》」の文献はラテン語で書かれており、こうした「ある種のテクストの権威」としてトマージウスは、アリストテレス、トマス・アクイナス、ドゥンス・スコトゥス、デカルト、ガッサンディの名を挙げるけれども、その彼らでさえも真理という黄金を見分けるための「試金石」などでは決してない、とトマージウスは言う。むしろ、彼らがもっと進んで「教えるべきであったこと、書かなかったこと、その意図したこと」を考えようとするならば、彼らの言語で考える必要はなく、むしろ母語による理性の使用によってこそ、真理へと近づくことができるであろう、とトマージウスは考えている。(7)

認識の二つ領域――「神学」と「世界知」

さて、ラテン語の「哲学《フィロソフィア》」は、さらにギリシア語に遡り、そのもともとの意味は「愛知」であるが、なぜドイツ語訳が「世界《ヴェルト》＝知《ヴァイスハイト》」となっているのだろうか。「世界知」という造語自体がトマージウスに帰せられるとは必ずしも言えないが、トマージウスは『理性学の手引き』の中で理性学を展開するに先立って、学問そのものと「世界知」という概念とを規定しているので、少なくとも理性との関わりで「世界知」が対象とする範囲を浮かび上がらせることができる。「世界知」が含まれる、より大きな枠である「学問《ゲラールハイト》」の定義を、トマージウスは以下のように『理性学の手引き』の冒頭で行っている。

1　学問《ゲラールハイト》とはひとつの認識《エアケントニュス》である。この認識によって人間は、真を偽から、善を悪から上手に選別し、その選別にあたっては根拠を挙げて真の原因、場合によっては蓋然性の高い原因というものを挙げることができるようになる。このようにする結果、日常の生活と行動の中で自分自身と他者の現世的かつ永遠の幸福《ヴォールファート》を促し発展させるのである。(8)

学問とは、自分と他者とが幸福になるために真と善とを認識する、そのための方法である。自分とそして他者が幸福、つまりは幸せな人生を送るための手段が学問であるとするこの考えには、詭弁的な三段論法が支配的な、当時の学問方法に対するトマージウスの批判が込められていると理解することができる。その際、あらためて認識されるべきは、『理性学への手引き』の続篇、ハレへ移ったトマージウスが学生たちのために最初に著した『理性学の実践』（一六九一年）においても強調されるように、理性学においては「人間的権威がもつ先入観」からの解放が真理の認識のために重要であるという点である。「あらゆる学芸において自己自身の認識よりも高貴で不可欠なものはない」(9)（強調、原著者）と、トマージウスは主張している。約百年後にカントが『啓蒙とは何か』（一七八四年）において述べる有名な啓蒙主義の標語《モットー》、「理性的であろう sapere aude、自分自身の理性を使用する勇気を持て！」(10)のドイツ近代における源流はこのトマージウスの理性学にあり、自己の内なる理性の使用とともに啓蒙主義はハレの騎士学校でいわば産声をあげたと考えられるのである。

学問という大きな枠を提示するトマージウスであるが、真と善の認識に関わるというこの枠に含まれるのは、大学で営まれる本来の学問、つまりは「哲学《フィロソフィア》」、神学、法学、医学のすべてであろうか。トマージウスによる理性の使用方法の核心は、「神学」と「世界知」との切り分け、ないしはその間の境界の画定ということにある。騎士学校の学生たちを前にして、初歩としての学問、つまり「世界知」を理性学とともに提示し、その際、神学との棲み分けを明確にしておく必要があった。それは「哲学《フィロソフィア》」に関わる学問をドイツ語で新しく「世界知」として展開する場合に、その領域に対する神学者たちからの余計な攻撃を招かないために重要な手続きであったからである。そのためにトマージウスは『理性学の手引き』の中で、「神学」と「世界知」との間に境界線を画定し、その境界線を巡って、理性の使用のあり方を以下のように明確にするのである。

21　聖書から生まれる認識は神の学《ゴッテス・ゲラールハイト》となる。一方、人間の理性に基づく認識が**世界**《ヴェルト》=**知**《ヴァイスハイト》と呼ばれる。人間は後者、あるいは前者に即してその生を送るならば、それは有徳の、あるいは敬虔な生ということになる。

22　神=学《ゴッテスゲラールハイト》はこの書において私の意図するところではない。私自身がこの分野の徒ではないと認めるし、またこの世界で有徳かつ幸福な生へと導く世界知を紹介するのが、私の目的であるからだ。

23　神=学《ゴッテスゲラールハイト》は啓示に基づくものであるが、しかし世界《ヴェルト》=知《ヴァイスハイト》は内なる理性から導かれる。そのため前者が人間の理性を完全に不要とするものではないとしても、後者はときとして神による啓示《オッフェンバールング》を前提としないことがあり、反対に人間による明示《オッフェンバールング》をこそ前提とする[11]。

神学と世界知との間の境界線の画定がここでは理性の使用を巡ってなされている。神による啓示の理解のために確かに理性は必要ではあるが、しかし神学においては理性があればそれで充分なのではない。というのも、啓示は人間の理性にも理解されるように調整されてあり、現実にイエス・キリストにおいて人間の言葉となって現れる。しかし、啓示の理解を巡って理性は、その推論を重ねて神の神秘を推し量ってはならず、超自然的なものを巡っては信仰の縛りのもとに常に立たねばならない、とトマージウスは敷衍する[12]。

それが神学における理性の使用のあり方である一方で、世界知において理性は、必ずしも啓示を前提としない。人間の内なる理性に基づく「明示《オッフェンバールング》」、つまりは理性による説明がなされる領域が世界知の対象であり、「世界知とは造物されたもの《クレアトゥーレン》について理性的に語る《レゾニーレン》[13]」のである。啓示についての歴史も、神学の場合とは異なり、単に理性を働かせて訓練をするためだけに「必要となるもの《ポストラータ》」、ないしは「仮説《ヒュポテーセス》[14]」を展開するためのものである、と世界知の場合には見なされる。そして世界知の対象が現在、過去、そして遠く隔たったものとされ、さらに「歴史的関係《ヒストーリシェ・レラツィオーン》」を前提とするのだとすれば[15]、世界知とは結局はラテン語 historia naturalis すなわち自然誌あるいは博物学に、実は近しいことになる。実際にトマージウスは世界知が物理学的、数学的領域の探究の基礎となる、つまりはそうした、今日で言う自然科学の分野とつながっていると考えている[16]。つまり、「哲学《フィロソフィア》」はドイツ語に装いをあらためて、啓蒙の時代に騎士学校に場所を移して登場するとき、その中身は、博物学の意味が濃厚であり、だからこそ神によってつくられた「世界を知る」、認識の学問として意識されたと考えられる。それではなぜ、世界知は博物学的なものとなるのであろうか。それにはトマージウスのみる「哲学《フィロソフィア》」の歴史というものが参考になる。

「哲学《フィロソフィア》」の歴史

「哲学《フィロソフィア》」と神学との棲み分け、あるいは他の諸学問との関係は、実はトマージウスにとってすでにライプツィヒにいた頃から問題となっていた。トマージウスは一六八八年にラテン語で『宮廷哲学への手引き』というタイトルの書物を著し、フランスで先行した宮廷向け処世術の哲学を、衒学趣味に堕するのを戒めつつ、正しい理性的論証の方法の「論理学《ロギカ》」に焦点を当てて展開した。そこでトマージウスは、いわば宮廷人用の「哲学《フィロソフィア》」を展開するにあたり、「哲学《フィロソフィア》」の歴史そのものを辿ってみせて、その上であらためて自らの「哲学《フィロソフィア》」を規定している。すなわち、彼の宮廷「哲学《フィロソフィア》」は古代の人々の「哲学《フィロソフィア》」がもった三つの性質のうちのひとつである「論理学《ロギカ》」に特化したものであり、他の二つが「自然学《ヒュシカ》」と「道徳学《フィロソフィア・モーラーリス》」なのだという。[17]

そして、さらにこの区別にも歴史があることを『宮廷哲学への手引き』は説明している。ピュタゴラス派は神学と哲学とをあわせて考え、さらに哲学の前段階として数学を重視した。しかし、それ以前の哲学はもっぱら自然学であって、これに道徳学を付け加えたのがソクラテスである。他方でソクラテスは数学にはほとんど触れるところがなく、論理学と道徳学を改良した。そして論理学と道徳学と自然学の三つに哲学を分類したのはプラトンを嚆矢《こうし》とする、と。ストア派はこのプラトンの三区分に従ったが、しかし論理学を一種の神学のように理解した。さらにエピクロスは、主として自然学と道徳学のみを重視した。アリストテレスは哲学を理論と実践に分類したが、そのそれぞれに理性と意志を充てるか、あるいは神的なるものと人間に関わるものとを対応させるべきか、解釈には諸説あり、さらに逍遙学派は論理学を哲学の内には含めなかった。また、教父たちはプラトン主義に親炙してプラトンの哲学の三区分に従ったが、神秘主義に傾いた。さらに降ってフランス十六世紀のフマニスト、ペトルス・ラムス（一五一五―七二年）に発するラムス主義の哲学観などを挙げてのち、「哲学《フィロソフィア》」とは何であったのか、トマージウスがまずもって確認するのが以下の点である。

§22　この上記の前提からは以下のことが知られるべきである。すなわち、哲学《フィロソフィア》は、(1)最上級に広く《ラティッシメ》、どんな原理によってであれ、得られた認識《サピエンティア》すべてを包括するものとみなされ、啓示神学《テオロギア・レヴェーラータ》をも自らの元に包摂する。(2)神学に対しては、理性の光から発した認識を包括するものとして対峙させられ、そのようにして、法学と医学を自らのもとに含む。[18]

ここにはすでにみた神学と「哲学《フィロソフィア》」との境界線がすでに明瞭に示されているが、それとともに重要なのは「哲学《フィロソフィア》」が、理性を通して得られる「認識《サピエンティア》」すべてを包括するという、非常に広い範囲の知を対象としている点と、さらに大学の学問として法学と医学をも内に含むものだという点である。ここに世界知が本来は博物学的な性格をもつものだとされる源がある。その上でトマージウスは、「哲学《フィロソフィア》」の通念としてはピュタゴラス派あるいはストア派の理解が最も広く行き渡ったとして、それが「神と人間の事柄の学《スキエンティア・ディーウィーナールム・エト・フーマーナールム・レールム》」であり、「神の事柄」には「造物されたもの」が含まれ、そこから「自然学」と「道徳学」とがプラトン派の理解と合わせて派生してくるとしている。結論としてトマージウスは、「哲学《フィロソフィア》」は中世以来の学問である自由七科を含みつつ、他の高次の諸学部、すなわち神学、医学、法学に対応するのが最もふさわしい形であろうと考える[19]。

トマージウスは哲学の歴史として、アジアやアフリカにも簡単にではあるが言及している。しかしトマージウスは大学人として、ヘルメス的伝統、あるいは「永遠の哲学」のような神学と哲学との一致を求める知的探究の方法は名指すことがない。そのため、トマージウスの哲学史さえも実は限定的ではあるのだが、それでも彼の目を通して浮かび上がるのは、神学と哲学とが、とりわけピュタゴラス派および新プラトン主義の理解に基づけば、重なり合うものであり、また哲学そのものは、そのギリシアにおける出発点以来、広範な領域を覆うものであったという認識である。だからこそ、大学における高次の諸学問の基礎となることもできれば、一方でそれら諸学問全体に本質的に関わって、それらすべてを覆う性格をもっていることになる。そのため神学と哲学との間の境界線の画定は重要なことだったのであり、宗教的寛容がドイツ語圏の他の領域と比較して、より認められたブランデンブルク選帝侯領＝プロイセン公国においても、これについてはとくに配慮をしておく必要が、ライプツィヒを宗教に関わる問題で追われたトマージウスとしてはあったと考えられる。この境界線の確定の上で、トマージウスは「哲学《フィロソフィア》」のうち、とりわけ「論理学」に関わるものとして、先の「理性学」を展開したと了解されるのである。

クリスティアン・ヴォルフ

トマージウスの世界知は、同じくハレ大学で活動したクリスティアン・ヴォルフ（一六七九―一七五四年）によって継承される。ヴォルフは一六七九年に、シュレージエン地方の首都ブレスラウ――今日のポーランドのブロツワフ――に、革なめし工クリストフを父として生まれた。高校《ギュムナージウム》まで学んだ父は不幸にして学業の道から外れざるを得なかったが、彼は息子にラテン語を教え、息子が神学を志すことを望み、そのための学資を惜しまなかった。ルター派正統の信仰者が多いブレスラウは、一五二六年よりボヘミア王の支配を脱してハプスブルク家の所有に移っていたが、一六四八年のヴェストファーレン条約の後でも、本来ならば領主の宗教に従うべきところをプロテスタントが許されていた。一方でイエズス会は、一六三八年以来この地に根を降ろして、五七年には学校を開き、多くの生徒を集めていた。プロテスタントとカトリックとがいわばせめぎ合うこの都市で、両方の信仰者と交流があったヴォルフは、いずれの派も他方を説き伏せることができず、両者がともに正しくある、そのような状況を前にして、神学において矛盾なく真理を導く方法のモデルを数学に求め、これを熱心に独学した。

ブレスラウは、この地で悲劇作家ダーニエル・カスパー・ローエンシュタイン（一六三五―八三年）が活動したように、ドイツ・バロック期の文学が最も花開いた場所だった。近代ドイツ詩の開祖となったマルティン・オーピッツ（一五九七―一六三九年）も学んだ、歴史ある「マグダラのマリア学校」（一二六七年設立）にてヴォルフが教えを受けたのは、やはりバロック期のドイツ文学を代表した詩人劇作家のアンドレアス・グリューフィウス（一六一六―六四年）の息子クリスティアン・グリューフィウスは哲学を蔑《なみ》したが、ヴォルフを導いた他の教師たちは真理探究の方法としての哲学を称揚した。こうして哲学にも関心を寄せるようになったヴォルフは一六九九年、二十歳のときにイエナ大学に入学し、数学、物理学、神学、天文学と法学を学ぶかたわら、ライプツィヒの哲学者エーレンフリート・ヴァルター・フォン・チルンハウス（一六五一―一七〇八年）に師事した。チルンハウスは、スピノザ、ホイヘンス、ライプニッツ、さらにキルヒャーとも知己を得ていた人であり、この時代のガラスとレンズの品質向上にも功があった。ヴォルフは一七〇三年に、『数学的方法によって起草された普遍的実践哲学について』と題された論文により学位を得て、ライプツィヒ大学で数学、哲学、そして神学を教え始めた[20]。そして一七〇六年からはハレ大学へ移籍し、数学の教授として活動し始めた。その後、物理と哲学についても講義を行い、多くの学生を引きつけた。着任の後、著された書物、『数学基礎論』（ラテン語、一七一三―一五年）を通しては、ヴォルフの教授内容が、算術、幾何、代数学、積分、空気および水の力学、宇宙論、地震を含む気象学、築城術、建築デザインに軍事知識、さらには植物学、動物学、生理学と形而上学という広範な範囲におよんでいたことが知られ、それらの教養は宮廷での職務を将来遂行していくのに充分な内容を備えていたと考えられる。

ヴォルフの世界知

さて、ヴォルフは『人間の理性力と、真理認識におけるその正しい使用についての合理的考察』（一七一三年）というドイツ語の著作において「世界知《ヴェルトヴァイスハイト》」をphilosophiaと同義であると示しつつ[21]、世界知とは何かをあらためて定義している。ヴォルフに拠れば、世界知とは、存在可能であるものすべてについて、その「理由《レゾン》」を探究し、その記述を完全なるものへと絶えず高めていく学問である。そして、存在が可能となる、その「理由」を考える力としてわれわれに授けられているのが「理性《フェアシュタント》」なのである、と[22]。ところで、「可能であるもの」には二種あって、それが「自立する存在」である神と、この神によってその存在理由を与えられる「造物されたもの《クレアトゥーレン》」である、とヴォルフは考えているが、この対象設定のあり方は、トマージウスが最も広義の「哲学《フィロソフィア》」の理解であるとしたピュタゴラス派＝ストア派の「哲学《フィロソフィア》」の理解、すなわち「神と人間の事柄の学《スキエンティア・ディーウィーナールム・エト・フーマーナールム・レールム》」というものを、ヴォルフの世界知もまた踏襲していることを示すのに他ならない。ただし、この二種と「理性」との関わり方が、以下に見るようにヴォルフの世界知の場合にはトマージウスとは異なっている。

世界知《ヴェルトヴァイスハイト》は、どうしてあるものが存在することができるのか、その理由《レゾン》を与えるものであるので、当然のことながら、造物されたものの正確な認識と取り組む前には、神あるいは自立する存在についての教説が最初に行われなければならない[23]。

世界知はそれゆえ、神学に後続して、これを補完するものであるのか、あるいは神学の領域をも覆っていくものであるのかは、この定義からすれば二義的である。しかし、世界知が、被造物である人間の「こころ《ゼーレ》」がもつ意志を取り扱い、そのための分野が「自然法、道徳学、政治学」となるとヴォルフが言うとき、彼が神学者たちとの間で後に抱えることになる争いの種は、既にこの時点で蒔かれていたことになる。というのもの道徳に関して、啓示なくしても人間は理性によって善を行うことができる、という主張をヴォルフは一七二一年に行ったが、これがもとでハレからの退去勅令がヴォルフに対して下されることになったからである。啓蒙期を画する一大事件の様相を眺めておこう。

十八世紀前半のハレは、トマージウスとヴォルフが代表する啓蒙思想と並んで、これとは別に敬虔主義の思想がドイツ語圏で初めて大学に根づいた場所とされる。[24] フィリップ・ヤーコプ・シュペーナー（一六三五—一七〇五年）が創始した敬虔主義は、神学部教授ヘルマン・フランケ（一六六三—一七二七年）が継承して、ハレ大学に根づかせた。敬虔主義は、制度的教条主義に傾いたプロテスタントの正統に対して、感情と神秘的体験を重視し、聖書への帰依をとおした敬虔さを実践的に求める宗教生活を主眼とした。[25] 敬虔主義において人間は、神の恩寵によって新しい生命を授けられる再生をまずは目指すべきであり、この再生の後には「神の子」として人間は全力を挙げて、敬虔さと従順さと美徳の完成に努めなくてならないとする。[26] 敬虔主義は当初、宗教的狂信に通ずるものとしてルター派正統からは異端視され、軽蔑の対象とされたが、敬虔さの宗教的内面化は自己の思想と感情をコントロールする能力と結びつくのであり、「敬虔主義者《ピエティスト》」の名は、この後にみるドイツのさまざまな思想運動の背景に浮かび上がることから窺い知ることができるように、やがては積極的な意味をもつようになる[27]。

この敬虔主義と啓蒙主義との相克が、最も劇的に現れ出たのが、輪番制の大学副学長職を交代するにあたって、ヴォルフが一七二一年に行ったラテン語による講演、『中国人の実践哲学について』であった。というのも、ライプチィヒに先駆けて啓蒙主義の最初の拠点となった、先進的なハレ大学においても、中国の歴史の長さを問うことはスキャンダルになり得たからである。ヴォルフはこの講演において、啓示宗教にも自然宗教にも頼ることなく徳を実現できると説いたが、敬虔主義者であるフランケは無神論を導きかねないものとしてこれを批判した。さらにヴォルフの哲学は運命論を許容するとの讒訴が、軍人王フリードリヒ・ヴィルヘルム一世（一六八八―一七四〇年）のもとに届き、王は配下の兵たちが運命論に従うことで忠誠心を損なうことを怖れた。そのため一七二三年十一月、四十八時間以内のハレからの退去か、さもなくば絞首刑という勅令が、ヴォルフに対して下された。また一七二七年には、ヴォルフの著作の販売と使用を禁ずる勅令も出された[28]。こうしてヴォルフは、敬虔主義者たちによっていったんはハレから退けられたのだが、一七四〇年に新たに即位したフリードリヒ二世（大王）によってふたたびハレ大学へと呼び戻され、これによってヴォルフの名誉は後に完全に回復されたのであった。

理性の自律

ハレにおけるヴォルフの学説に向けられた敬虔主義者たちからの批判と攻撃は、どの点にかかわるものであったのだろうか。一七二一年のヴォルフの講演内容は、ハレ退去後の一七二六年に『中国人の実践哲学』（出版地フランクフルト）として出版されたが、その中でヴォルフは、道徳的行動の様式について三通りの可能性を挙げている。すなわち、道徳的行動が可能となるのは、「知性《メーンス》」が行動の結果を想像するか、至高の叡智の「属性」ないしは「摂理」、あるいはその「権威」によって動かされるか、それともまた、啓示された真理によって動機づけられるかのいずれかである、ということであった[29]。ヴォルフは言う、第一の場合は「自然のもつ力」によるのであり、理性は神を慮《おもんぱか》ることなく、自然に道徳的行動を導く。第二の場合の「自然宗教」では、至高の叡智すなわち神の存在を想定して、そのあるべき属性から善を導き出し、これを神による導き、あるいは命令とすることで道徳的行動を設定することができる。第三の場合の「啓示宗教」では、モーセ、ムハンマド、キリストのような存在によって文字どおり真理が啓示される。啓示宗教におけるキリストとは、「道徳の教えをわれわれに与え、あらゆる美徳の手本となるわれわれの教師[30]」なのである、と。つまり人間の道徳的行動は、知性か、自然宗教か、啓示宗教か、この三者のうちのいずれかにその根拠をもつ、とヴォルフは考えるのである。そしてもしも中国人が自然宗教も啓示宗教も知らずに、それでもなお道徳的な社会を長く営むことができたのだとすれば、それは人間が宗教だけではなく、理性に基づいても道徳的行動をとって社会を営むことができるという証拠が、古代中国の社会の中に存在したことになる。ヴォルフは言う、

> ここで話題にしている古代の中国人にとっては、造物主などというものを知ることがないために自然宗教が存在せず、ましてや何らかの啓示によって神聖なる教えが知られていなかったのであるから、彼らはどんな宗教とも関係のない、自らに備わる自然の力によるほかには、徳の実行を促進す

ることができなかった[31]。

ここからは、理性は善を宗教とは関係なく行うことができる、というヴォルフの主張が導かれる。また、ライプニッツが、天主とキリスト教の神との一致を考え、中国人が自然宗教をもっていたと考えるのとは異なる立場を、ヴォルフはここでとっていることになる。ヴォルフが長い歴史をもつ中国人の存在によって示唆したのは、自然宗教とも啓示宗教とも関わりのない人間存在が道徳的でありうるということであり、理性は宗教にかわって人間を道徳的に導くことができる、つまりは啓蒙主義の思想のひとつの核心である理性の自律がここで明白に述べられたのである。この核心は、ヴォルフの講演において次のように明確に説明されている。すなわち、

知性には、善を悪から、悪を善から区別し、さらに諸感覚が知性を覆うようにかける靄を払う力が宿っている[32]。

このヴォルフの考えは、ザームエル・プーフェンドルフ（一六三二―九四年）が『自然法に基づく人間と市民の義務』（一六七三年）で述べる、「自然法 leges naturales」についての考えよりも一歩進んでいる。というのも、神の摂理がすべてを支配し、それが理性の力として人間に自然に備わっているというのが、プーフェンドルフの「自然法」であるが[33]、ヴォルフは、神の摂理への配慮は「自然宗教」の範疇にあるとすることで、「自然法」とは区別して人間の理性そのものがもつ道徳的判断の力を強調している。古

代の中国人を例にとるならば、彼らは、自然宗教の場合のように自然のさまざまな現象に現れる法則の根拠を求めて造物主の存在を想定し、それに対する畏怖から道徳的諸原則を引き出すのではなく、また啓示によるのでもなく、理性に基づいて徳を実践していた。知性の力、人間に備わる自然の力、すなわち理性によっても、啓示の教えを受けたキリスト者と同じく徳を実践することができる。さらにその上で、古代の中国人はたゆみなく知性の完成を目指し、これに優る幸せはないと確信していたはずだと考えて、こうしてヴォルフは、最古の中国人たちの叡知の基本原則が自らの原則と一致するとさえ、講演の結論部で言明するのである(34)。

さてヴォルフは、普遍史についてはどのように考えたのであろうか。ヴォルフは先の講演内容に自ら注釈を付して、イエズス会のフィリップ・クプレ（一六二三―九三年）が一六八六年にパリで刊行した『中国の哲学者孔子、あるいは中国の学問』に即して、そもそも中国人たちはあらゆる民族の内で最も古く、伏羲が紀元前二九五二年に中国の支配者となって以降、皇帝の系譜は現代に至るまで連綿と続いている、と述べる(35)。伏羲が登場する年代は、ヘブライ語聖書ではなく、ギリシア語七十人訳聖書に基づいて、大洪水のすぐ後となるようにかろうじて計算されてはある。中国の歴史がさらに大洪水に遡るとする記録は典拠が疑わしく信じられないとして、ヴォルフは退けるものの、しかし中国人の「哲学《フィロソフィア》」が最古であることは、はっきりと認めるのである。大洪水のすぐ後にすでに存在した「哲学」は、啓示の知恵に派生したというよりは。それまでのヴォルフの議論にみたとおり、人類の記憶と同じくらい古く、固有のものであると言えるだろう。その意味では、「哲学」＝「世界知」は普遍史を否定することはないが、道徳の分野と最古のレベルで関わり、神学と並立する、あるいは神学をやはり不要とする可能性がある、ということになる。

宗教の代わりの天文学

さて、「対蹠人」と「世界の複数性」とが表裏一体のイメージ連関の中にあることはこれまでみてきたとおりであるが、ヴォルフもまた「世界の複数性」については、ハレ退去前から繰り返しその書物において説いている。『数学一般基礎論』（ラテン語、一七一三―一五年）においても[36]、ドイツ語による著作『神、世界、人間の魂、そしてあらゆるもの一般についての理性的考察』（一七二〇年）においても[37]、さらに退去後の著作『自然の事物がもつ目的についての理性的考察』（一七二四年）の中でも、ヴォルフは繰り返し「世界の複数性」に言及する。とりわけ、『自然の事物がもつ目的についての理性的考察』では、恒星のひとつひとつが太陽であり、それらが太陽系と同じように諸惑星をもつ構造となっていること、そして太陽系の諸惑星と衛星の位置関係と、さらにその公転と自転について、ヴォルフはいずれも物理的な観測数字を根拠に挙げつつ、順次思惟を巡らし、またそれらの諸世界がそれぞれ住民によって居住されていると推論する[38]。その際、天文研究は人間の歴史においては諸学問が生まれるための礎なのであり、過去の記録と記憶から「歴史的な認識」が生まれ、それが理性による学問的認識と同様の働きをする、とヴォルフは述べ、天文学が発達した場所では、学問と教育の点でも他の場所と比べて顕著な発展がなされたとする。その例としてヴォルフが挙げるのが、やはり古代の中国人である。

古代の中国人は、政治的なことに関する彼らの偉大な賢明さで名高いけれども、彼らの道徳哲学と政治の実践が心の自然の中に、他の人々の間では見出されないような卓越した形で基礎づけられてあったのを私は発見した。しかしまた彼らは太古の時代に天文学においてあらゆる民族を凌駕していたが、それは彼らが道徳と政治における賢明さにおいて大変抜きんでていた、まさしくそうしたときであったと、偉大なる天文学者であるヨハンネス・ヘヴェリウスは、有名なイエズス会士マルティーニの『中国史』に基づいて明らかにしている。[39]

つまり、中国における歴史の古さは、「歴史的な認識」というものを育み、この認識は理性を鍛えることで、道徳と政治だけではなく、天文学という最初の学問をも卓越したレベルへと導いた。これと比較するならば、ヴォルフが登場する前の時代に神学が天文学の発展を妨げたのだから、「世界の複数性」という新しい天文学の事実は、ひるがえって認識にともなう理性の自律をこそ要請することになる。高度の道徳と政治の学は、高度の学問と併存し、その根本に理性が働いていたことは。古代の中国人たちを例にとって了解されるというのが、ここでのヴォルフの考えである。

ヴォルフはこの書において繰り返し、他の惑星が住民をもつと指摘しており[40]、古代の中国人はまた、他の天体の住民のメタファーとしてヴォルフには意識されていたが、これがメタファーであるのは次の手続きによって成立している。すなわち、天文学は、神の完全性を人間が認識してゆくための手段であるけれども、土星の環と木星の衛星の存在は、ようやく今日、望遠鏡の使用によって人間に知られるようになったのであり、それらが人間にとってもともと重要な意味をもつものであったとは認めがたい。

土星の環と木星の衛星は、地球上の人間のために創造されたのではなく、[41]また木星に衛星が存在するのは、われわれ地球の人間以上に木星の住民に対してこそ、より仔細な神の配慮がなされているためであり、「われわれよりも、木星のために、より密接に関連する意図というものが存在するのと同様に、木星の月たちの上に存在する特別なものたちにとっても、やはりより密接に関連する意図が存在するのに違いない」[42]。「他の天体の住民」が存在し、彼らが啓示宗教を知らないとしても、それは古代の中国人とちょうど同じであるだろう。古代の中国人たちが、仮に地球上の啓示と関わりをもたなかったとしても、天文学をとおして彼らは道徳的であり、良い政治を行うことができる。そして中国人が理性によって道徳的であり得るのならば、「他の天体の住民」もまたそうであり得る。こうして「世界の複数性」と「対蹠人」とは表裏一体のイメージ連関の中にあることがあらためて了解されるのである。

とはいえヴォルフは、地球上の人間に対する啓示をあからさまに相対化する立場に立ってみせることはしない。『中国人の実践哲学』では、道徳の教師としてのキリストの役割は、モーセ、ムハンマド、孔子と変わらないとしつつも、キリストが救世主、真の神である点が、他の教師たちとは根本的に異なる、とあえて「注釈」を付して断っている。[43]これと同じ立場に立ってヴォルフは、地球の人間存在の特別の意味について、『自然の事物がもつ目的についての理性的考察』の最終部分で以下のように述べている。

人間は、神がその主要なる意図——すなわち自らが神として認識され、崇拝されるという——を実現するために、この世界によってもち得た唯一の被造物であるので、それゆえ、ここから明らかであるのは、人間を神は自ら自身のためにつくった、ということである(44)。

この言葉を文字どおりにとるならば、複数ある世界の中で神が啓示を行ったのは、地球の住民に対してだけだということになる。理性によっても、自然宗教によっても、そして啓示宗教によっても、いずれをとおしても人間が道徳的な善について判断できるのであれば、確かに宇宙の中で地球が、そして地球においてヨーロッパが、啓示の特別な恩恵に与るのだとしても、そこには何らの非合理もない。ただし、人は必ずしもキリスト教に帰依しなくともよいのであって、宗教とは関係なく道徳的に行動することもできる。そこで良心の声に従う限り、王命に背くこともあり得るのであり、その場合には王もまたその存在と命令の根拠を絶対に正当化できるとは限らなくなる。ヴォルフに対して下されたハレからの退去勅令の背後には、「世界の複数性」と理性の自律に基づく、啓示宗教の相対化がやはり根本的な問題としてあったと考えられる。

間奏

文学の立場から「世界の複数性」をテーマとして扱い、しかも実名で出版したヴォルフの同時代人が、ハインリヒ・ブロッケス(一六八〇—一七四七年)である。ブロッケスは、ゲーリケと同じく行政家、外交官および判事として生地ハンブルクで活動し、また当時の流行となった道徳週刊誌を発行するかたわら、詩人としても活躍した。ブロッケスは対話詩『神の偉大さの観照によって讃えられる人間の無について――一七二二年、年初におけるある対話』（一七二四年）において、二人の人間の対話という形で「世界の複数性」を話題にしたが、これは「世界の複数性」について思いを巡らすこと自体が、彼の時代にあってもなお「異端」と考えられる可能性があったことを物語っている。

B　さて、きみは、対蹠人《たいせきじん》を信ずる人を、
もはやわれらはこの存在を否定することができないのだから、
（ただ、聖書が対蹠人について何も記していないからといって）
異端審問官のように迫害したり、火刑に処したりするだろうか？
聖書がわれらの地球の丸みについて記していないからといって、
その丸みを信ずる必要がないということにはならない。

A　地球がたくさん存在すると信じると、
宗教はいったいどういうことになるだろう？
キリストは、ひとつの地球世界のためだけに
死んだのだろうか？
たくさんの地球すべてで
最初のアダムたちはどんな風に、あるいは、そもそも罪を犯したのだろうか？
千のイヴたちはやはり千の蛇たちと
千のリンゴによってだまされたのだろうか？

こうしたことからは、太陽のように明白だ。つまり
君の考えはキリスト教的ではなく、真でもなく、
また最悪の異端でさえも
この考えほどには神に背くものではない。[45]

この後、「世界の複数性」を異端とみなすAに対して、啓蒙されたBは、「世界の複数性」を考えることが必ずしも異端になるわけではないと弁じる。他の天体の住民が地球の最初の住民であるアダムと同じように罪を犯したとすれば、キリストの死は彼らのためでもあり、もしも彼らが神の命令を守って罪に堕ちなかったのであれば、「キリストは彼らのために苦しんだのではなかった」ことになる。他の天体の住民はひょっとしたら、天使や精神的存在のようなものかもしれず、あるいは反対に動物的存在であれば、地球の住民のように罪深くはない。このような楽天的観測に基づくならば、「世界の複数性」は、キリストの死と矛盾することはない、ということになる。

天界が天国であるという、古《いにしえ》のイメージが「世界の複数性」に投影され、敬虔さと至福の源となるその様を、ブロッケスの同じ対話詩に即して確認しておきたい。被造物のうち最も美しいもの、壮麗なるものは、神のつくった全体ないしは総体そのものであり、その認識に与ることこそが、最上の悦びであるとともに、神への信仰と来世への期待、ないしは確信を最も強くする。

神は年老いた人などではなく、また聖霊たちのようでも決してなく、

永遠かつ普遍の宇宙、
途方もなく大きな総体、その中で、あたかもひとつのボールが
広大な大洋に浮かぶように、地球だけではなく、
いや、無数の太陽、星々、地球の軍勢が、
（それらはただ神によってのみ囲まれ、満たされ、維持されてある――）
静かな威厳をたたえ、運動する静寂のうちにただよう。

我が魂の眼がこの高みにまでよじ登り、
天空の計り知れぬ深淵に沈むとき、
そして星々のあの明るい軍勢を、
いまは見かけ上あんなにも小さく見えるすべての星が
ここでの月の輝きと同じように大きく輝く
そうした近さで見、
すなわち天上の舞台で
かくも何千の星の代わりにひとつの月の軍勢がただ輝く
そうした場所を思うとき、
そのときには、敬虔さと悦びのゆえに、
神の栄光のために、わが心は胸のうちで歓喜の声を上げる、

彼方ではすべてが壮麗にかつ明るく、
輝き存在するのを恍惚として眼前にしながら。

かくも多くの世界、かくも多くの恒星の輝きが、
十億の星々に
それぞれ異なる光と異なる壮麗さを見せて、
あんなにも晴れやかに、昇り、沈み、
また一つになるかと思えば離れ、
静かな威厳をたたえ、遥かに円を描いて回転し、
身を低くするかと思えば、もちあげる、
そうした様を変容した眼差しで眺め、見はるかし、
栄光ある造物主の力を
このような壮麗さの中でより賛嘆することを学ぶ、
そうした考えではや、ここで
他のあらゆるものにもまして、
私は確信ゆえの満足と、希望ゆえの至福を覚える。

今生の後には神が

この壮麗さについてさらなる認識を与えてくださるだろうとの考えは、
彼方で一般に期待するのがふさわしいとされる、
あらゆるよろこび、歌、音楽のようなものでは、
満足を覚えることのない霊を、
より素晴らしい慰藉《いしゃ》へと導くことができる。
彼方にては、造物主の力と被造物の壮麗さを
よりふさわしく、よりたくましく印象づけられるのだから。
恐らくは、ここよりも多くのことが生起する
彼方でわれらが創造する者を創造されたものの中に見るその印象のうちに、
至福の大部分が存在するのだ。(46)

蒼穹に輝く星々が、それぞれ地球のような天体と住民たちとをかかえた無数の軍勢として神に臨む、という「世界の複数性」の観念が、ここではキリスト教と矛盾することなく、宗教的敬虔の感情と高揚感をもたらすものとなっている。「世界の複数性」に関する感激と高揚感は、ブロッケスの後に続くドイツ語圏の詩人や思想家たちによって引き継がれ、そしてまたそのイメージが変奏されていく。

ハンブルクの書店から出版された、この対話詩を含む書『神の中にあるこの世の喜び』は、ブロッケスの友人であった詩人クリスティアン・フリードリヒ・ヴァイヒマン（一六九八―一七七〇年）が編集人となっており、その巻頭には献辞が序言とともに添えられ、その献辞の宛て先は、ブラウンシュヴァイ

ク＝リューネブルク公アウグスト・ヴィルヘルム（一六六二―一七三一年）、すなわちキルヒャーの章ですでに紹介したアウグスト二世の孫となっている。その都、ヴォルフェンビュッテルにて『月の男』の匿名によるドイツ語訳が出版されたのだから、「世界の複数性」をテーマにした書は、ブラウンシュヴァイク＝リューネブルク公が代々庇護したことになる。ブロッケスはヴォルフと同時代人であるが、この時代にドイツ語圏ではようやく、「世界の複数性」は市民権を得つつあったと考えられる。

第五章　〈世界知〉ヨーハン・クリストフ・ゴットシェート

『全世界知の基礎』

ヨーハン・クリストフ・ゴットシェート（一七〇〇―六六年）は、一七〇〇年にケーニヒスベルク近郊のユディッテン――今日のロシア領メンデレェイェヴォ――に牧師を父として生まれた。十四歳からケーニヒスベルク大学にて神学と哲学と数学を学び始め、そこで享受した「哲学する大いなる自由」が彼の思想の骨格をつくった。後にゴットシェートが述懐する言葉、「哲学する自由はわれわれの時代の大変に素晴らしい特権であるから、あらゆる手立てを尽くしてこれを損なうことなく保持するよう努めなくてはならない(1)」は、十八世紀の最初の四半世紀においてケーニヒスベルクが保持していた知的雰囲気を良く伝えている。

この地の大学でゴットシェートは、アリストテレスとデカルトについての講義を聴くことができ、さらにロックとライプニッツを学び、ヴォルフを読んで最大の満足を覚えたという。一七二三年にゴットトシェートは、ヴォルフの哲学を改良して神の遍在を論じ、哲学修士号の学位を得た。翌一七二四年、プロイセンからの徴兵を逃れてライプツィヒに移住し、以降、道徳週刊誌を発行して文学者として身を立てた。道徳週刊誌とは、道徳感情に訴えるさまざまな物語やエッセイ、書簡、対話などを掲載し、市民の自己認識を形成するとともに、煙草、カード、（婦人）教育、迷信、結婚、文化・芸術などについての話題を取り上げ、市民生活の規範を新しく描き出し、これをリードしようとした、啓蒙主義期を代表するメディアのひとつである。[2]

ゴットシェートは一七三〇年以降、ライプツィヒ大学で詩学と雄弁術を教え始め——四年後に論理学と形而上学の正教授となる——、またこの分野での著作を行った。並行して彼は、悲劇『死するカトー』（一七三一年初演、翌年出版）を書き、演劇ならびに近代ドイツ語の改革運動に乗り出した。この劇は序文にあるとおり、ボアローの演劇理論に基づいて三一致の法則——一日のうちに、一つの場所で一つの統一した筋が展開される——を遵守し、三十年このかた廃れてしまっていた悲劇作品を近代ドイツ語の韻文によって再興しようとしたものである。古代ローマ時代のカトーが示した英雄的道徳を、母国語による演劇レパートリーとして劇場に供し、それによって市民の道徳的規範と美意識とが古典古代に照準を合わせたものとなるよう仕向けたのであった。この悲劇は上演と出版、ともに成功をおさめた。またゴットシェートは、フランス文学と思想の翻訳紹介にも努め、一七二六年にベルナール・ド・フォントネルの『世界の複数性についての対話』（フランス語初版、一六八九年）を、[3] 一七三二年にはジャン・ラシーヌの『イフィゲネイア』（同、一六七四年）を、また一七四四年にはライプニッツの『弁神論』をフランス語から翻訳した。さらにはチューリッヒのヨーハン・ヤーコプ・ボードマー（一六九八—一七八三年）

Erste Gründe
der gesammten
Weltweisheit,
darinn
alle philosophische Wissenschaften, in ihrer
natürlichen Verknüpfung, in zween Theilen
abgehandelt werden,
Zum Gebrauche akademischer Lectionen
entworfen,
mit einer kurzen philosophischen Historie, nöthigen Ku-
pfern und einem Register versehen,
von
Johann Christoph Gottscheden,
ordentl. Lehrer der Logik und Metaphysik, der Univ. Decemvirn und
Subseniorn, der königl. preuß. churfürstl. maynzischen, chur-
bayerischen und bononischen Akademien der Wis-
senschaften Mitgliede.
Siebente vermehrte und verbesserte Auflage.
Mit röm. kaiserl. und königl. pohln. chursächs. Freyheit.
Leipzig,
Verlegts Bernhard Christoph Breitkopf.
1762.

15　ゴットシェート『全世界知の基礎』. 図版下説明文「ここでは感覚も知恵も停止し, 精神は諸世界の群れ, 壮麗さ, 秩序, 運行と輝きの中に没入する. ここにあって人間とは何であろうか. この作品から制作者の偉大さを知ることがなければ, 人間は無と呼ばれなければならないであろう」.

を相手としてドイツ版「新旧論争」も展開した。

多角的な文学活動を展開したゴットシェートであるが、彼はドイツ語圏における「世界の複数性」についての啓蒙にあたって、ヴォルフと並んで最も功があったとみなすことができる。それは、フォントネルの『世界の複数性についての対話』の翻訳紹介以上に、ゴットシェートのライフワークであった『全世界知の基礎』[4](一七三三年理論篇、三四年実践篇の二部構成、出版地ライプツィヒ)の巻頭に掲げられた、この書のモットーを示す図像にも特徴的に現れている(図15参照)。

ゴットシェートの啓蒙は、「世

界の複数性」に対する感嘆に始まるが、それはそのような世界をつくりなした神への信仰に根本的に根ざしている。『全世界知の基礎』は、一七六二年までに大幅に増補を重ねながら、著者の生前に七版[5]を数えた文字どおりのライフワークであり、大学や高校など高等教育の場で使用されることを目的とし、フランス語[6]、デンマーク語（一七四二年）、そしてポーランド語（一七六一年）にも翻訳された、大変に成功した啓蒙書である。

一七三三年第一版の序文で、ゴットシェートは『全世界知の基礎』成立の経緯を以下のように述べている。神学、法学、医学という専門の学科を大学で学ぶにあたって、学生がその前段階にある「哲学《フィロソフィア》」をいかに疎かにしていることか、と。学生は「哲学」の講義科目を、専門を学ぶという目的からすれば時間の無駄であるとし、また適切な教科書がないこともあって興味をそがれ、ないがしろにするのが実情である。ヴォルフのドイツ語の著作は、ゴットシェートも自らの学問形成にあたって多くを負う優れたものであり、大学の「世界知」の講義に用いるべきものとして真っ先に念頭に上がるものだが、あまりに多岐の領域に渡るためにかえって大学での講義には不向きである。ヴォルフの著作を入門者のためにやさしく解説し、さらに学びたいという意欲を起こさせること、そして比類なきドイツの宝にして不滅のライプニッツによって初めて導入された哲学する方法を、いくらか説明の仕方を変えて、取りつきやすくするように努めることがこの書の趣旨である、と。この書の中には、新しく発見された真実や偉大なる発明が記されているわけではなく、また新しい「世界知」の構造が解説されているわけでもないが、その眼目は理性を用いて学問を行う、まさにその方法を教授するところにある。「世界知だけが、若者の頭を整理し、理性を用いることを教え、彼らを迷信と、教師の発言に対する盲目的賛同から解放し、学問とは、その本質が暗記にあるのではなく、根本的に証明された真理への洞察のうちにあることを彼らに示すのである」[7]。そのような階梯を踏めば踏むほどに、学生は専門科目を学ぶのに適した状態となり、またその分だけ一層諸分野の学問を根本的に理解することになるであろう、とゴットシェートは言うのである。

　タイトルにある「世界知《ヴェルトヴァイスハイト》」とは、ドイツ語母語の「哲学《フィロソフィア》」として、ゴットシェートがヴォルフから引き継いだ概念である。ただし、可能である限りの事物すべてがいかにして、またなぜ可能であるかを巡るヴォルフの「世界知」が、「あまりにも思弁的で理論的」[8]であるとゴットシェートは考えて、「世界知」はピュタゴラスの「哲学」の意味に立ち戻り、知を愛し、知を増大させることで、幸福になることを目指すべきものとする。ゴットシェートは『全世界知の基礎』であらためて「世界知」を定義し、それが「幸福《グリュックゼーリヒカイト》についての学問」であり、この「幸福」とは「恒常的な喜び《フェアグニューゲン》の状態」であって、「喜び」とは「完全性を観ること、あるいは享受すること」から生まれるとする。「完全性」を考察するためにわれわれに備わる「魂《ゼーレ》の力」が「理性《フェアシュタント》」であり、この「理性」の使用について説くのが「世界知」の「理性学」となる。さらにゴットシェートの「世界知」では、この「喜び」に資する完全性の認識がおよぶ分野として、「宇宙構造《ヴェルトゲボイ》」、「自然学《ナトゥーアレーレ》」、「数学《マテマティーク》」、「霊魂学《ガイスターレーレ》」、「自然神学《ナテューアリッヘ・テオロギー》」(以上が第一部理論篇)、さらに「道徳学」、「自然法」、「政治学」(第二実践篇)が具体的な知識とともに展開される[9]。これらの内容を、今日の学問分野の名称のもとに分類してみるならば、それは地球科学、天文学、物理学、地誌学、気象学、植物学、動物学、医学の各分野にまたがる広大なものとなる。「世界知」は、神を含めた世界のすべて、つまりは完全性についての知に対する愛であり、この知を享受することによって自らを幸福にするための学問となる。

ゴットシェートはさらに「世界知」を「不完全なる知《ウンフォルコメネ・ヴァイスハイト》」と定義して、この意味がまたピュタゴラスに遡るとする。なぜならば、「哲学者《フィロゾーフ》」とは原義に即せば、「知をもつ者《ヴァイザー》」ではなく「知を愛する者」なのであり、[10]これはイアンブリコスによれば、確かにピュタゴラスに遡るからである。イアンブリコスは、その命名の意味を説明して、「フィロソフィア」とは知への努力、あるいは知の友と解している。「知《ソフィア》」そのものは、非物質的かつ永遠にして、唯一の原因である「存在《ウシア》」がもつ真理を巡るものであって、それが生身の人間の直観の対象とはなり得ないのだから、「存在《ウシア》」に起因する世界がもつ秩序の美しさを観照しようとする努力が「愛知《フィロソフィア》」なのだという。[11]このピュタゴラスの「愛知《フィロソフィア》」の定義に従えば、ゴットシェートの「世界知」とは、知への愛が根本にあり、そして「不完全なる知」を増大させることで愛を成就し、幸福になるための学である、ということになる。「不完全なる知」を増大させる「世界知」が、博物学的な拡がりを実践していくことになるのも当然であるだろう。

「宇宙構造《ヴェルトゲボイ》」を知の内容としてドイツ語で新しく伝えていこうとするゴットシェートの『全世界知の基礎』は、理性の使用対象として宇宙を選ぶことで、「神学」によって束縛されない、自由な「哲学」の展開を実践している。というのも、世界の中心にある太陽の不動と地球の運動を説くコペルニクスの説とは、同時に、古《いにしえ》にこれを主張していたピュタゴラス派の説と同じと考えられていたが、[12]教皇庁の禁書目録によって異端とされたこの説を、理性の光の下に照らし出すことこそ、啓蒙の哲学、すなわちここでの「世界知」の意義に他ならないのであった。異端とされた、「宇宙《ヴェルト》」の本当の姿を想い見ることが「世界知《ヴェルトヴァイスハイト》」の対象となることこそ、ドイツ語圏での「哲学《フィロソフィア》」が「神学」に対して新しい立場をとり、「世界知」として装いをあらためる過程で獲得した、ひとつの重要な果実であったと考えられる。この意味で「知への愛」は、宇宙の構造を調和ある秩序として想い見ることを本質的な目標とした、ピュタゴラス派の「哲学」の意味と内実へとあらためて立ち戻ったことになる。

彗星

さて、博物学的な体裁をもつ『全世界知の基礎』という書のひとつの大きな特徴は、自然史と普遍史とを、彗星という現象に依拠しながら融合させて紹介した点にある。ただし、この融合そのものはゴットシェートの独創ではなく、ニュートンの後継者、イギリスのウィリアム・ウィストン（一六六七―一七五二年）に帰せられる。『全世界知の基礎』第一版が世に出た一七三三年の時点では、彗星の周期性は理論的には予測されていたが、いまだ証明されるには至っておらず、その原理であるニュートンの万有引力もまた、世界構造を説明する原理としてはデカルトの渦動説と拮抗していた。だが、一七六二年の第七版までの約三十年にわたる改訂の間の五八年に、彗星がもつ周期性は証明され、またそれより先の四四年に観察された彗星が、大洪水の原因をなしたとするウィストンの洪水彗星原因説というものに、強い現実性を与えたと考えられる。『全世界知の基礎』が版を重ねた歴史は、彗星の存在が認知され、これが洪水を惹き起こしたとの観念が一般化するに要した時間と重なる。彗星は、大洪水について記した聖書が普遍史だけではなく、自然史の記述としても正統性を有することを証明するものとして受け入れられたのである。
ここで、デカルトが『哲学原理』第三部において説明する彗星の姿をあらためて確認しておきたい。地球を中心としてみて月より下の世界と上の世界とを区別し、月上世界を不変としたアリストテレスによる宇宙空間像は、彗星が恒常的な天体として地球からみて月よりも遠い位置に観察されるという事実によって誤謬であったと了解される。宇宙空間を分割して考えるアリストテレスの認識方法は、ガリレオの報告によって刷新され、同質的で無限な宇宙空間のイメージと「世界の複数性」とが新しい前提となっていたのであった。恒星のひとつひとつが太陽であり、この太陽がそれぞれの惑星系をもつという原理の説明として、デカルトの『哲学原理』(一六四四年)が提起したのが渦動説であった。

デカルトの彗星は、世界の複数性を渦動説によって説明しようとするところから生まれる。彗星は渦動によって運ばれつつ、恒星を中心としたひとつの渦から別の渦へと旅していく存在であり、渦に取り込まれた彗星が惑星となる、というのだった。ニュートンのように重力によって彗星の運動を説明するのではないから、彗星は、ひとつの恒星世界から別の世界へと渡り歩くと考えられたのである。

こうした宇宙レベルでのデカルトの自然史と彗星についての考えとを踏まえて、ゴットシェートにおけるその受容のあり方に目を向けてみよう。ゴットシェートは、デカルトと同じく非真空論者である。[13]また彗星が複数の恒星世界を横断していく、ともしている。[14]とはいえゴットシェートは、フォントネルの『世界の複数性についての対話』を翻訳した一七二六年には、注釈においてクリスティアーン・ホイヘンス(一六二九―九五年)を引き合いに出しながら、渦と渦との間には、静止しているか、あるいは回転する中心、すなわち渦が存在しない、途方もない大きさの流体の空間が必要であるとして、デカルトの渦動説に疑義を呈する。[15] さらには渦動説に対する次のような反証も挙げる。

というのも、星座の秩序に従って太陽の周りを巡っていく彗星を多く観察したことがあるならば、太陽に必ずしも結びつけられてはおらず、われわれの渦の中を、この強い流れにさえ呑み込まれることなく、あらゆる方角へしばしば横切っていった、いくつかの彗星に気がついたからである。[16]

ここで「星座の秩序」とは黄道十二宮を意味しているが、デカルトは、彗星の運行をひとつの恒星世界の比較的外縁部にのみ認めていたのだから、中心近くを彗星が横切ることは、強力な渦を前提とすればあり得ないというのである。そしてゴットシェートは、ここにみられる渦動説と同様に、ケプラーも含めて多くの人間が信じたという、ある種の知性が天体の回転する秩序に組み込まれているという説を、今日では誰も信じないだろうと述べる。[17] 他方で、ニュートンの説である「天体がもつ磁力」、すなわち太陽が惑星を、惑星が衛星を、そして惑星同士がお互いを、また彗星が惑星を引きつける力である引力について紹介している。[18] ゴットシェートは、ニュートンの引力については何らの批判も交えずに記述するのに対し、デカルトの渦動説については、彗星の観察結果に基づき反証されるとするのである。

デカルトかニュートンかというパラダイムの選択にあたっては、彗星に関する認識の深まりが大きな意義をもっている。それと呼応することには、以下のような『全世界知の基礎』の改訂のプロセスがある。すなわち、第一版でのゴットシェートは、彗星と恒星に関する説明をひとつの節において行っていた。しかし第三版以降はそれを別々にし、かつ新たに、ハレーによる一三三七年から一六九八年までの二十四個の彗星についての観測表を転載している[19]。一七五八年には、ハレーが予言した周期彗星の回帰が証明されるのだが、六二年の第七版においてはそのことにあらためて言及されることはない。周期彗星と非周期彗星の存在は、三三年の初版以来説明していたのだから、それは蛇足と考えられたのかもしれない。しかし五六年の第六版以降は、四四年に観測された大彗星（クリンケンベルク彗星）の図像を「彗星の節」の冒頭に掲げ[20]（図16参照）、さらにまた理論篇巻頭の「世界の複数性」を表す図版にも、この版以降、彗星を新しく描き込ませるのであるから、いかに彗星という天体がゴットシェートの『全世界知の基礎』において重要な意味をもっているかが理解される。ゴットシェートによる彗星の紹介は、デカルトの渦動説を廃し、ニュートンの引力説をドイツ語圏において啓蒙するにあたって大きな役割を果たしたと言ってよいであろう[21]。

ゴットシェートが折衷主義的であるという点は、彼の学問の大きな特徴ではある。ニュートン主義者たちがルクレーティウスとガッサンティ同様に真空を支持している、とゴットシェートは言いながら、自らはデカルトと同じく真空を信じず、一方で天体の運行原因としては、デカルトの渦動説ではなく、ニュートンの重力説を採用する。とはいえ、真空に関する立場を別にすれば、ゴットシェートは基本的にはニュートン主義の立場に立っており、その影響は、ニュートンの弟子ウィストンをとおして最も顕著であると言えよう。すなわち、ウィストンが発明した、彗星の影響によって成立する地球の自然史に、ゴットシェートは全面的に依拠している。そしてここにおいて彗星がもつ周期性こそは、普遍史が真正であることを証明するにあたって決定的な意義をもつのである。そして、啓示宗教と自然史とが幸福に調和する姿が、ウィストンの「地球の理論」の紹介を通しては浮かび上がってくる。

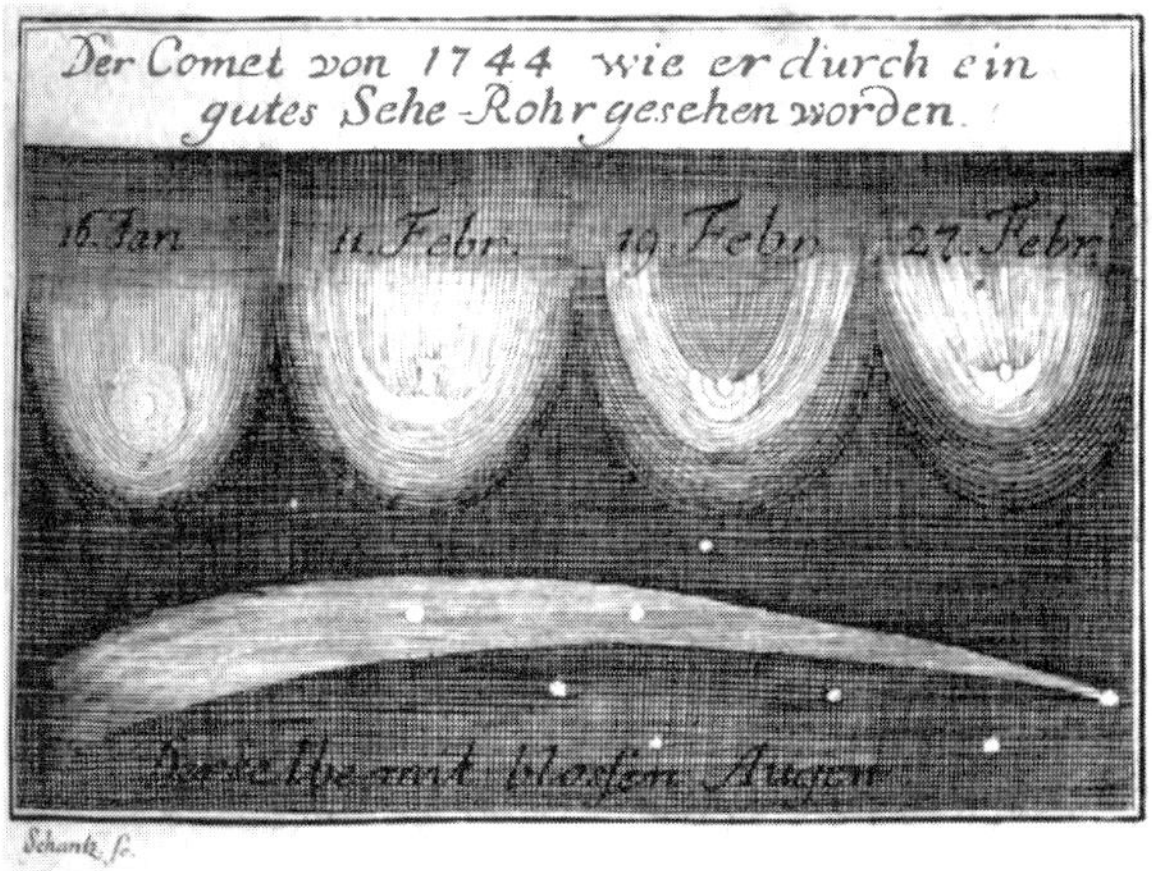
Der Comet von 1744 wie er durch ein gutes Sehe-Rohr gesehen worden.
16. Jan.
11. Febr.
19. Febr.
27. Febr.

16 「精度の高い望遠鏡で観測された1744年の彗星」. 左から順に1月16日, 2月11日, 19日, 27日の姿. 下部は, その肉眼での見え方.

ゴットシェートは、「理論的な世界知の第三部自然学、第三章地球、その部分およびその変化」において、彗星から地球が生成したとするウィストンの説を、図を示しつつ再現し、この説を「彼以前の何人も思いつかなかった、極めて巧みな仮説[22]」と評価している。ウィストンの普遍史は、大洪水が発生した物理的な原因を天体の衝突によって説明し、また中国の歴史の古さをも合理的に説明しようとするものであるが、この普遍史が、十八世紀ドイツ語圏の啓蒙主義を牽引したゴットシェートにおいても踏襲されているのである。

ウィリアム・ウィストン

ウィストン（一六六七―一七五二年）は、一六六七年にイギリスのレスターシャーに生まれ、八六年にケンブリッジ大学に入学し、数学を専攻した。九〇年に学士号を得て、翌年クレア・ホールのフェローとなり、九三年に修士となる。主著である『地球についての新理論』（一六九六年）を出版した後、一七〇一年にニュートンによってケンブリッジに招聘され、ニュートンの学問的代理人の役割を、一七一〇年に追放されるまで務めた。

追放されたというのは、ウィストンが一七〇九年に原始キリスト教に関する研究を発表し(『いくつかの話題についての訓話とエッセイ』)、翌年、英国国教会の信念に反する教義を大学で教えた廉でケンブリッジの学寮長たちの前に召喚されたことに関係する。ウィストンは、紀元後最初の四世紀間のキリスト教に関する自らの研究に基づき、父のみがキリスト教の唯一神であるとするユニテリアン――ないしはアリウス派――の立場をとり、三位一体の教義を否定したのであった。父と子の共存、つまりは同本質であり、この本質が永遠このかた受肉に先立って存在するという三位一体の教義は、原始キリスト教に付け加えられたものである。そうではなくキリストは、受肉前には力であり、父なる神の中で智慧、あるいは言葉という高く玄妙な形をとる形而上学的存在である、とウィストンは説いた[23]。追放後のウィストンは著述活動の一方、原始キリスト教に拠って立つ団体を組織して自宅で定期的に会合をもち、またコヴェント・ガーデン近くにあったバトン氏のコーヒーショップで、科学に関する一連の講義を、好奇心に溢れた多数の聴衆を前にして行い、啓蒙活動に努めた[24]。

一六九六年に初版が刊行され、その後、著者の生前において第五版(一七三七年)まで刷りを重ねたその主著『地球についての新理論』は、バロックの時代に特徴的な長いタイトルをもっている。『始原からあらゆる事物の完結までの、地球についての新しい理論。この中で、聖書に主張された六日間の世界の創造と大洪水と大火災が、理性と哲学に完全に調和することが示される。モーセの創世記の真の性格、表現、拡がりに関する詳細なる導入的論述付き』。この書は、理神論、ペシミズム、デカルトの機械論的合理主義を反駁する意図をもち、自然宗教と啓示宗教との融合を試み、理神論者に対抗して聖書を科学的な現象に即して理解しようとするものであった。

ウィストンは、地球世界の創造を『創世記』の記述とすりあわせつつ、以下のように説明する。(25) 地球はもともとは楕円軌道を描く彗星であり、その原初の姿はカオスそのものであった。「光あれ」との神の言葉により、彗星を形成する目の粗い要素は中心へと集まり、これが中心核となって重い液体の要素によって取り巻かれるようになる。さらにこの液体部分を「深海《アビス》」としてその上層部に大地と水と大気とが形成され、大気が澄むと太陽と月と星々が見られるようになった。彗星としての地球には自転というものがなかったとされ、そのために昼夜の交代は、地球が太陽を巡る一年の間の一回であり、一日はまた一年の時間に等しかった。そうした長い一日を六日重ねることにより、地球の創造が一旦完成したが、この原初の地球は完全な球体であって、楽園の空気は暖かく、風も無く、季節も無く、また人間は無垢無罪であった。しかし、アダムとイヴの堕罪の後、神は別の彗星を地球に接近させ、そして衝突のインパクトによって地球に自転する力を与えた。その結果、地球は扁球となり、地軸が傾いたために気候も変化し、季節と風と潮汐とが生じ、楽園は不毛となった。軌道は楕円から同心円を描くようになり、一年は三百六十日となった。このような地球となったが、人々はなお長命を享受した。

大洪水もまた、地球への彗星の接近によって惹き起こされた。それはウィストンの記述に従えば、紀元前二三四九年十一月二十八日のことであり、黄道面を近日点に向かって下降してきた彗星が、大洪水の最初の日に地球軌道上を通過して、地球は彗星の大気圏と尾の中に入り込み、彗星から大量の水が地球へと落下する一方、彗星の引力によって、地球内部の「深海《アビス》」から水が溢れ出て、この二つの因子が大洪水を惹き起こした(26)(図17参照)。「深海《アビス》」の上層部にあったもとの大地は崩壊し、水に覆われたが、再び堆積し大地としてあらためて構成される過程で、「化石」が地中や山頂に現に見られるような姿で残された。この第二の彗星の接近によって、地球はより扁球の度合いを増し、これによって自転に乱れが生じて一年は三百六十五日となった。また彗星がもたらした大量の水とごみによって地球は汚染され、豊饒さも損なわれ、これにより人間の生命も短くなった。

ウィストンの地球創造説は、「流体」と渦動説には依拠しないものの、内部に大量の水を含んで表層面にヴォールトの構造をもつ地球を描き出す点で、デカルトの地球生成の理論とよく似ている。しかし彗星から始まった地球の活動が、他の彗星から受ける二回のインパクトによって決定的な影響を受けて大洪水が惹き起こされ、その結果として今日の地球が形づくられたとする点はユニークである。さらにウィストンの説は最後の審判についての予言的内容も含んでおり、この地球が三度目の彗星の接近に見舞われ、衝突の結果、大火災によって焼き尽くされ、再び元の彗星のカオスの状態と軌道へと戻り、さらにそこからまた楽園の創造が再現されるだろうと述べている(27)。

大洪水が歴史的事実であった証拠は、彗星の周期性に求められ、ゴットシェートはこの点でもウィストンの説をなぞっている。というのも、大洪水を惹き起こした彗星こそは、一六八〇年に観察された彗星であり、これはニュートンとハレーの計算に拠れば、五七五・五年の周期で回帰するという。その前の回は一一〇六年となり、ハインリヒ四世の死の年には恐ろしい彗星が観測された、と歴史家は記述している。そのさらに前の回、五三一年ないしは五三二年のユスティニアヌス一世の時と、紀元前四四年のカエサルの死の年にも彗星が観察された。このようにして五七五・五年の周期をもとに、アッティカのオギュゴス王の洪水もまた同じ彗星に起因するものとして、それは紀元前一七六七年に起きたことであったと特定される(28)。ウィストンの計算によると、大洪水の年から紀元後一六八〇年は四〇二九年であり、これは五七五・五年周期の彗星がちょうど七回出現した時間と同じになる。

この計算が彗星の周期に合わせて単に創作されたものではないことを裏づけるのが、聖書の年代記に基づく普遍史である。ヘブライ語聖書に基づけば、創造の日から大洪水までは一六五六年であった。ウィストンは、この大洪水の発生の年を紀元前二三四九年、ないしはより真実に近いと考えるサマリア人版聖書に基づいて紀元前二九二六年であったと考える(29)。後者の数字は、彗星の周期一回分をちょうど遡った形だが、いずれにしろ大洪水から一六八〇年の彗星の出現までの年月が、彗星の周期である五七五・五年の倍数で計算され、その倍数に普遍史の長さが調整されている。その意味では、普遍史と自然史との調和も、実は彗星の周期に合わせてすりあわされたものではある。とはいえ、普遍史と自然史との調和が彗星の周期によって巧みに説明されうる、という点にウィストンの新理論の特性があり、これにゴットシェートも魅了されたのであった。

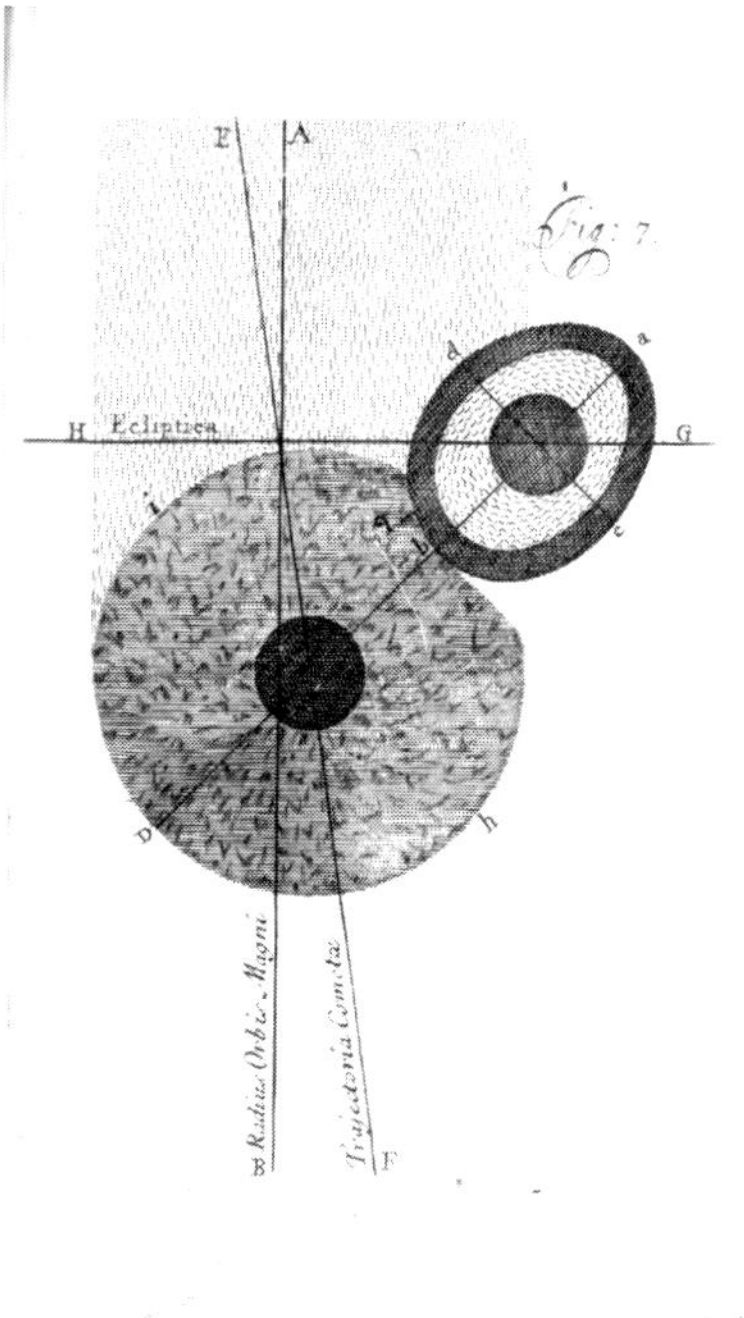

17　彗星はE からF へ, 地球はG からH へと軌道上を進む.

ウィストンはこの理論の構築にあたって、化石洪水原因説を唱えたジョン・ウッドワード（一六六五―一七二八年）に依拠しているが、同様にゴットシェートもウッドワードと同じ立場に立つヨーハン・ヤーコプ・ショイヒツァーを支持している。[30]高山の上にも貝の化石が散りばめられている地球の姿を説明するには、洪水が原因であったとみなすのが最も好都合であり、さらに洪水の原因が彗星に求められたということである。

ウィストンは普遍史を成り立たせるために解消しなくてはならない、中国の歴史の長さについても目配りを忘れない。ウィストンは、伏羲がノアその人であったと考えた。[31]ノアは大洪水よりも六百年早く生まれていることから、こう解すれば中国の王朝の始まりがその頃であるとするマルティーニの説とも矛盾しなくなるのである。それゆえ、「ノアが大洪水以前に中国に住んだのは極めてあり得ることであるから、彼が中国へ再び帰り、大洪水後に生まれた彼の子孫でこの地をあらためて満たしたことは疑いがない[32]」とウィストンは述べて、古代神学的同定の論法を用いる。

以上によって、普遍史が真理であることを証明しようとするウィストンの意図は明確である。ウィストンは、普遍史を古代の中国と照らし合わせて整合性をもたせるとともに、聖書の描く事象のうち、アダムの堕罪と大洪水とを、ニュートン力学によって説明される彗星の運動の結果と結びつけ、それらを神の意志に起因するものとする。普遍史は、彗星のもつ周期性によって真実性を獲得し、普遍史と自然史とは、このようにして調和するのである。

普遍史への後退

普遍史が確かなものであって欲しいという希望は、ゴットシェートの博物学的書物においても中国史への関心となって現れ、『全世界知の基礎』の第四版（一七四三年）以降には、理論篇の巻頭にオリエント・アジア、アフリカ、ヨーロッパの哲学史が簡潔ながら増補される。そこでゴットシェートは、完全な哲学史についてはヨーハン・ヤーコプ・ブルッカー（一六九六―一七七〇年）の『哲学の批判的歴史』（一七四二―四四年）を参照されたいと序の部分で述べているが、しかしドイツで初めて包括的な哲学史を描いたこの書物では一切触れられていない中国の歴史を、ヘブライよりも古い最古の哲学の伝統として記している。その際、ゴットシェートはウィストンが描いた普遍史の立場を踏襲する。古代のバビロニアとエジプトがその古さと叡智において誇るべきものであるとしても、それは古代の中国には遙かにおよばないということは今日確かではあるが、ドイツでは（第七版の）一七六二年でさえまだそのことが広く認知されていない、とゴットシェートは言い[33]、さらにウィストンと同じく、中国王朝の伏羲がノアであったとしている。

ウィストンが示してみせたように、中国人たちの時代計算に付随する作り話の部分をとりわけて、彼らの王の第二と第三の一族が、同時期に支配を行った、二つの分けられた家族たちであったと仮定しても、彼らが伏羲と呼ぶ彼らの王朝の礎を築いた人物は、ノアと一時期をともに生きたのに違いない。この点に関して、伏羲がノアその人ではなかったとは言いがたいであろう。しかしながら、最も妥当性をもつのは、いま述べたウィストンが地球に関するその新しい考察の一三七頁以下で証明したように、ノアがまさしく中国人たちの最初の君主であり始祖であったということである(34)。

ゴットシェートは、普遍史にさらに真実らしさを与えるために、やはり古代神学的同定をここで援用している。ただし、そのようにすることでゴットシェートは、道徳的行動が理性からも導かれうるとしたヴォルフの立場からは後退しているのではないだろうか。

ヴォルフは、中国の歴史の長さを普遍史によって説明することをせず、他方で道徳的行為の根拠を理性に求め、かつその実証例を中国史に求めた。古代中国の人間の理性は、他の天体の住民の理性の比喩でさえあったのであり、彼ら古代の中国人も他の天体の住民も、啓示とは関わりなく道徳的な存在であり得た。しかしゴットシェートが普遍史の立場に立つ以上は、道徳もまた何らかの形で神性と関わりをもつと考えるのが自然であろう。ゴットシェートは、『全世界知の基礎』実践篇において、道徳の根拠を「自然法 das Gesetz der Natur」として説明し、その内容を次のように定義している。

君と他の人の完全性を促すもののすべてをなせ。そしてその反対に、君と他の人の非完全性となるもののすべてを行うな(35)。

ゴットシェートは、人間の行動の原理となるべき、この「自然法」が完全かつ自律したものであり、そのことはあらゆる時代、またあらゆる人間に対して不変であると述べる[36]。善悪の普遍的根拠をこのようにゴットシェートは規定するが、さらにこの自然法は一神が存在するか否かに関わりなく、無神論者でさえも認めるべき法であると考える[37]。なぜならば、この法は立法者によることなく、人間の幸福と結びついた、事物の性質から導き出されたからであるという。この段落までならば、立法者なくして法の普遍的有効性を合理的と認識し、理性による倫理的行動の可能性を説くヴォルフと同じ立場にゴットシェートは立っていることになる。だが、次の一文は、ゴットシェートがヴォルフとは異なって普遍史の立場に立つように、法の根拠を最終的には造物主である神に求めていることを示している。自然法の立法者を神に求める以上は、これが宗教であるのに他ならず、自然法はまた同時に「神の法[38]」ともなる。

自然法が何らの創始者ももつべきではなく、また立法者なしで成立したとすることは、しかし誤りである。自然全体、あるいはこの世界構造は、ひとりの造物主をもたなくてはならなかった。なぜならば、この世界構造はひとりでに生成することはできなかったし、またこの時まで存立することはできないであろうからである[39]。

道徳が自然法に由来し、自然法が神に起因する、とゴットシェートは考えている。ここにおいてゴットシェートは、あらゆる事物が一神から生成するとする立場を明確にし、普遍史と結びついた、有神論を信条とする姿勢を明白にする。

ゴットシェートによる普遍史の踏襲は、啓示との関係をもつ地球の住民が、他の天体の住民と比較して、特別であるとみる眼差しと、さらに連絡している。というのも、ゴットシェートはホイヘンスの『コスモテオロス』（一六九八年、死後出版）での推測を紹介しつつ、他の天体の住民がわれわれ地球人に多くの点で似ているとしても、しかしそれでもすべての点で同じではあり得ないと考えるからである。他の天体の住民はアダムの末ではないのであり（この記述は一七四八年第五版から付加）[40]、われわれ地球の人間とはまったく異なる住民であるだろう。[41] 例えば、ゴットシェートは彗星に住民がいる場合も想定し、彼らが太陽に近づいた際の過度の暑さと、また遠ざかった際の過度の寒さゆえに、宇宙構造の正しいイメージをもつことはできないであろうと考える。[42] そうである以上彼らは、啓示を受けるのでなければ、たとえ自然神学によったとしても神性を正しく認識するようにはならないだろう。このゴットシェートの立場は、彼が翻訳したフォントネルの『世界の複数性についての対話』における次の考えと連絡している。すなわち、「ある哲学者は、自分が獣でなくて、人間に生まれ、そしてまた野蛮人でなくて、ギリシア人に生まれたことを、自然に感謝したそうですが〔プラトンのこと〕、私なら、宇宙の中でも、もっとも気候温和な惑星の、そのまたもっとも穏やかな場所の一つに生まれたことを、感謝したいと思いますわ[43]」。彗星の住民は、知的存在としては地球の住民に遥かに劣るであろうし、地球の住民はそれとは反対に三位一体という特別の恩恵に与ることになる、という楽天的な立場にゴットシェートは立っていたことになる。しかしこの立場は、ゴットシェートが参考にしたウィストンのそれとはまったく異なるものであった。ウィストンは以下のように、地球だけが神慮に与る特別な場所ではないと考えている。

もしもわれわれが、他の諸惑星の自然と、制度、慣習、そしてそこにおけるさまざまな住人たちと、彼らすべてに関わる神の摂理のいくつかの手段とについて、われわれ自身がもっているものと同様に知るようになるならば、彼らのおのおのが、天国の配慮に相応の形で与り、また彼らの起源と時代の中に、われわれの住まう地球が誇ることのできるのと同様の導きを認めることを躊躇うべきではない、というのは確かなことである。[44]

とするならば、キリストの受肉を地球上にのみ限定する合理的理由はないのであり、この点において、三位一体そのものを疑うユニテリアンとしてのウィストンの姿勢は明確である。ゴットシェートは、ウィストンに依拠して、その普遍史と調和する自然史を紹介しながら、しかし地球の住民が啓示の恩恵に特別に与るとする点で、ウィストンとは正反対の見解をもつに至ったのであった。

世界の複数性の改訂

博物学的な体裁をもつ『全世界知の基礎』は、ゴットシェートの知的独創性を証すものというよりは、むしろ彼によって折衷的に取り集められたこの時代の知の様相を明瞭に写し出すものとなっている。改訂されつつ、なおさまざまな説が博物学的収集の方法で付加されていくのだが、とりわけ「世界の複数性」の観念を巡っては、それがこの時代の思考の変化を映し出すものとなっている。ゴットシェートが先に展開した、地球の住民が与る啓示の特別な恩恵という楽天的な考えには、別の観念が付け加わるのである。『全世界知の基礎』の長い増補の過程において、ゴットシェートの「世界の複数性」に対する眼差しに影響を与えたのは、カントの『普遍自然史ならびに天界の理論』（一七五五年）であると考えられる。というも、カントのこの書が刊行された翌年、一七五六年に改訂された『全世界知の基礎』の第六版以降には、実践篇の巻末に、「死後の魂の居場所についての哲学的仮説」という論考が掲載され、ここでゴットシェートは、地球上の人間は星間を輪廻転生するという、カントが『普遍自然史ならびに天界の理論』に記した一種の夢想を繰り返すからである。

巨大で図りがたい宇宙空間があらゆる太陽と惑星の間で居住されており、しかもそれが、この太陽系の惑星天体がもつものよりは、より完全な種類の被造物たちによってであるというのは、あり得ないことではない。というのも、この世界の創造者は、この世界を、無数で、大量の生ける被造物たちで満たしたのであり、非常に大きな領域と場所にあらゆる居住者を与えたのである。そしてこの被造物たちは、太陽系の惑星の住民たちがもつ不完全性を遥かに免れており、それどころか恐らくはずっと大きな完全性を備えており、したがってずっと大きな至福を享受している可能性がある。(45)

ゴットシェートは、他の天体の住人が地球人よりも完成度において高く、場合によっては堕罪を免れている可能性を考えるのである。そしてこの考えが前提となることで、次に記されるような転生のイメージに希望が寄せられることになる。

以上のことどもすべてから私は、造物主の荘厳さをますます理解し、認識することを学ぶであろう。

それは、名工とその完全性を正しく知り、誉め称えることを学ぶのには、そのつくりなした作品を鑑賞するよりもよりよい方法というものがやはりないからである。神そのものは恐らくは、その本質からして不可視であり、至福なる被造物によっても、ただ精神の眼によって、とはつまり、悟性によって明瞭にイメージすることにより、見ることができるものなのだ。しかしながら造物主のわざから、とりわけ精神的存在たちの大いなる共和国のかくも完全な支配から、造物主の完全性を認識すればするほど、それだけいっそう、非常に荘厳な存在に対する、私の愛、畏怖、恭順、驚嘆とそして崇拝は、いや増しに増大するのであり、したがって私の喜びもまたいよいよ大きくなるのである。

神とそのわざの理解と認識は、私が将来至る所で出遭うことになる、何千倍もより完成された被造物たちとの交流からもまた、絶えず増大し、確認され、拡張されるだろう。それゆえ、私は自らの楽しみに終わりを見ることはない。したがって、ひとつの世界構造が持続する限り――この構造は、その制作者が有する無限の力、叡智と善とを保証することができる――、私の至福が常に成長し、持続することを希望するのである。(46)

地球の住民が三位一体の特別な恩恵に与っているのは事実だが、しかし、他の天体の住民は堕罪の罪を犯すことがないほどに幸福な存在である可能性がある。あるいはより大きな完全性を備えた存在でさえありうる。『全世界知の基礎』が最初に出版された当時（一七三三年）の、「世界の複数性」に対する感激は、三十年の時を経て、地球の住民は他の天体の住民と比較して劣った存在なのではないかという不安、ないしは幻滅の感情が入り交じったものへと変化していく。そこにある、やるせなさは反転して、完全性を目指す不完全な地球の存在の世界知は、本源にあるピュタゴラスにもう一度遡り、その輪廻転生の教説に慰めを見出す。ゴットシェートの「世界の複数性」は、ヴォルフが仰ぎみた「中国人」を忘却したかわりに、「永遠の哲学」と親和する普遍史と合流し、「永遠の哲学」の根源にあるピュタゴラスへとふたたび回帰するのである。

第六章　無限　アルブレヒト・ハラー

万能人

アルブレヒト・ハラー（一七〇八―七七年）は、スイスのベルンを本拠としたこの時代の万能人である。ハラーの家系は代々牧師と役人を輩出してきたが、ベルンにおける家族の地位は、マクデブルクのゲーリケと比べるならば、ずっとつましいものであった。とはいえ、ベルンは十三世紀始めから帝国自由都市であり、一六四八年のヴェストファーレン条約によって都市国家として完全に独立を実現していた。アルブレヒトは、ベルン市の事務職を務めるニークラウス・エマーヌエルを父とし、アンナ・マリーア・エンゲルを母として生まれた。母は、彼を生んですぐに世を去った。父の意向によりアルブレヒトは、敬虔主義者たちの影響の下で育てられた。都市国家ベルンの公式の宗派は、スイスの都市の例にもれず改革派であり、後年アルブレヒトはゲッティンゲンにおいて改革派教会の設立に努めるのだから、改革派と敬虔主義という、二つのプロテスタントの流派と関係をもっていたことになる。

救いに与かる者は予め定まっているとする「予定の教理」に代表される神中心主義の教義と、教会の秩序と規律を重視する点で、改革派教会ないしはカルヴァン派は、ルター派とは異なる。[1] アルブレヒトの祖先には、カルヴァン派が求める教会の厳格な規律に対して聖職者として異を唱え、むしろツヴィングリの伝統にのっとって寛容の精神を説くヨハンネス・ハラー（一五二三―七五年）という人物がおり、この人を模範として父ニークラウスは息子アルブレヒトを神学の方向に進ませたかったようである。

幼少期のアルブレヒトは古典語とヘブライ語の習得に優れ、九歳のときにはギリシア語で新約聖書を読むことができたという。[2] アルブレヒトの家庭教師を務めたのが、敬虔主義ゆえに牧師職を辞していたアーブラハム・バイロート（一六七五―一七五一年）であった。しかし十三歳のときに父も亡くなり、アルブレヒトはいわば孤児同然となるが、ビールで上級学校に進んだ後、テュービンゲンで医学と自然科学を学び、ライデンでヘルマン・ブールハーフェ（一六六八―一七三八年）に師事して、一七二七年には医学の学位を得た。

ライデンで交誼を得たチューリヒの人、ヨーハン・ヤーコプ・ショイヒツァー（一六七二―一七三三年）の弟子にあたるヨハンネス・ゲスナー（一七〇九―九〇年）とともに、ハラーはパリでさらに解剖学を学ぶ。二人して一七二八年夏にバーゼルからアルペンへの旅行を敢行し、その旅の感動は翌年、詩『アルプス』（一七二九年）に結実した。この詩は、三二年に『スイス詩の試み』（出版地ベルン）として他の詩とともに発表され、その後ハラーの存命中だけで十一版を数え、彼の詩人としての名声を確立した。

『アルプス』は、近代ドイツ語で自然の風景を描写した最初の記念碑的作品である。そのアルプスの自然風景は絵画に題材を与え、[3] 十八世紀半ば以降、全ヨーロッパにアルプスに対する熱狂を惹き起こした。この詩は、アルプスの自然と人を愛国的に描いている。厳しい自然の中に生きる人間の生活様式は、制約を受けるがゆえの質素さを必然としつつも、それゆえに中庸を旨として貧しさゆえの精神的豊かさが享受されると歌う。アルプスの山脈によって大都市の奢侈と虚飾と悪徳から隔てられた地での道徳的生活と、素朴な感情の発露としての愛と官能への従順さを、牧歌的自然として嘉《よみ》する。戦いとられた自由と共同性が、物語として老人から若者へと伝承されてゆく様が描かれる。さらにハラーの博物学的関心の対象である植物と鉱物のさまざまな姿が詩のリズムで表現されるが、このようにしてスイスの自然は美的かつ学問的対象として発見されたのである。この詩をとおしてとりわけ確認しておきたいのは、アルプスの自然が、ハラーの博物学的関心を成立させる上でひとつの必然的要因となっている点である。
以下に一部を訳出してみる。

山と岩と湖の心地よい混淆は、
彼方へ向かって青に色褪せつつ、明瞭に眼に映ずる。
遠くの青は、輝く嶺の冠をいただき、
その前景の黒々とした森は、日の輝きを切り取る。
近くの山並みが丘をやさしく盛り上がらせ、
そこから響く牛の声が谷にこだまする。
拡がる湖が遥かに長く鏡となって輝き、
緑なす谷は群れをなして口を開け、

彼方此方へとうねりつつ狭まりゆく。

彼方に岩肌露わな山がなめらかな壁を下方へ垂らせば、
その山を年月経た氷が空色の塔として支える。
その凍った水晶は陽光をすべて反射し、
そこは蟹座の暑気が吹きつけてもむなしい。
氷から遠からぬ場所から、牧草に満ちた沃野拡がる
背を実り多き山並みが繰り拡げてみせる。
山のなだらかな傾斜は熟した穀物で輝き、
その丘は百の群れで重いほど。
近くのものがおさまる、さまざまの地域を
分け隔てるのが、涼やかな影の住む狭い谷。

此方の登坂厳しい山は、壁にも似た頂きを見せ、
森は流れのごとく急ぎ貫き、滝を重ねて落ちくだる。
泡だつ太き流れは、岩の裂け目をとおして押し進み、
思わぬ力をえて泡を越え、ほとばしる。
薄く拡がる水は、深くまで落ちた滝の勢いをわかち、

厚みを増した空気には灰色の水蒸気が立ちこめ、
虹が霧となった箇所をとおして輝き、
そして離れた谷は滴を飲んでやまない。
旅人は驚いて空に河の流れを見る、
それは雲から発し、雲の中へと注ぐ。

さて、芸術と知によって研ぎ澄まされた高貴な感覚をもつ者、
この世界の広大な領域を通過して真理へと羽ばたく者が、
学識あるその眼差しをさし向けるのは、
驚異が彼をして立ち止まらせ探究させる、そうした場所でなければならない。
知の光をもって大地の墓穴を明るく照らすがよい。
大地は銀の花を咲かせ、小川には金を注ぐ。
色とりどりに飾られた草々のかわいらしいつくりを調べてみるがよい、
草々は、恋する西風が真珠の朝露で濡らしている(4)。

『アルプス』が起草された一七二九年、ハラーはベルンに戻り、三六年にゲッティンゲン大学に招聘されるまで、医者としてこの地で活動した。その期間は、ハラーが詩人であった時期とちょうど重なっている。ハラーは、ゲッティンゲンでは解剖学、外科学、植物学を教授したが、その自然科学的関心の

対象となる領域は、すでにこの『アルプス』の中に顔をのぞかせており、この詩はいわばハラーの博物学的ないしは自然史的関心を反映している。

ところで、解剖学と外科学がセットであることは理解できるとして、なぜ植物学が合わせて専門となるのかと問えば、それは植物学が薬草学として始まったからであり、教師は、冷蔵設備のなかった時代、冬に解剖と講義を行い、夏には植物薬草学の実地講義を植物園で行ったからであった(5)。ハラーは植物学者として、ゲッティンゲンにおいて当時ヨーロッパ屈指の植物園をつくるに至り、ほぼ同年代を生きたカール・リンネ(一七〇七―七八年)のライバルとしてこの分野では位置づけられる。またハラーは、筋肉の刺激反応についての研究においても著名であり、動物解剖実験をとおしても多くの成果を上げた(6)。ニコラウス・ステノが解剖学者として著名であり、また地質学者でもあったように、解剖学者ハラーの鉱物学的関心も、すでに『アルプス』の詩に描かれていたことになる。詩『アルプス』は、ショイヒツァーの弟子ゲスナーとのアルプス旅行の成果であるが、このチューリッヒの町医師兼博物学者ショイヒツァーの本草学の書とも言える『シバムギ学 Agrostigraphia』を、ハラーは後の一七七五年に序文を付記して出版している。

ハラーは詩人として大きな成功を収め、自然科学の分野においても大きな足跡を残したが、ハラー自身にとってはゲッティンゲンでの研究教育活動よりも、故郷ベルンにおける行政家としての地位の方が優先されたようである。というのもハラーは、一七四五年にベルン市の行政への参与資格を選挙によって獲得し、四九年にはゲーリケと同じように貴族に列せられた。そして五三年にはゲッティンゲンを離れ、ベルンで実務に携わるようになった。以後、学術的著述を行うかたわら、孤児院の設立、塩生産の改良、疫病予防、医療体制の改善および経済状態の改良など、啓蒙期にふさわしい活躍をハラーは行った。[7] ハラーはいわば後のゲーテと同じように、むしろゲーテに先んじて、博物学的関心の拡がりの中で自然の事物と人間を対象として研究を行い、また人間の社会に対しても働きかけ、改良を施した。

世界の複数性と『弁神論』

敬虔主義の影響を強く受けたハラーは生涯を信仰の人として送ったが、しかしその晩年に伝わる彼の懐疑は、博物学的自然認識が、啓示への信仰と素朴に調和するものではなかったことを物語っているように考えられる。その苦悩は、新しい自然哲学ないしは自然神学の模索と表裏一体であったのではないだろうか。あるいは、「世界の複数性」を背景に理性の自律を説いたヴォルフは敬虔主義者たちの反発を招いたが、その相克がハラー個人の内部で再び演ぜられたのではないか。啓示と「世界の複数性」との関係という観点から若きハラーの詩を眺めるならば、そこには啓示を相対化する眼差しが既に明らかにうかがえる。その点をまず詳らかにしてみよう。

ハラーは詩『災いの源について』(一七三四年)の以下の部分に見られるとおり、「世界の複数性」を表現している。

恐らくはわれらの世界は、一粒の砂のようなもので、
諸天の海を漂うが、災いの故郷なのだ。

星々は、恐らくは神々しい精神的存在者たちの住む場所なのである。
ここには悪徳が栄えるごとく、彼方では美徳が支配者であるのだ。
そして美徳の少ない、世界のこの片隅は、
大いなる宇宙の中で完全性が実現されるために役立つ。
そしてこの世界をその小さき部分にて知る我らは、
斜面から切り取った一欠片をもとに判断を下すのだ。(8)

（第三部）

この詩から読み取れるようにハラーは、地球が悪徳の栄える場所である一方、他の星々を美徳の支配する場所であるとすることで、キリストによる贖罪が地球上で必然性をもつものであると考える。地球が特別な場所であるとするということは、詩『アルプス』においてアルプスの地が神の摂理によって「悪徳の泉と奢侈」を免れた幸福な場所である、とハラーによって歌われるのと、ちょうど並行するように思われる。アルプスが特別であったように、地球もまた特別な神の恵みに与っているのだ。

地球上の啓示がひとつの必然であり、これに連なるキリスト教が真正の宗教であるという点を護ろうとするハラーの姿勢は、晩年になって書かれた論考『存命する自由思想家が啓示に対して唱える異議についての書簡』（一七七五年）においても変わらない。この論考は、ヴォルテールが一七七〇年から七二年にかけて出版した九巻本の『百科全書についての疑問』を、キリスト教を養護する立場から論駁するものである。『百科全書についての疑問』第三巻で、ライプニッツの「すべてはよい Tout est bien.」を批判するヴォルテールに、ハラーは異議を差し挟みつつ、以下のように述べている。

創造とは、ある途方もない連関の中で、理性をもった被造物たちが神の属性とその正義、善意と英知を認識することになる、ひとつの舞台である。これら神の属性は、善意と正義との無限に正しい関係において被造物たちに対して現れるが、被造物たちは神に対して従順であることもあれば、反対に従順さを拒絶することもある。(9)

従順さを拒絶するがゆえに、贖罪が必要となる一方、そのような手続きをそもそも必要としない諸世界の住民の存在も想定される。どちらの場合を経るにしても、諸世界の全体は、「神の属性とその正義、善意と英知を認識することになる、ひとつの舞台」なのであり、この認識へと至る道はさまざまにあり、そこにおいて地球上の啓示がひとつの必然的な意味を約束されることになる。

ハラーの立場は、ライプニッツが『弁神論』で示すキリスト教を擁護する立場、つまりは地球の住民だけが罪を犯し、それゆえにキリストによる贖罪が必要であったとするものと相通ずる。この立場によるならば、他の天体の住民は堕罪を免れた浄福な存在者であり、それゆえに贖罪も必要ないと考えられる。そして啓示の正当性を担保するこの立場が、諸世界の住民たちに向けられる神の別の形の配慮と矛盾することなく共存する可能性が、ハラーにあってはさまざまに検討されたことになる。

時間の複数性——無限

「世界の複数性」の中にある地球における啓示の特異性、これは無数にある複数世界におけるひとつの現象である。しかし、地球という天体がもつ、空間における相対的位置は、宇宙そのものの展開する時間においてもまた、理論的には相対化されうる。地球の自然史的時間が宇宙全体の自然史的時間を覆うとは限らないのである。地球の自然史的時間は、宇宙のそれと比較するならば、むしろ一瞬に過ぎないのではないか？　それを詩に歌ったのが、『永遠についての未完の頌詩』（一七三六年成立）である。ハラーは宇宙の空間的な壮大さを時間に置き換えて、そこに無限の崇高さを見出す。地球が生成し消滅するまでの時間は、この無限の時間の中ではほんの一瞬であるが、この無限そのものが神の属性であるとして、以下のように歌われる。

無限よ、誰がおまえを測ろうか？
おまえにとっては、いくつもの世界が日々に等しく、人間など一瞬である。
恐らくはいま、第千番目の太陽が回転しているが、
さらに千もの太陽がやがてくる。
重りによって命を与えられる時計のように、
一個の太陽は神の力によって動かされ進む。

太陽の動きに寿命がくれば、また別の太陽の時がくる。
しかしおまえはとどまり、太陽たちを数えることもない。
（中略）
そしてたとえ二番目の虚無がこの世界を葬ろうとも、
たとえ全宇宙には場所以外のなにも残らないとしても、
いくつかの天が、さらにいつか他の星々によって明るくされ、
その運行を終えてしまったとしても、
お前はいまと変わることなく若く、死から同じように隔たっているだろう、
今日と同じように永遠に未来をもつだろう。[10]

ハラーはここで、太陽系と同じようなもろもろの世界が寿命を有するものであり、「天 Himmel」として認識される恒星の群れが、また同様に生成と消滅を繰り返すと考えている。宇宙における生成と消滅のドラマをいくつ数え上げても、そうした数による把握では、悠久の時間の「無限」を測ることはできない、とハラーはこの詩において歌っている。なぜならば、宇宙そのものが無限に生成し、また消滅するからだ。普遍史の描く地球世界の歴史的時間の枠を、ハラーはこの詩において完全に相対化している。宇宙全体の自然的歴史の時間を無限にまで拡大してみせた点において、ハラーの哲学的構想力は桁外れの壮大さをもっていたと考えることができ、この点でハラーは、他の同時代の思想家たちに抜きん出ていたと見なすことができよう。

約六千年という時間の幅が拡張されるのには、普遍史による強い制約のために、「世界の複数性」が認識されるのよりも長い時間を要した。ゴットシェートの場合には、「世界の複数性」の受容は明瞭であったが、普遍史の枠組みの外に出ることは基本的にはなかった。またゴットシェートは、デカルトを経て受容される非真空の空間イメージにさえなお固執していた。一方で、その同時代人であるハラーは、ビュフォンに先駆けて普遍史を解体する視点を提起していた。時間に関するハラーのこの革新的イメージは、次の世代のカントによって継承されるのである。

ハインリヒ・ブロッケスは『神の偉大さの観照によって讃えられる人間の無について――一七二二年年初におけるある対話』において「千のリンゴ」という表現を使い（本書一三八頁）、空間的レベルでの「世界の複数性」を表現したが、ハラーはいま、これを時間のレベルに置き換えてみせた。これによってハラーは、地球のもつ自然史的な時間は無限の時間の中に生起しうるものと考え、自然史的な時間そのものを複数化した。「世界の複数性」の中で地球の住民と啓示との特別な関係は可能であるとハラーは考えたが、同時にその関係は無限の時間の中でもまた特別に成立するというのであろう。果たしてそれは、どのようにしてであろうか。

ハラーの青年時代には、ステノも依拠した化石生成に関する洪水原因説が主流であり、ハラーもまた、スイスの同胞ショイヒツァーの影響を受けて、晩年になってもなお、化石生成についての洪水原因説を採用している。ハラーはこのような洪水原因説を、先の『存命する自由思想家が啓示に対して唱える異議についての書簡』において展開しているが、その場合ハラーは、普遍史が捉える六千年を地球の歴史的時間の総量として受け入れていたことになる。

結局、地球規模の海が、この世界のあらゆる場所で生まれた動物と植物とを互いに混ぜ合わせ、一番暑い太陽の果実を雪に覆われたアルプスまで運んできた、ということを自然が示している。[11]

化石はアルプスの山々にありふれたものであり、スイスはジュラ山脈のような、化石および地質学的年代研究の上で最も重要な領域を抱えている。啓示を自然史の中に矛盾なく包摂しようとすれば、聖書を、自然史を読み解くための手引きとすることが必要となる。そこでヴォルテールのように、化石をアルプスに紛れ込んだ蝸牛などと取り違えるのでなければ、これを何らかの理由によってそこに運ばれた自然物の名残りであると認めなくてはならない。その理由を聖書に即して説明するのは大洪水が最もふさわしく、ハラーもまた化石の成因を大洪水に求めた。ショイヒツァーは『洪水の植物学』(チューリッヒ、初版一七〇九年、第二版一七二三年)において化石を洪水の痕跡として理解し、自然史と啓示とを以下のようにすりあわせている。

自然の歴史から得られたものは、一瞥して取るに足らぬものとするのではなく、よく調べてみて、神聖なるものを擁護するために真実に訴えるのが、君にはふさわしいのだ。われわれの言う洪水に関係する、植物、蝸牛、貝、魚、その他が遺物である、と君は結論することになるし、これによって無神論者も理性の正常さへと導かれうるのだ。[12]

ショイヒツァーは、洪水そのものとその痕跡としての化石が、神のわざになるものと考えており、その立場から、化石の原因としてエピクロスの原子論、プラトンのイデア論、スコラ学などをもちだすことを退ける。エピクロスの原子論が無神論の代名詞として理解されていることは、これまでの議論から容易に首肯されるであろう。ショイヒツァーの書は、『創世記』から洪水の箇所を詳しく引用し、また石や砂の中におさまったさまざまな植物の葉、枝、昆虫、魚を詳細な図によって示し、またそこへ多様な情報を付記して、画で見る化石博物館の様相を呈している。かつてショイヒツァーの弟子ゲスナーとアルプスを旅したハラーであってみれば、ショイヒツァーの化石洪水原因説に影響を受けたであろうことは想像に難くない。とすれば、普遍史が描き出す六千年という限られた小さな時間が、無限に生起する宇宙の歴史的な時間の中におさめられていることになる。空間としての世界と自然史的時間の二つの複数性の中での地球の住民が、啓示と特別な関係をもつと考えることに理論上の矛盾はない。しかし、無限を想い見れば見るほどに、地球とその住民はあまりにも小さな、儚いものではある。

空間と時間のこの二重の「世界の複数性」においてキリストの贖罪と地球との関係を考えてみることは、たとえ可能であったとしても、しかしその特別な関係を素朴に信じ続けることはハラーにとって難しかったと思われる。特別さを信仰し続けること、あるいは信仰ゆえにその特別さを可能とするよりは、そのような特別さが蓋然性においてはあり得ないと考える方が理性にはかなっているであろう。

ハラーの弟子であり、その伝記も著したヨーハン・ゲオルク・ツィマーマン（一七二八―九五年）が、ある手紙をもとに報告したハラーの臨終の場面の様子は、ハラーがそのような深刻な懐疑を抱えていた可能性を証立てているようにみえる。ツィマーマンは、ハラーの臨終の様子を次のように伝えている。

対話によって信仰心を起こすことができるようにと、神学者たちを呼び寄せたあとで、むなしくも彼は次のように告白した。すなわち、彼は何ものも信ずることができないばかりか、何かを信ずるということが、たとえどんなにそれを喜んで行いたいと思っても、どうしても自分には不可能だということだった[13]。

この報告は同時代の知識人たちにとってはひとつの衝撃であり、この告白を取り消そうとする、あるいは反対に吹聴して回るというように、その反応は別れたが[14]、ハラーが時空間の「世界の複数性」を理性で捉えつつ、なおキリスト教に敬虔に帰依しようとしたというこれまでの経緯を踏まえるならば、彼の中で信仰と懐疑とがせめぎ合っていた、その証左としてこの告白を受け取ることができる。懐疑を決定的に退けることが不可能であったとしても、信仰し続けることは必要であった。晩年の著作『存命する自由思想家が啓示に対して唱える異議についての書簡』においてハラーは、ヴォルテールの「無神論」に抗して、時空間の「世界の複数性」を踏まえた上での魂の不死性について、以下のように述べている。

しかしながらわれわれの存在は、この短い生命をもって終わるのではない。最高知性の長い永遠性の中にあっては、われわれには見えないいくつかの道が、神の国の啓示に矛盾すると見えるものすべてを再び秩序の内に導くために開かれている。そしてV（=ヴォルテールのこと）や他のいわゆる賢者たちが、ただこの滅びゆく時間の中でのみ、ただわれわれの地球においてのみ、可能な最高のものを求めるのは、彼らが第二の生と不死性を信じないか、あるいは不死性を忘れているからだ。可能な最高のものは、最大多数の善なるものの連関と結合と、あらゆる時間とあらゆる諸世界の中にあるというのに[15]。

これは、死後の第二の生において、それぞれの世界を経験した他の天体の住民たちと出会うことになるであろう、精神的世界の秩序を描いている。時空間の「世界の複数性」の中で啓示宗教をいかに位置づけるかという問題は、ハラーにとって終生のテーマであったと考えられる。

ハラーは、ライプニッツの『プロトガイア』が構想した、普遍史を超える世界の時間の枠組みから大きく踏み出し、ビュフォンの『博物誌』に先駆けて、自然史的時間の複数性ないしは無限性を描き出した。ハラーのこの自然史的時間の複数性は、次にみるカントの『普遍自然史ならびに天界の理論』が生まれるための重要なインスピレーションとなった。ハラーにあっては、宗教的敬虔さが理性の描き出す無限の時空間を前にして、かつてのゲーリケやゴットシェートのように素朴な感動へと高揚してゆくというよりもむしろ、深淵を覗き込んだがゆえの絶望と懐疑へと傾くまいとする、そのような葛藤がひそやかに、かつ持続的にあったと考えられるのである。

第七章　普遍自然史　イマヌエル・カント

『普遍自然史ならびに天界の理論』

イマヌエル・カント（洗礼名 Emanuel Kandt. 一七二四―一八〇四年）は一七二四年、革紐職人ヨーハン・ゲオルク（一六八三―一七四六年）を父とし、同業種の娘アンナ・レギーナを母としてケーニヒスベルクに生まれた。ヨーハン・ゲオルクは、ドイツ騎士団が築いた港湾都市メーメル――今日のリトアニアのクライペダ――の出であった。家庭は敬虔主義であり、イマヌエルはこの宗派の影響をとりわけ母から強く受けたという。プロイセンの教会学校法に従って、イマヌエルは五ないしは六歳の年に、ケーニヒスベルク郊外の病院附属学校へ算術、読み書きとキリスト教を学ぶために通った。

カントの才能に最初に目を止めたのは、母がその説教の時間に通ったフランツ・アルベルト・シュルツ（一六九二―一七六三年）であり、彼はハレ大学でフランケとヴォルフに学び、一七三一年からケーニヒスベルクの牧師兼宗教局参事《コンジストリアール・ラート》、そして大学の神学教授を務めていた。シュルツは質素な職人家庭に足繁く通っては、イマヌエルに高等教育を受けさせるように勧めた。そのためカントは、普通は十歳からとされるフリードリヒ学院――「敬虔主義学校」として人口に膾炙していた――に、八歳で通うことになった。そして十六歳からケーニヒスベルク大学に学び、神学、数学、哲学の分野で学問の研鑽を積んだ。

カントに最も影響を与えた教師は論理学と形而上学の員外教授マーティン・クヌッツェン（一七一三―五一年）であり、彼によってカントは、ニュートンとライプニッツに関心をもつようになった。クヌッツェンには彗星に関する論考がいくつかあり、一七四四年の彗星の年にはニュートン式反射望遠鏡を用いて自宅で天体ショーを開いたという。カントは四六年に力学に関する論考を書いたが、同年に父が亡くなり、学業半ばで大学を去ることになる。四八年からの六年間を、カントはケーニヒスベルク周辺の町々で家庭教師をしながら身を立てた。その中でも五三年にカントが家庭教師を務めたとされるカイザーリング伯爵家の夫人カロリーネ・アマーリアは、哲学の才能に優れた人で、その頃、ゴットシェートの『全世界知の基礎』をフランス語に翻訳したのだった。五四年にカントはケーニヒスベルクに戻り、翌年には『火について』を論じて修士となり、大学での教育活動を開始する。さらに同じ年のうちに、『形而上学的認識の第一原理の新しい解明』を提出して教授資格を得た。その五五年に『普遍自然史ならびに天界の理論』を著したが、これは家庭教師時代にすでに書き上げていたものであった。この書は、ケーニヒスベルクとライプツィヒとを拠点とする出版元が倒産したため、五六年にわずかな部数が出回っただけであった。七〇年にようやくカントは論理学と形而上学の正教授の地位に就くが、それまでの長い私講師の時代にはヘルダーとの出会いがあり（一七六二年から六四年まで）、六四年には『美と崇高の感情についての考察』を、六六年には『形而上学の夢によって解明された視霊者の夢』を著した。八一年に『純粋理性批判』が出版されるが、その構想は正教授就任後二年目の七二年に遡るという(1)。

ここで着目する『普遍自然史ならびに天界の理論』は初版以降、その内容ゆえに長く再版が待たれ、抜粋が一七九一年にケーニヒスベルクの出版社から出されたのち、ようやく九八年になってザクセン選帝侯の領地ツァイツの新興の版元ヴィルヘルム・ヴェーベルから第二版が出版された。カントの多くの書物がケーニヒスベルクから出たことからすれば、これは異例と思われる。しかし遡って、『普遍自然史ならびに天界の理論』の初版の出版地の表記は、「ケーニヒスベルクとライプツィヒ、ヨーハン・フリードリヒ・ペーターセン書店」であり、献辞はフリードリヒ二世に宛てられている。第二版は、フリードリヒ二世の死去の後でもあり、献辞はなく、また二つの版にはともに「特権」の表記はない。初版の一七五五年の時点では、プロイセン王国内でフリードリヒ二世に宛てた献辞が付されていることから、この事実をもって出版についての憂いはなかったと考えてよいであろう。

自然史

自然史の原語は、自然誌ないしは博物誌とも日本語に訳される Naturgeschichte である。自然史という発想には、事物の歴史的生成《ゲシェーエン》の結果としての現在の世界を描くという視点があり、時間と空間の両方の拡がりの中にある事物の様相と、その成因とを可能な限り描くものである。その眼差しは、地球の成因と、地球が位置する宇宙の枠組みへと必然的に向けられ、そのことは自然史的記述の始祖として位置づけられるプリニウス（紀元後二三―七九年）においても確認される。
試みに、自然史的記述の始祖に位置づけられるプリニウスの『博物誌』（紀元後七七年）を参照すると、全三十七巻の構成は以下のようになっている。(2)

第一巻　目次
第二巻　四大
　火―宇宙誌―プトレマイオス的宇宙
　風―気象学
　土―地誌学―地球
　水―水学―干潮
第三―六巻　地理――ヨーロッパ、アフリカ、アジア
第七巻　人間学
第八巻　地の動物
第九巻　水の動物
第十巻　鳥
第十一巻　昆虫
第十二―十七巻　植物学
第十八、十九巻　農業

第二十―三十二巻　医学薬物学
第三十三、三十四巻　冶金学
第三十五巻　絵画・彫塑
第三十六、三十七巻　鉱石

ここでの分類方法とそれぞれの項目は、その記述の規模に違いはあるものの、遍《あまね》く世界を知の対象として「世界知」を展開したヴォルフやゴットシェート、そしてビュフォンの関心の幅と基本的に異なるものではない。自然とそこにおける事物を記述するものである以上は、人間のもつ感性的な尺度である時間と空間の観点の枠組みの中で立ち上がってくるものが対象となる。

普遍と特殊

一七五五年にカントが著した自然史に関する書物の正式のタイトルは、『普遍自然史ならびに天界の理論、あるいはニュートンの諸法則に基づいて論ぜられる惑星系全体の構造とその力学的な起源についての試論』となっている。この書は、カントがニュートンから学んだ引力と斥力という二つの力のみを根拠として、太陽系の生成とその形態、および銀河と宇宙全体の構造を機械論的に説明しようとしたものである。この書は「自然史《ナトゥーアゲシヒテ》」が、第一版に見られるように主要なタイトルであるが（図18参照）、それが「普遍的」と形容されるのは、「ならびに」で結ばれる「天界の理論」こそが、「個別的」ではない、

Allgemeine
Naturgeschichte
und
Theorie des Himmels,
oder
Versuch
von der Verfassung und dem mecha-
nischen Ursprunge
des ganzen Weltgebäudes
nach
Newtonischen Grundsätzen
abgehandelt.
Königsberg und Leipzig,
bey Johann Friederich Petersen, 1755.

18　カント『普遍自然史ならびに天界の理論，あるいはニュートンの諸法則に基づいて論ぜられる惑星系全体の構造とその力学的な起源についての試論』.

「普遍的な」「自然史」を展開することを可能にする、と考えられているためである。つまり、「個別的」な「自然史」は、「天界の理論」のない分野を対象として展開されるであろうが、「天界の理論」は、宇宙の天体の記述として普遍的な「自然史」を可能にするという、若きカントの自負がこのタイトルには込められている。

ここで使われている「普遍的 allgemein」という語は「個別的 besonder」という語と対になっているが、この区別は、直接的にはビュフォンに遡る。ビュフォンが一七四九年に最初の三巻分（「地球についての記述と理論」、「動物の普遍的記述」、「人間の自然誌」）を発表したときの『博物誌』（一七四九―一八〇四年）の正確なタイトルは、『普遍と個別の自然史 Histoire naturelle, générale et particulière』であり、普遍と個別との違いが第一巻の巻頭第一節「博物学の研究方法および取り扱い方法について」の箇所で説明されている。[3] それによれば、「普遍的」とは「普遍的方法」によって構築される自然の事物の体系、ないしは秩序と関係づけられ、この方法は自然の中にある万物をただひとつの原因から導いて、その様相を体系的に分類し記述することを可能にするものでなければならない。それに対して、「個別の自然史」とは、「普遍的方法」によっていまだ体系化されないひとつの仮の部門を記述し研究する態度である。例えば、「個別の自然史」とは、プリニウスの『博物誌』が採用したような、地の動物、水の動物、鳥、昆虫、植物、鉱石などの各部門を記述することであり、これらの各部門は本来ならばそこに属する事例が、普遍的法則に基づく体系化の結果、個々に関係づけられつつ、また階層的に秩序化されるものでなければならない。また、部門同士も互いに普遍的な法則によって関係づけられ、そのようにしてひとつの全体が構成されるはずなのだという。ところが、これら個別の部門のひとつでさえ、多くの人間が何年もかかってかろうじて不完全な素描を提出できるにとどまる。「単に博物学全体についてだけではなく、またそのたったひとつの部門についてさえ、あるひとつの普遍的体系、ひとつの完全な方法をあてはめることは不可能である(4)」とビュフォンは考える。

博物学に関して、古代人は観察に優れ、近代人は方法に優ると一般的には考えられているが、近代人の方法にも多くの場合、恣意が混ざるとして、ビュフォンはリンネが動物を区分する際にとった方法を批判する。六綱および、属、種という下へと降りていく分類方法も、その区分によって分類することができないような種が存在するために恣意的であるというのである。自然の事物は、不可知かつ微細な差異をもって、そうした恣意的な分類の境界を横断してゆく。そうした境界は、動物と植物、植物と鉱物との間にさえ、当時は存在するようにみえたのであった。『博物誌』のドイツ語版(5)(一七七一年)の訳者である、ベルリンの医師フリードリヒ・マルティーニ(一七二九―七八年)はその例として、当時は「動物植物 Thierpflanzen」と呼ばれたイソギンチャクや、「石植物 Steinpflanzen」つまりサンゴ、さらには後にヘルダーの章で紹介するポリプを注の箇所で挙げている。[6]こうした当時の境界的存在は、鉱石、植物、動物という、古代から伝わる博物学的分類方法、つまりは「存在の連鎖」の階梯を、隙間なく埋めるものと見なされる一方で、実はそうした階梯そのものをなめらかに繋ぐことで、階梯そのものが必然性をもつことなく、恣意的であるという結果を招くのであった。

「存在の連鎖」という観念に説明を加えておきたい。これはそもそも四大として考えられるような、大地の構成要素から、人間を含むさまざまな生物、天体、そして物質世界を超越した存在である天使たちが、それぞれの階梯の上に分類されながら、神を頂点として、神に近しい順番に配列され、鎖のように緊密に互いに照応関係をもちながら、全体として世界を構成するというイメージである。そこでは天体や昆虫のような、今日の事物の範疇ではまったく異なる分類を受けるものが、ひとつのスケールに基づいて互いに結び合わされ、階梯の上にそれぞれ位置づけられる。そのようにして万物は互いに照応関係をもつとされるのであった。

ビュフォンとカントとのつながりについての議論に戻ろう。リンネが採用した植物分類法――綱、属、種という下へと降りていく――を評して、それは仮説に過ぎないけれども、仮説なくして真実に至ることはできないとして、「仮説《ヒュポテーゼ》」の意義を解説したのが、一七五〇年、ビュフォンの『博物誌』のドイツ語訳が出版されるにあたって、ハラーが巻頭に寄せた序文であった。[7]こうした仮の部門をもうけて、そこにおける個別事例の記述と研究をとおし、普遍性をもつ事例へと帰納法的に到達すること、あるいは普遍性を仮定して、そこから個別事例を探す演繹的方法をとり、それによって「自然史」を完成させることが、ビュフォンにおいては目指されている。

ビュフォンの『博物誌』は、カントの『普遍自然史ならびに天界の理論』の情報源であり[8]、さらに論構築のモデルとなっているが、ビュフォンは、ニュートンの「重力」こそが、万物に遍く行き渡る「普遍的法則」であり、これが宇宙の調和の基礎をなすとしている[9]。ビュフォンはその調和の形成過程にまで言及することはないが、原初太陽系の惑星のそれぞれが、太陽への彗星の鋭角的な衝突の結果、生み出されたと考えた[10]。カントは、ビュフォンの方法に倣いつつ、「普遍的法則」によって宇宙の創出を説明しようとする。その際、カントはエピクロスと同じく、真空にまんべんなく浮かぶ原素材というカオスのイメージから、その自然史を構築する。そこでカントにおける「普遍」の意味をあらためて考えてみるならば、この著書のタイトルをちょうど解題しているように読みとれる、序文における次の言葉が示唆に富む。

自然研究のあらゆる課題のうちで、大いなる惑星系の真の構造と惑星すべてを運行させるうちなる機構ほどに、正しくかつ確かに解決されたことはないのであり、そこではニュートンの世界知の方法が、他のどんな世界知の方法においても部分的にすら見られたことのないような洞察を保証できるのである。これと同様に、その最初の原因が探究されるあらゆる自然物の中で、惑星系の構造の始まりと天体の形成は、それらの運動の原因と合わせて、まっさきに根本的かつ確実に洞察されることを期待してもよいものだ、と私は主張する[11]。

自然史における普遍性は、鉱物や植物や動物の世界ではなく、天界を対象として、最も確実に認識されうる。しかもその普遍性は、重力と斥力という最も単純かつ普遍的なニュートンの原理によって保証されるのだという。具体的には、ひとつの恒星を中心とした惑星系の形成の歴史、これを太陽系という特殊例に限ることなく、他の恒星すべてに妥当するという普遍的な観点を提示することがカントの考えであると、この引用から理解される。[12]

このことと呼応して、カントの自然史が普遍性をもつのは、天界つまりは宇宙世界のみを対象とした場合であり、植物や昆虫という有機的生命体を対象としては望み得ないものであることは、序文におけるカントの次の言葉から了解される。

「私に物質を与えよ、一匹の芋虫がいかにして生み出されるかを、君たちにお見せしよう」、などと言うことが可能だろうか？[13]

有機体をつくりなしていく普遍的法則は未知なるものである一方で、重力という普遍的法則がカントに次の言葉を記させる自信となっている。すなわち、

私に物質を与えよ、そうしたらひとつの惑星系をそれからつくって見せよう。[14]

引力と重力という普遍的法則は、惑星系のみならず、その上位の構成レベルである恒星系すなわち銀河についても、さらにまた銀河の集合、その集合の集合へと、ほとんど無限に進行する集合の数列にも

妥当し[15]、その大規模な構造のあり様と生成を普遍的な自然史として記述できると考えられるからこそ、カントはこの著書のタイトルを『普遍自然史ならびに天界の理論』とした。「自然史」の普遍的記述は、重力と引力の普遍的法則によって、天界を対象として理論的になされるのである。

普遍自然史

カントは太陽系の生成とその形態、そして銀河と宇宙全体の構造を機械論的に説明するにあたり、時間と空間に関わる二つのパラダイムの転換を下敷きにしている。ひとつには、有限のエーテル空間から無限の真空空間への転換、もうひとつは有限な普遍史の時間から、ハラーが構想してみせた無限の時間への転換である。ゲーリケがその存在を証明した「真空」を場とし、その中に散りばめられた原素材の集合によって惑星系と恒星系の形成を説明するカントは、「真空」そのものを認めなかったアリストテレスの空間認識の否定の上に立っている。有限かつプトレマイオス的なアリストテレスの空間のイメージは、真空かつ無限の空間という、もともとはエピクロス＝デモクリトスの原子論的空間のフォーマットによって更新されたのであった。この点はトーマス・クーンによっても既に明らかにされているところであるが、惑星系を「世界」として理解した上での「世界の複数性」のイメージは、以下のようにカントにおいてもエピクロス主義によって支えられている。

惑星系世界全体の球体が周回するところの空間の現在の状態の中には、それら球体の運動を押したり、方向づけることのできるような、いかなる物質的原因も存在しない。この空間は完全に空虚《レーア》であるか、少なくとも空虚と同じである。したがってこの空間はかつて別な性質をもっており、物質で充分に満たされていたのに違いなく、この物質が、空間にある天体すべてに運動を伝え、その運動を天体自身の運動と最終的には調和させることができたはずである。そして引力がこの空間をきれいにして、拡散していた物質すべてを個別の塊たちに集めてしまった後で、そうして諸惑星はいまや、一度押された運動を行いつつ、抵抗のない空間の中でその運行を自由に変更されることなく続けているのに違いない(16)。

「元素的粒子《パーティケルン》という原素材(17)」が、もともとはばらばらの状態で惑星系の拡がる空間領域を満たしていた。「原素材」の無限の多様性が、このカオスの空間に運動を生み、より強い引力をもつ粒子が他の粒子を引きつけることによって、空間の中には無数の引力の焦点となる塊が生ずることになる。この塊同士は、空間の中で均衡を得て静止することなく、さらに大きな引力をもつ中心的物体の方へと引きつけられるが、塊同士が一方でもっているとされる、弱い斥力の作用によって、まっすぐに中心的物体の方へと落ち込むことなく、この物体を中心としつつも脇へそれてゆき、また中心へと向かおうとする。あらゆる角度から、中心物体へと落ち込もうとする粒子塊の運動は、最初はその軌道が互いに交わることで互いをはじきつつ、それによってかたや中心へと落ち込んでこの中心をより大きな塊に成長させ、かたや中心から脇へと逸れてまた中心を目指すという運動を無数に繰り返す。中心物体を目指して、互いに相争うこのような粒子の渦動状態から、ついには、中心物体へ落ち込まなかった粒子による、中心物体を含む一定の平面上での、同一方向かつ同一の軸をもつ円運動が生まれる[18]。

これら要素粒子の円運動が形づくる、いわば空想上の平面は、中心物体すなわち太陽から遠く遥か彼方まで拡がっているが、この平面上に落ち着いた要素粒子は、互いに干渉することなく永遠にそれぞれの円運動を行うのではない。要素粒子は、やがて互いの引力によって引きつけられ、惑星の「種」となる物体を生み、これが、この共通平面上で円運動をする他の要素粒子を自らに引きつけて成長していくことになる[19]。惑星系を形づくる材料となったのはすべて、共通の平面上に散りばめられた要素粒子であり、この要素粒子の集合がそれぞれの惑星の原形を形づくるが、密度の大きなものほど、太陽によって引きつけられる結果、惑星の密度は太陽からの距離に反比例する[20]。一方で、共通平面上に描かれる同心円の面積は、太陽からの距離が遠くなればなるほど大きいのだから、その分だけ多くの要素粒子を材料として得ることになる結果、太陽からの距離に比例して遠い位置に形成される惑星はそれだけ大きい質量を得ることになるが、ただし、これは隣接する天体の引力との関係に応じて、現実には平面上の要素粒子をどれだけ自らに引き寄せることができたか、ということとも関係してくる[21]。結局、質量に関して太陽とその他惑星全体との比は、ニュートンに倣って六百五十対一[22]、また両者の密度の比は、ビュフォンに倣ってほぼ同じであるが、惑星を構成するすべての物質のうち、約六百五十分の十の割合のものだけが太陽の密度より少し大きい、とカントは考える[23]。以上のようにカントは太陽系を例として取り上げながら、要素粒子の引力による運動を普遍化し、これを惑星とその衛星の形成と[24]、さらにはより大きな世界の構造、つまりは銀河系の形成にも敷衍していく[25]。恒星と同じようにして渦動から彗星が形成され、これが惑星に変化するとしたデカルトの渦動説から、カントによる太陽系の形成のイメージは大幅に進歩している。

カントは、惑星の自転軸が公転面から傾いている場合の原因をも説明する。その際、地表面に存在した穹窿《ヴォールト》の崩壊という、デカルト由来のアイディアに基づきつつ、これをさらに発展させた形で惑星形成の理論を展開する。つまり、惑星の液体状態から固体状態への移行において外殻をなす表層面に近いところへ軽い物質が、反対に重い物質が中心へと移動することで、外殻の内側に空洞が生じる。そしてその外殻が空洞の中へ向かって崩壊することで地表面に凹凸ができ、この凹凸によって表面上の質料のあり様が均等でなくなる結果、もともとは公転軸と同じ向きであったその惑星の自転軸が、表面上にある不均質性のバランスをとるために傾いたとされる(26)。それぞれの惑星がもつ自転軸の、公転軸からのずれには差があるが、それは惑星内部における不均質性の形成の進度の差によるもの、とカントは考える。つまり、これらの形成の進度は、それぞれの惑星の質料と密度に依存する以上、太陽系の惑星のうちには、木星のようにいまだ完全には完成されていない天体も存在することになる(27)。

カントは、惑星の外郭下に形成される空洞が水をたたえるものだとは書いていない。空洞内の水という発想は、そもそも普遍史との関連で、大洪水の原因を説明するのに好都合だった。しかしカントは大洪水の原因を、地球がかつて土星と同じような環をもっていたことによって説明しようとする。すなわち、土星の環は、惑星系を形成したときと同じ原素材ではなく、太陽から受けた熱により土星から揮発した物質を材料としてつくられている、とカントは考える。この揮発物質は土星の引力との均衡点まで浮かび上がって、球体状に土星を取り巻き、そして惑星系が形成されたときとちょうど同じ経過を経て、土星の自転に垂直な平面上に集合する。土星から最も遠い部分の揮発物は、太陽光線の働きによって環から離反し、一方土星に近いこの平面上の揮発物質は土星に落下し、このようにして環が形成された、とカントは説明する。[28] そして地球の場合にも、水蒸気からなるこのような環がやはりかつては存在し、この環が彗星の引力によってか、あるいは自ら凝結することにより崩壊し、地球上へと降り注ぐことによって大洪水が生じた、とカントは考えるのである。

そしていまや、冷めた藍色の明るい弧の姿は地平線から消えてしまったのである。そして、神による報いというこの恐ろしいわざに対する身震いなくして、決してあのかつての眺めを思い出すことのできない新しい世界は、恐らくは少なからぬ驚きをもってあの最初の雨の中に、あの色とりどりの弧を見たのであった。この虹は、その姿からして、一番最初の弧を写し取ったように見えたのであるが、これは天との和解の確かな証として、いまや姿を変えた大地を永遠に保つという恩寵の印にして記念碑となるべきものであった。[29]

「わたしは雲の中に虹を置いた。それがわたしと地との間の契約のしるしである」[30]（『創世記』九章一三節）という啓示の印を、カントは自然法則と一致させて考える可能性を提起している。カントは、啓示の真実性を証明するために自然法則をもちだすのではなく、普遍的な自然法則によって自然史を説明することができるという自然神学的態度にこそ[31]、より大きな満足を見出すべきとしている。[32] それゆえ、カントの自然史は、啓示と大洪水を説明するために、普遍史に追随するのではなく、自然史自身を記述する原理としての普遍的法則からむしろ神意の存在を自然神学的に説明しようとする。大洪水は、地球の環の崩壊の結果、機械的に生じた現象なのであり、地球がかつてもったはずの環も、引力と斥力という普遍的法則からその存在が導かれるのである。

空間と時間の観点で無限に拡がる創造について

カントの構想力が最も壮大に展開するのが、『普遍自然史ならびに天界の理論』の第二部第七章である。カントは、引力という、唯一かつ普遍的な法則によって、衛星と惑星、惑星（および彗星）と太陽の形成について説明してきたが、この同じ法則を使って、恒星系のシステムつまりわれわれの銀河系の形成についても説明する。恒星の群れは、われわれの銀河系を構成しており、その形成のあり方も惑星系の場合と同様であり、恒星の群れは法外な引力をもつ中心に向かって落下しつつ、最終的には共通平面上に位置して、中心の周りを回ることになる。カントは、夜空に見える楕円形の微光が実際に銀河であると考えるが、銀河そのものも同じ普遍的法則によって、今日の言葉で言う超銀河団を形づくり、さらに超銀河団もまた上位の項へ包括されてゆくというように、この連鎖は無限に進行すると構想する。[33]しかし、このように空間の中で無限に組織化される宇宙全体のシステムは、引力の最終的な中心点をもつのである。

もしも、ひとつの普遍的中心、つまり宇宙の引力の中心かつ自然全体の支点へと向かって関連させるある種の機構が、体系的な運動によってつくられていなかったならば、惑星系が散りばめられる集合というものは、たとえそれら惑星系が非常な距離によって隔てられたものであるにしても、崩壊と破壊へと不可避的に突き進むことになるだろう。(34)

「ひとつの普遍的中心」が存在するからこそ、宇宙の全組織的体系は無限の階梯の項――惑星系、銀河系、銀河団、超銀河団、超超銀河団……――によって連鎖するように形成・維持されているのであり、この中心がなくなれば、この宇宙全体に散りばめられた各階梯の項であるそれぞれの体系はもちろん、その内部に存在している、宇宙全体からみるならば、微小なレベルにあるとさえ言える惑星系のようなものも、それぞれ一挙に崩壊しゆく、とカントは考えている。

この引用は、無限な空間として拡がる宇宙の体系を描写するものであると同時に、宇宙の時間的な進行をも暗示している。すなわち、この「普遍的中心」が崩壊し始めるならば、宇宙全体もまた崩壊し始めるのである。このことを裏返してカントは、この宇宙全体の形成がまずはこの「普遍的中心」から始まり、そして周辺へと向かって連続的に進行したであろうと述べている。(35) 原初において不均質な密度で存在した要素粒子の引力と斥力による運動が、ある特異な一点において始まり、その形成が漸次進行して、それが先の銀河団や超銀河団のような各階梯の項のレベルそれぞれにおいても繰り返される。カオスから完成への形成が、無限に存在する各階梯のレベルで、それぞれ進行する。すなわち、階梯のそれぞれのレベルにおいて「普遍的法則」による形成が、いまもなお進行中であるということになる。では、この進行はすでにどれくらいの時間を経たものなのであろうか？

われわれが存在するこの形成された自然の領域が、いまあるような完全性へと到達するまでには、恐らく数百万年、数億年が流れたであろう。そしてまた自然が同じだけの進歩をさらにこのカオスの中で行うのに、恐らくは同じだけの非常に長い時間が経過するであろう[36]。

そしてカントは、完成をみたひとつの惑星系が崩壊に向かっても、無限の時空間における創造の展開においてなお無数の惑星系が豊饒に誕生し、そしてさらに、ひとつの恒星系が滅んでもまた次のものが生成するであろうことを考慮して、以下の結論を引き出す。

カオスから出て、ひとつの規則的な秩序へと整えられた体系の中へと身を置くことのできた自然は、運動の減少によって落ち込んだ新たなるカオスから、また同じようにたやすくその身を立て直して、最初の結合を更新することが同じようにできる、とは思えないだろうか[37]?

カントはかくして、引力と斥力の普遍的法則によって、無限の階梯において前進的に展開する形成と崩壊の姿と、それぞれの展開に要する遥かに無限の時間の進行とを構想する。そしてこの宇宙全体のカオスからの展開とカオスへの崩壊が回帰的に生ずるであろうとの理論を、普遍自然史として構築してみせるのである。カントは、時間の歴史的枠組みという問題に関して、始原からの世界の生成をせいぜい六千年とみる「普遍史」の枠組みを越えた、ライプニッツ経由の少なくとも数万年単位の歴史的時間からさらに進んで、ハラーの自然史的時間の複数性、アリストテレスに従っていえば円環的時間という、人間にはほとんど無限とも思える時間のフォーマットを採用する。それによって示唆されるのは、惑星系と恒星系、そしてさらに宇宙全体の体系のほとんど無限の回帰的生成としての、時間における「世界の複数性」である。アリストテレスの円環的時間表象がいまや、「普遍史」が提示した、根源からの発生的時間という時間の観念に大きく取って代わられるのである。

カントが時間における「世界の複数性」、すなわち無限のイメージを受容したのがハラーからであったことは、カントが先の引用箇所に続けて、すでに紹介したハラーの詩『永遠についての未完の頌詩』の次の部分を引用していることから明らかである。

そしてたとえ二番目の虚無がこの世界を葬ろうとも、
たとえ全宇宙には場所以外のなにも残らないとしても、
いくつかの天が、さらにいつか他の星々によって明るくされ、
その運行を終えてしまったとしても、
お前はいまと変わることなく若く、死から同じように隔たっているだろう、
今日と同じように永遠に未来をもつだろう。(38)

宇宙全体が有する時間は、空間世界同様、無限なるものとしてイメージされる。ハラーが拡張した時空間のフォーマットは、カントの自然史の枠組みそのものとなっている。聖書に基づく普遍史の時間から、無限の時間という観念への移行ないしはその受容の過程には、それこそかつてステウコが「永遠の

哲学」に期した、観念内容の進化的発展のような、その担い手たちによる継承と反復的拡大という、一種の歴史的な精神的運動がそこに介在しているかのような印象を抱かせる。

「存在の連鎖」

宇宙の「普遍的中心」というものを、カントは「創造の中心点[39]」とも呼んでいる。カントがこの着想を得たのは、本人が記しているとおり、イギリスの天文学者トーマス・ライト(一七一一―八六年)の『宇宙について独自の理論あるいは新しい仮説』(一七五〇年)からであり、その中では当時として新しい宇宙の全体像が描かれている。そこでライトは、一六八二年に出現した彗星についてハレーが予想した周期性を正当としつつ、彗星を含んだ太陽系と、その他の恒星系との関係から推測して、太陽系がその他の恒星系とともにその周りを周回するひとつの重力の中心点、今日ならば銀河系の中心の存在を仮説として予想し、さらにこの中心点が同様の他の中心点とともに周回してももつことになるであろう、最終的な中心の存在を想定する。そしてこの最終的な中心を「創造の中心点」として、そこに造物主の存在位置を重ね合わせるのである(図19参照)。宇宙の全体構造が備えるであろう最終的な重力の中心点が、同時に造物主の存在地点であるという仮説を、カントはいわば裏返しにする。すなわち宇宙の各構造がもつであろう、それぞれの重力の中心点は、各構造の中で、最も知的な序列が下位の存在者の居住地であると想像し、むしろ重力がより軽やかになる場所に、より知的完成度の高い存在者を想定し、「創造の中心点」の理論的な対蹠点にこそ神性に近しい存在を想定するのである。

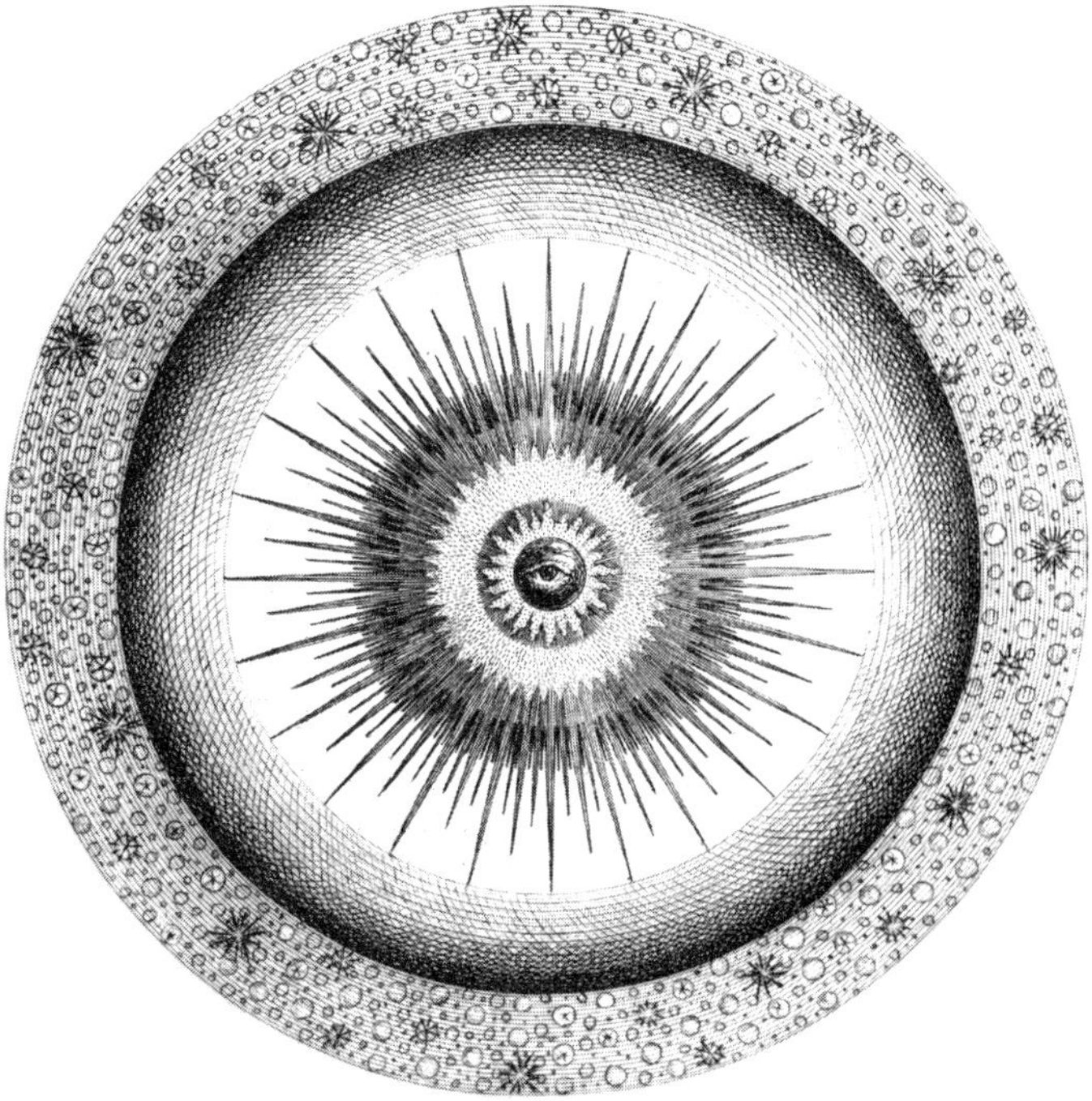

19　トーマス・ライトが描く「創造の中心点」.

星々が「普遍的中心」を始点として階層的に連鎖するがごとく構成されるように、精神的存在者の完成度もまたそれら宇宙の全組織的体系の階梯の上にそれぞれ連鎖する形で序列する。この姿をカントは、『普遍自然史ならびに天界の理論』においてライトモティーフのようにして幾度も引用する、アレクサンダー・ポープ（一六八八―一七四四年）に倣い、「全自然の大いなる連鎖[40]」と呼ぶ。カントは、次のようにポープの『人間論』のドイツ語訳を引用しながら、宇宙全体におけるこの「連鎖」が有する「永遠の調和」を説明している。

あらゆる存在の途方もない連鎖よ、
お前は神の手から出て果てしなく伸び、
天空の世界、人間界、
天使そのものと人間、動物と魚、
そして鳥と昆虫とを結びつける。
かつてどんな視力をもってしても見渡せず、またどんな望遠鏡も
捉えられなかった連鎖。無限なるものからお前へと伸び、
お前から無へと至る――[41]。

この「存在の連鎖」のイメージを背景とすれば、「創造の中心点」は、この連鎖の最高位に位する神性からみて、最も低き場所となる。そしてカントが想定する、地球上の人間も含めた全宇宙における精

神的存在者というものは、宇宙全体の時間において「創造の中心点」に近い場所からその対極点に至るまで到来し、存在することになるが、それら存在者の理性的能力の完成度は、「創造の中心点」から離れるに従って、つまりは神性の方向へと昇るに従って、増大すると考えられている。

精神的存在が創造の中心点に対してとる物理的な関係から、彼らの世界のさまざまな位階というものについて私が推測すべきであるならば、より多くの蓋然性をもって、この中心点の近くよりは離れたところに、理性的存在者の最も完成した種族を探すだろう(42)。

カントは、この「創造の中心点」から神性へと向かう存在の連鎖が、太陽系においても繰り返されると考える。カントは『普遍自然史ならびに天界の理論』の第三部で「天体の住民について」考察し、未来永劫の時間の中で、太陽系の諸天体の上に到来するはずのそれぞれの住民の精神的完成度は、物質的完成度と同様に、中心である太陽からの距離に比例して増大すると考える。

物質的世界同様、精神的世界の完全性は、水星から始まり土星に至るまで、あるいは恐らく――まだ他の惑星がある限り――さらに土星の上までの諸惑星において、ひとつの正当な位階の順に太陽からの距離の比に従って、増大しかつ進歩する(43)。

カントはすでにみたように、全宇宙の構造を構想するにあたっては、ひとつの引力の中心をもつ体系ひとつひとつを階梯上の項と見立て、この各階梯上の項がそれぞれさらに上位の引力の中心をもつ体系へと包摂される形での存在の連鎖を構想した。この存在の連鎖は、各天体上に存在することになる知的存在者の理性の完全さを推し量るスケールとしてそのまま応用される。すなわち、引力がより小さく働くであろう、要素粒子の微細さは、各引力の中心点から遠ざかる場所に求められる。したがって、ダーラムのライトが、神を「普遍的中心」に匹敵する中心点に位置させるのとは反対に、この「普遍的中心」から離れれば離れるほど、その位置にある知性のレベルは、梯子をのぼるように増大する、とカントは考えるのである[44]。

宇宙におけるわれわれの位置が、そのスケールにあって何処にあるのかを問うならば、自然の体系的姿をある程度完成した形で地球の人間が観察することができる以上、それはカオスからの形成がなお始まろうとしている場所ではなく、その反対の「創造の中心点」の近くにわれわれ地球の人間は存在する、とカントは考えている[45]。とするならば、地球の人間は、この存在の連鎖の項の中では低位の場所にいることになる。その上でさらに存在の連鎖の観念が惑星系にもちこまれて、地球の人間の理性は、太陽系においては火星人のそれと同様に、罪を引き受ける能力をもちあわせている一方、引力の源に近い惑星の住民は非理性的であり過ぎ、反対に太陽から遠い木星や土星の住民は、罪を犯すには理性的であり過ぎると言われるのである[46]。

人類は、太陽系の中でも、土星や木星の住民たちに比べてその知的完成度を低く見積もられるが、このような想像の中で生じる一種の嫉妬の感情を、カントは輪廻転生による、他の天体の住民への生まれ変わりという夢想でもって、ひとまずは埋め合わせようとする。

不死なる魂は未来に拡がる永遠の時間の中で――この時間は死によって中断されることはなく、ただ変化させられるだけなのだが――、宇宙空間のこの場所、つまりはわれわれの地球に常に貼りつけられたままなのだろうか。不死なる魂は、自余の創造の驚異について、より近くからの観照に与ることは決してない定めなのだろうか。宇宙の構造の中で彼方にあるあの天体たちを、そして遠くからでさえ好奇心をかくも刺激する、これら天体たちの布置の壮麗さを、不死なる魂がいつの日か近くから知るよう配慮されてはいないと、誰が知ろうか。恐らくは、ここでのわれわれの滞在に定められた時間が満了した後に、他の天界で新しい住処をわれわれに提供するために、太陽系のいくつかの天体がなお形成されているのである。木星の周りをあの衛星たちが運行するのは、いつの日かわれわれを照らすためではないと、誰が知ろうか(47)。

地動説は、そもそもピュタゴラス=コペルニクスの説として認識されたのだった。重力という普遍的法則によって普遍自然史が描かれ、それが星々の形づくる階層的構造という存在者の階梯のイメージをなすとき、そこにあらためてピュタゴラス派の輪廻転生の教説が重ねられるのは自然なことであろう。

とはいえ、カントは『普遍自然史ならびに天界の理論』の第三部「星々の住民について」の結語において、他の天体の上に、より高次の理性的存在として生まれ変わる輪廻転生をあくまでも夢想であるとしている。さらにカントはそこで、地球の住民の存在を特別とみるライプニッツの考えには与しない。地球の住民は、完成度の点で劣るとしても、その代わりに啓示宗教という神の特別な配慮に、他の天体の住民とは異なって恵まれている、という立場にライプニッツは立っていたが、こうした考えは『普遍自然史ならびに天界の理論』の中で幾度も引用するアルブレヒト・フォン・ハラーによっても支持されていた。カントはすでに紹介したハラーの詩『災いの源について』（一七三四年）を引用するが、それはしかし、ライプニッツとハラーが抱く考えを疑問にふすためである。

星々は、恐らくは神々しい精神的存在者たちの住む場所なのである。
ここには悪徳が栄えるごとく、かなたでは美徳が支配者であるのだ[48]。

ハラーは、地球が悪徳の栄える場所である一方、他の星々を美徳の支配する場所であるとすることで、キリストによる贖罪が地球上で必然性をもつものであると考えたのであった。ところがカントは、これについて、次のような問いを提起する。すなわち、「罪がその支配を、世界構造がもつ他の天体たちにおいても行うのか、あるいは美徳しか、そこでは統治したことがないのか、この問いに答えようとするほど、向こう見ずな者がいようか[49]?」地球だけが神の特別な配慮に与ると考えるのには、いかなる根拠があるというのだろうか。地球や火星の住民と比較して、より浄福であるだろう木星や土星の住民たちと、また反対により罪深いはずの水星や金星の住民たちとが、神とどのような関係をもつかを考えるのは、人間の知のおよぶところではない、とカントは考えている。

自然神学

カントが『普遍自然史ならびに天界の理論』において、最後まで貫こうとするのは、「普遍的法則」の存在によって神の存在を演繹する自然神学の立場である。

世界のあり様の中に秩序と美が輝き出ているのであれば、何らかの神が存在する、というひとつの結論はまったくもって正しい。しかし、次の結論もこれにおとらず根拠のあるものである。すなわち、この秩序が、自然のもつ普遍的法則から流れ出てくることができたのであれば、全自然は必然的に最高の叡智がもたらす結果である。(50)

カントは、すでに序文において示しているように、自らの宇宙論がエピクロスのそれとよく似たものであることを認識している。(51) しかしエピクロスの徒が、無神論者として一般に理解されるのに対し、カントは、カオスからの宇宙秩序の生成が規則性によって生ずることこそが神の存在を証し立てるという、自然神学の立場をとる。自然史は、時空間のフォーマットをいずれも無限へと拡張し、この無限の中に浮かぶ地球が啓示の特別の恩恵に与ることを潔しとしない。自然史は普遍的であることによって、とはつまり、地球の生成と歴史が特殊なものではないと説明することによって、必然的に無神論か自然神学かのいずれかの立場をとらざるを得ず、自然法則の存在を根拠として、カントの自然史は自然神学であろうとする。

さて、普遍自然史は、自然史である以上は宇宙論だけではなく、本来は自然のさまざまな個別の事物へもその眼差しが向けられるべきものである。「原素材」を統制する引力と斥力の普遍的法則から、無機的な自然の大きな姿が説明されたのであれば、同じく「原素材」を構成要素としたある普遍的法則が、有機的自然物をも構成すると考えるのは、自然神学の立場からすれば理にかなっていると言えるであろう。実際にカントは、有機体の生成原理についても考察を巡らしている。

『普遍自然史ならびに天界の理論』は、印刷はされたものの、市場には出回らなかったとされる。その抜粋が、『神の存在の唯一可能な証明根拠』（一七六三年）の第二部において「宇宙創生論《コスモゴニー》」（第七考察）として公表されている。この書は、第一部で神の存在を証明し、第二部ではこれに基づいて自然神学を展開する。その第二部では、『普遍自然史ならびに天界の理論』が踏み込むことのできなかった、有機体の形成とその普遍的法則についても議論される。そこでの問いは、有機体は天体と同じく、創造の瞬間に与えられた普遍的法則によってのみ自らを生成するのか、それとも有機体自身が神の創造の能力をなんらかの形で所有するものなのだろうか、というものである。前者の考えは前成説に等しく、創造の瞬間における神による生物の設計が、交接の際にも繰り返されると捉えられるが、後者の場合には後成説と同じく、有機体の形成の原因は有機体自身が所有することになる。

交接が行われて子孫が形成されるのはすべて神的な行為というものの直接的な結果であるとみなす

のか、あるいは動植物が神によって最初に配置されたときに、自然的法則に従って自らと同じものを単に展開するばかりか、また実際につくり出す能力というものが与えられたとするのか、この問いが不可避であるように思える。

私の現在の意図はただ、この問いによって以下のことを示すことである。すなわち、自然の事物には、普遍的諸法則に従って彼らがその子孫を生み出すための可能性を、普通に考えられるよりも多く認めてやらねばならない、ということである。[52]

（『神の存在の唯一可能な証明根拠』）

この問いでは、前者が後成説の立場として、そして後者が前成説の立場として理解されるが、カントは基本的には前成説に拠りつつ、普遍的法則の存在が有機体の形成を説明する、と考えたいようである。ただし、この普遍的法則がいかなるものであるのかを実証することはできない。この有機体形成の普遍的法則を発見し名指すことができたならば、それによって「存在の連鎖」は本来の意味で天体から動物にまで至る階梯を滑らかに構成し、これによって「自然史」もまた完成をみることになるだろう。

カントの『遺稿集《オプス・ポストゥムム》』と「自然史」

カントは自然史の記述に生涯にわたって関心をもち続け、自らの「普遍自然史」を新たに構築するための普遍的法則として、「有機的な力」の存在を仮定したと考えられる。カントの有機体についての考えは、『遺稿集』からうかがい知ることができ、そしてそれは彼の批判期以後の哲学と批判期前の自然史とを統合する構想の中にあったようにみえる。というのも、『普遍自然史ならびに天界の理論』において描かれる自然史は、真空の空間とそこでの天体の誕生と衰滅とを描く無限の時間のスケールの上に成り立っていたが、このスケールそのものは、『純粋理性批判』においては「純粋理性のアンチノミー」の対象であり、人間が経験においては証明できないものとなるからである。批判期以降のカントによれば、世界の時空間は限りがあるとも言えるし、またそうでないとも言える[53]。ただ、人間がものを認識する形式としての時間と空間はいずれも限りがないが、ただしそれは先験的に留まるものとされる[54]。批判期以降の形而上学において扱われる、内感の形式としての時空間がもつ無限と、『普遍自然史ならびに天界の理論』において描かれた物理的な時空間の無限との間には、いわば亀裂が生じてしまっていた。この二つの時空間のスケールを調整してはじめて、人間を含む有機的存在の生成を巡る一般的議論を展開することができるのではないだろうか。

カントは『判断力批判』を書き終えてから八年後の一七九八年には、自然学についての形而上学を物理学へと橋渡しする必要に駆られ、それが彼の哲学全体を完成すると、ある手紙の中で述べている[55]。この企図は完遂されなかったので、そこで『遺稿集』に読み取れるカントの構想を追うならば、カントは空間の性質については、『普遍自然史ならびに天界の理論』で採用していた真空を放棄しているのである。内感の形式としての時空間と、外部の物理的な時空間と、それぞれ二種あるとカントは考え、さらに後者の空間には真空は存在しないとする。カントのまとまった考えが示される部分を『遺稿集』から引用してみよう。

空間とは先験的《ア・プリオリ》直観の対象であり、その限りで、主観がもつ形式的なもの、かつ主観的なものとして主観に所属する。しかしまさしくこの同じ空間がまた、構想《フォアシュテルング》の中でわれわれの外部に与えられたものとして、とはすなわち、物質《マテーリエ》のような何か客観的に存在し、可動性のあるものとして、しかしまた一方で経験可能な対象としてイメージされるが、この空間は引力と斥力の動力によって満たされると考えられるのであり、この二つの不断に物質を突き動かす——すなわち実際に動かす——力がなければ、空間は知覚可能なもの、経験可能な対象であることは決してないであろう。同一の空間内容における物質の量の違いを思考可能にするための仮説として、真空を充足させる形で、空間の充足具合の差異をもちだす、原子論的かつ機械的なイメージの仕方は却けられなくてはならない。なぜならば、真空《ダス・レーレ》とは経験可能な対象ではないのであり、絶対に不可分の物質、ないしは絶対に不可分な、物質の部分というものはそれ自身矛盾する概念だからである。[56]

　そのためカントは内感の形式としての主観的な空間と、外部の空間の存在の二種を立てるけれども、後者の外部の空間は、客観的に経験できないような「物質」に満たされた空間であると同時に、さらにニュートンの普遍法則によって説明される空間という二種の性格をもつものとして考えられている。この「物質」のことを、カントは遺稿集の別の箇所では「エーテル」[57]と呼んでおり、経験によってその存在を確かめることができない仮説的物質ではあるが、経験が可能となるために必然的に証明されるものと考えている。つまり、カントは物質の延長そのものが空間であるというデカルトの立場に回帰しつつ、空間そのものが経験可能であるためには、「空間それ自体」ともみなされるべき「物質＝エーテル」の存在を想定して、これが人間の外にある空間を満たしているとするのである。人間は内感の形式である時間と空間を、ひとつの尺度として世界をイメージするが、その尺度に従った姿として現れるためには、世界の空間はそれ自体としての固有の姿を本来もっていなければならない。それゆえ「物質」の拡がりがひとつの場としてあり、そこに固有の物理的な力の法則が働いて経験可能な空間が構成されるとともに、空間を占める事物もまた多様に、しかし「存在の連鎖」に即したイメージで立ち上がることになる。

カントが晩年に構想したのは、「エーテル」を場として働く動力によって自然史全体を、その普遍から特殊までを説明することであったと考えられる。有機的存在である自然の体系もまた、ニュートンの引力と斥力のような普遍的な力によって説明されなければならないが、その力が原因として考えられる以上は、有機的存在は最終的な目的と関係づけられ、それがこの世界を理解するための鍵となる、とカントは構想していた。

ひとつの体系を構成する経験的諸事実の調和（普遍自然学）だけが、互いの間での調和を保証することができる。動因のひとつの個別部門に対応する個別の体系は、それぞれがその原理とともに個別の自然学（特殊自然学）を記述することになり、それは、機械的な諸力に基づく自然の体系が、有機的な力に基づく自然の体系（最特殊自然学）へと移行するまで続くだろう。有機的な力の形式と法則はしかし、この動因が目的に向かって働く原因の中に定位されなければならないので、単純な物質を相手とする諸動因の閾の向こう側に存在する。(58)

この引用箇所からは、カントが若き日に構想した普遍と個別（特殊）の両部門からなる「自然史」の構想があらためて浮かび上がる。引力と斥力の「普遍的法則」が記述する天界の理論の部門が、なお別の、恐らくはこの当時、人口に膾炙した、磁気力や電気力などの原理によって記述される部門と合わさり、さらに最も特殊な「有機的な力」によって記述される植物と動物の部門と閾《しきい》を接する様《さま》が、「自然哲学」の全体として思い描かれている。

惑星系市民

『遺稿集』における記述を見る限り、カントは晩年にはスピノザの哲学に近づいたけれども、彼の超越論的哲学において純粋理性がもつ最高原則は「世界即神」、つまり「神即自然（世界）」ではなく、「因果の現象が時空間の中にある[59]」として表現される。自然世界の生成は普遍的諸法則の因果関係によって最終的には目的論的に説明され、それが「ひとつの神とひとつの世界がある[60]」として理解される。

カントのこのモットーは、それを裏返しにして、「複数の神々と複数の世界があるのではない[61]」とも言われる。『普遍自然史ならびに天界の理論』における「世界の複数性」は、このことと関連してどのように考えればよいのであろうか？　ここであらためて、キルヒャーの「普遍的種子《パンスペルミア》」と同じ問題に立ち戻ることになる。

カントが真空を否定して「エーテル」説に立ち返ったとしても、「世界の複数性」のイメージまでもが否定されるわけではなく、また「非物質的な生命の原理[62]」である「有機的な力」が地球に固有の法則であると考えることもできない。その上で有機的存在を形成する普遍的法則が目的論的なのであれば、「複数の世界」で形成されるであろう有機的存在は、その形成のための目的と関連づけられる。その目的の意味づけは、それぞれの恒星世界の中で完結するのではなく、宇宙全体で相互に関連づけられ、ひとつになる。そのように理解するならば、複数の世界を束ねて、それが全体としてひとつの宇宙世界をなし、この宇宙世界のエーテル的時空の中に、ひとつの神が普遍的法則をとおしてさまざまに「現象《フェノメーネ》」するのだ、とカントに即して考えることができる。カントが否定する「複数の世界」とは、複数の宇宙のことになる。

有機的存在そのものを普遍的に形成する原理は、カントのかつての教え子ヘルダーにも同じ言葉「有機的な力《オルガーニシェ・クレフテ》」として登場する。これについては次章で詳しく検討するとして、ここではカントのヘルダー批判である『ヨーハン・ゴットフリート・ヘルダーの『考察《イデーン》』について』（一七八五年）に言及しておこう。ヘルダーの「有機的な力」について、カントは以下のような批評を（匿名で）下している。

> 有機体を生じさせる不可視の諸力という仮定に関して、そもそも何を考えたらよいというのだろうか？　同じく、理解していないものを、さらによく理解していないものから説明しようとする狙いについては？[63]

ここでカントは、ヘルダーの「有機的な力」が仮説であるために、これについては判断の下しようがないという懐疑的な態度をとっている。さらにこの仮説の上に展開される、ヘルダーの「狙い」にも疑問を呈している。その「狙い」とは、ヘルダーが「有機的な力」を根拠に地球上の人間が他の天体の住民へと転生するとの考えを展開することにあり、これはカント自身が『普遍自然史ならびに天界の理論』において、「存在の連鎖」をイメージしつつ夢想してみせたものだった。「世界の複数性」を背景にした魂の輪廻転生は、既に見たとおり、ゴットシェートにも影響をおよぼしたものだったが、カントに師事したヘルダーの『人類史の哲学についての考察《イデーン》』にも残響している。カントは『普遍自然史ならびに天界の理論』におけるその部分の議論を夢想としているのだから、批判期の後にはヘルダーの輪廻転生についての考えにとりわけ与することはない。またカントは、ヘルダーの『人類史の哲学についての考察《イデーン》』の批判に際しては、有機体を形成する原理とされる力が、輪廻を保証することは決してないとしている。

というのも、だんだんと完成してゆく有機体のさまざまな階梯を占める、多様な存在があるからである。こうした類推からは、したがってただ以下のことだけが結論されうるだろう、すなわち、例えばどこか他のある惑星には、人間よりひとつ高位の有機体の階梯を確保するような被造物がまた存在することもあるだろうが、しかし同一の個人がそこに至ることはない(64)。

ヘルダーの『人類史の哲学についての考察《イデーン》』への批判を手がかりとすれば、カントは「有機的な力」を「普遍的法則」として仮定するのには慎重でったし、ましてや「有機的な力」が「魂の不死性」、つまりは他の天体の住民への輪廻転生を含意しているのではないことが了解される。そこで「有機的な力」

が形成する人間個人の魂が輪廻しないのであれば、カントが『遺稿集』においてこの力に関係づける目的というものはどこに見定められるのであろうか。これについてカントは、人類が種としてもつ進歩と完成の中に人間個人の死後の生があると考えている。

死後の人間の生というものがある。というのも自然は、人間の種《スペキエース》が持続する法則を組織したので、個人が生殖によって交代しても種が保たれ、個人は互いにその物語を一部ではあれ伝えあうことにより、種がもつ完全性へと向けて進みゆき、このようにして各個人の死の後にもなお種の意識《ベウストザイン》が存続するからである。(65)

(『遺稿集』)

個人のもつ意識の内容は、伝達によって互いに共有され、それが世代を超えて継承され、人類が全体として有する意識が歴史的な時間の中で進歩し続け、そうであるように自然がもつ有機的な力によって保証されている。カントが死後の生と呼ぶものは、人類の集合的な意識の中にあるというのである。ところで、人間の種としての完成ということの考えは、『遺稿集』以前にも、ヘルダーに対する批判を行ったのとちょうど同じ頃に書かれた、『惑星系市民の観点における普遍史についての考え』(一七八四年)においても表現されており、そこでも地球上の人間存在の意義は、転生ではなく、類としての完成にあるとされている。

(地球における唯一の理性的被造物としての)人間については、その理性の使用を目指すという素質は、個人においてではなく、ただ類《ガットゥング》においてのみ、完全に展開されることになっていよう(66)。

人間が有する理性の能力は類において完成し、この理性的存在者たちが「普遍的に法を管理する市民社会を実現(67)」することが、有機的な力が形成する最終目的であると考えられる。その場合、完成を目指して進歩する理性的存在者たちの国家は、地球の上だけの単独の現象ではなく、他の惑星上の市民を視野に入れて展開することになるという。カントの「普遍自然史」に「有機的な力」の項を入れて記述するならば、「惑星系市民」が宇宙空間の中で普遍的に形成され、無限の時間の中で生成と消滅を繰り返すことになると考えられる。そして地球の人類は、この完成へと向けて、ようやく自己意識を獲得した状態にある、とカントは『惑星系市民の観点における普遍史についての考え』において論じている。

未来の偉大なるこの国家形態は現在のところ、いまだ粗いスケッチの段階ではあるが、それでもあらゆる構成員――その各々にとっては全体の維持に関心があるのだが――の中ではすでにある感情がきざしており、それが与えるのが以下の希望である。すなわち、形態を変えるいくつかの変革の後には、ついに自然が最高の目的と見定めたもの、つまりは普遍的惑星系市民《アルゲマイナア・ヴェルトビュルガアリヒャア》の状態がいつかは実現されるのであり、そのふところで、人類が本来もっているあらゆる素質は発展することになる(68)。

『遺稿集』までを含めてカントの「普遍自然史」の構想を再構成するならば、有機的な力はさまざまの生物をそれぞれの天体の上で形成して、最終的には類として完成した理性的存在者たちによる「普遍的惑星系市民の状態」を目的としていると考えられる。そしてこの状態は、宇宙の至る所で生起する普遍的現象として構想されている。批判期前の『普遍自然史ならびに天界の理論』でカントが描いた自然史は、批判期後の『惑星系市民の観点における普遍史についての考え』を経て、『遺稿集』の時期までの長い期間、カントの関心を占め、またその哲学の体系を構成する上で、根本的な意味をもっていたと考えられる。ニュートンの「重力」と「有機的な力」の二つの普遍的法則から始めて、自然世界が最終的には惑星系市民社会の完成を目的として有機的に生成展開する様を描き出すのが、カントの「普遍自然史」の全構想であり得たであろう。

こうして、聖書に基づく年代史から構成されて六千年の幅をもたされた普遍史は、カントの思考にあっては、ハラーに即した、無限の時間における生成という観念へと大きく転回した後、最終的には長大な時間をもつ、未来の完成を目標とする歴史哲学に取って代わられることになる。一方でカントが、『普遍自然史ならびに天界の理論』で展開した無限で空虚な空間は、『遺稿集』の段階では再び、デカルト的なエーテル空間へと立ち戻った。そのような変更を経てカントの「普遍自然史」はその完成形が、無限の時空間の中で普遍的に展開される、有機体の類的完成を描くものとなりえた、と理解される。その意味でカントの「普遍自然史」は、宇宙全体において普遍的に起こるべき歴史となる。

第八章　有機的な力　ヨーハン・ゴットフリート・ヘルダー

ワイマールまで

ビュフォンとカントが求めた「普遍的法則」は、ヨーハン・ゴットフリート・ヘルダー（一七四四—一八〇三年）の場合には「有機的な力」として構想される。「有機的な力」とは、キルヒャーの「普遍的種子」と極めてよく似た性質をもち、元素から鉱物、植物、動物、人間、天体に至る万物を構成してゆく原理である。ヘルダーもまた、ヴォルフ、ゴットシェート、カントに連なって、造物された世界すべてを対象として、その構成原理を探究し、これを「自然史」あるいは博物学的知として総合するものとしての〈世界知〉を展開する。その際、ヘルダーに特徴的であるのは、キルヒャーと同じ「永遠の哲学」ないしは「古代神学」への固執であり、この精神的運動がもつ進化論的な側面をより発展させて、文字どおり万物の後成説的生成という一種の進化論を展開する点である。さらにヘルダーはこの進化的発展の根拠をポリプという当時の生物学的発見に求め、その哲学的理論をスピノザに求める。

ヘルダーは一七四四年、ドイツ騎士団の入植と縁の深い東プロイセンの町、モールンゲン――今日のポーランド領モロンク――に、女子教育の教師ゴットフリートを父とし、靴職人の家系に出自をもつアンナ・エリーザベトを母とし、五人兄弟の長男として生まれた。

モールンゲンはかつてのダンツィッヒやエルビングから、オルシュテインやワルシャワへと至る交易路に位置する小さな町で、両親はともに敬虔主義者であった。父ゴットフリートは教会の鐘撞き番と寺男も兼ね、自宅を教室として教えたとされるから、息子ヨーハンの才能に見合う教育を独力で授けるのは難しかった。ヨーハンは、古典語を教える同地の学校で学んだあと、十四歳の頃には既に自宅の教室で父の代わりを務めるまでになっていたが、十七歳になったとき、モールンゲンの助祭であったゼバスチャン・フリードリヒ・トレーショ（一七三三―一八〇四年）のもとに移り住んだ。ヘルダーはそこでいわば書生となり、トレーショの蔵書（ハラー、クロプシュトック、ヴィーラント、レッシング）を読む機会に恵まれた。十八歳の年にヘルダーは、トレーショを訪問したある軍医に才能を見出され、ケーニヒスベルクへ赴いて大学で学ぶよう勧められる。

ケーニヒスベルクにおいてヘルダーは、今日の高校に相当するフリードリヒ学院の学寮監督者として住居を得、またモールンゲン篤志による奨学金を受けて神学を専攻した。フリードリヒ学院附属の小学校で教師としても活動した多忙な学生生活の中にあって、彼が最も感銘を受けたのが、まだ私講師だったカントの講義であり、とりわけその天文学と地理学だった。アジア、アメリカ、アフリカを対象として文化人類学的に展開されたカントの地理学は非常に人気のあった講義科目だったが、これを含めたカントのあらゆる講義に、ヘルダーは費用を払うことなく聴講することを許されたという。またこの地で、終生の友人となったヨーハン・ゲオルク・ハーマン（一七三〇—八八年）と出会い、その紹介を通じて、リガで副牧師職に就くべくケーニヒスベルクを後にしたのが二十歳の時であった。

当時ロシア領であったリガにおいてヘルダーは、高校に相当した大聖堂附属学校で教える傍ら、文学活動を始めた。五年をリガで過ごした後、いわば彼なりのグランド・ツアーとして、ヘルダーはバルト海を旅してフランスへ赴き、パリにおいてディドロやダランベールの知己を得た。さらに旅を続けるために、彼はリューベックの領主＝司教の王子の家庭教師を引き受け、実際のグランド・ツアーを行うことになる。その王子をオイティーンの宮廷に迎えに行き、一七七〇年半ば、そこからイタリアに向けて旅を始めた。しかし、御曹司のお守り役にヘルダーは辟易し、南下してやってきたシュトラースブルクで、はやくも彼自身はツアーの随行を放棄することになった。シュトラースブルクに立ち寄ったのは、ヘルダーが長年患っていた涙腺の治療を行うためであったが、ここで出会ったのが、同地で法学を学んでいたゲーテであった。

翌年ヘルダーは、軍人として高名だったヴィルヘルム・シャウムブルク＝リッペ伯爵（一七二四—七七年）の宮廷、ビュッケブルクへ宗教局参事として招かれ、殖産興業で多方面に改革を行ったこの啓蒙専制君主のもと、五年を過ごした。七三年に結婚し、文学活動も活発であったビュッケブルク時代ではあったが、疎外感を感ずることがなかったわけではない。そこでの宮廷生活の支えとなったのは、ヘルンフート派敬虔主義——一般の敬虔主義に比して、より感情を重視する——の教育を受けた、彼と同い年の伯爵夫人マリー・エ・バーバラ・エレオノーレ（一七四四—七六年）であった。その後ヘルダーは、七六年にザクセン＝ワイマール＝アイゼナハ公国へ教区最高監督者として招聘され、一八〇四年に亡くなるまで同地にて活動した。ワイマールへの招聘にあたっては、その前年に同地の枢密参事となるべく招かれていたゲーテの働きも大きかった(1)。

復活する「古代神学」

ビュッケブルク時代のヘルダーの著作、『人類最古の文書』（一七七四―七六年）は、「古代神学」へのヘルダーの信奉を表している。その中でヘルダーは、エジプトが啓示の記憶の重要な結節点と見なされてきたことを、キルヒャーを引き合いに出しながら確認している。いわく、ヒエログリフには古い時代の人間の叡智、すなわち哲学、天文学、自然と神についての学、算術、地理、つまり神官たちのあらゆる学が隠されており、それはヘルメスの創始になるものであって、あらゆる知を伝えるヒエログリフを学ぶためにエジプトの地が目指されたというのが、ピュタゴラス主義、プラトン主義にまで至る古代の一致した見解であった、と(2)。

ヘルダーはこうしたエジプト崇拝がキルヒャー個人の妄想などではないとするが、しかし彼が「古代神学」的な系譜において重視するのは、キルヒャーとは異なり、エジプトとヘルメス・トリスメギストゥスではない。カルデア、つまり今日のメソポタミア南部からアラビア半島を経てエジプトに至る古代オリエントの土地に居住し、カルデア人、サービア教徒などという、さまざまな名のもとに生きたひとつの民族集団ないしは宗派、そして彼らが従事した宗教的学知こそがエジプトよりも古層に位置し、これが啓示の痕跡をかろうじて留める、とヘルダーは考える。自然哲学と天文学、星辰信仰とが一体となった宇宙論を紐帯として、農耕を基礎とする共同体を営んでいたサービア教徒の叡智が「サービア教《サバイスムス》」、ないしは星辰信仰とでも名指されるべき宗教と哲学であり、これが遥かな時間の後にモーセの抱いた宇宙論として伝わったとされる[3]。そしてこの星辰信仰の本質は「光」であり、光こそは、聖書にも伝わるとおり創造の始原であり、神の似姿であり、始原の光の中にこそ啓示の痕跡を見て取ることができる、とヘルダーは考える[4]。

ヘルダーの古代神学が見定める最古の根源は、したがって古代オリエントとして同定される「アジア」であり、「アジア」を系譜の結節点として、ここからモーセもゾロアスターも古代神学者として派生していくとされる。

アブラハムが出発したところのものがすでにサービア教であり、そしてヨブが知悉し、モーセが破壊し、ゾロアスターが改革し、さらにはムハンマドが自らの前に見出してその宗教の中に編み込んだものが、やはりまた同じ名を名乗ったとしよう。そしていま、クルド人やセト主義者[5]、マンダ教徒たちのあのアジアの宗派もまたサービア教であるというのならば、またさらにこの宗教は、地域、民族、時代の拡がりの点で、その内容と同様に非常に巨大で普遍的なのであれば、どんなに東方の国々に持続性があり、古い習俗に執着するのだとしても、細かい事情をすべて点検し比較するということを誰が望み、また誰がなし得ようか。しかしそれでもなお、多くの国々と時代が交代し、この流れが貫くところのさまざまな帝国が存在したとしても——各宗派の基底にある要素は、至る所でまた常になお同じなのである！[6]

ゾロアスターの前に位置する古代ペルシアの宗教もまたサービア教に他ならないが、このサービア教をどんなに古く遡り、アブラハムの時代にまで辿っても、それは既に堕落したものであり、また星辰信仰として歴史に登場する最古の叡智から遥かに遡って神話的な最古層に到達しても、なおそこにおいて既に啓示の記憶は曖昧になってしまっている、とヘルダーはいう。「モーセの前にいかなるモーセがいたことであろうか！　いかに遥か彼方まで古文書は遡ることか！　太古の世界のいかなる威信へと遡ることであろうか！」[7]

ヘルダーの時代において、サービア教徒についての情報として重要であったもののひとつに、イギリスの東洋学者トーマス・ハイド（一六三六―一七〇三年）の著書、『ペルシア人の都市の宗教と彼らの神官についての研究 Historia religionis veterum persarum, eorumque magorum』（一七〇〇年）というものがある。[8] ハイドによれば、ペルシア人はセムとエラムの裔《すえ》なのであり、それゆえ一神教に帰依していた。しかもそれはアブラハムの時代よりも前に起こったとされ、「アブラハムの頃より以前に、既にサービア教はほぼ遍く行き渡っており、さらにまたアブラハムも幼少時、サービア教の中にあり、両親によってサービア教を教育された」[9]。とりわけハイドが主張したのが、ペルシア人はアブラハムのおかげで、もとの正しい宗教へと回帰したのであるが、その後再びこの一神教の状態から堕落したこと、またゾロアスターはアブラハムの宗教の神官であったが、サービア教の改革者となった、ということであった。[10]

既に引用したヘルダーの古代神学的な考えは、基本的にはハイドの説の影響下にあると考えられる。

しかしそれは、古代神学的な宗教的根源を探究するヘルダーが、いわば謀《はか》られているのに他ならない。というのも、以下にみるようにカムフラージュとしての宗教的混淆、すなわち宗教的迫害から逃れるためにハランの異教徒たちがとった集団偽装を、ヘルダーは真なる古代神学的伝承であると真に受けてしまったからである。

サービア教徒に関する浩瀚な研究を行ったペテルスブルクの東洋学者ダーニール・クヴォルソン（一八一九―一九一一年）の『サービア教徒とサービア教』（一八五六年）によれば、『コーラン』に言及される「サービア教徒」とは、パールシー教と混じったカルデアの異教徒か、マンダ教の前身となる、キリスト教徒ではないグノーシス主義者、ないしは誤って、洗礼者ヨハネを信奉するキリスト教徒としてヨーロッパでは一般に呼ばれた人たちを、もともとは指すものであったという[11]。またこれとは別に、ヘレニズムの影響を受けた、古代シリアに発するハランの異教徒たちが、八三〇年から翌年にかけてのカリフ・アル＝マアムーンによる迫害を逃れるためにサービア教徒を名乗ったが、ここでなされたいわば「偽装」が、ヨーロッパの側に、「サービア教」という一種の幻想を抱かせる原因をつくったようである。というのも、ハランのこの偽「サービア教徒」たちは、星辰信仰とは元来無縁であったにもかかわらず、表向きは新プラトン主義的な一神教の体裁をとり、星辰信仰をも取り入れ、さらには、ノアが宗教的指導者であったという、『コーラン』にある記述に沿う形で、自らを「ノアの宗教」とさえ名乗った。この偽「サービア教徒」は、十二世紀には散逸して歴史上からは消えるけれども、彼らがとった偽装のための宗教的混淆主義から、「サービア教」は偶像崇拝の異教として、さらには星辰信仰であるとしてイスラム教徒に徐々に認識され、これがヨーロッパにも伝わった[12]。その際、それが「偽装」であるとの情報は無論、意識されることがなかった。こうして、永遠の哲学あるいは古代神学という真摯な宗教的混淆主義と見かけ上はまったく異なるところのない伝統が、いわゆる「サービア教」として、ヨーロッパ世界に認知されることになったのであった。

ヘルダーは、宗教的偽装を真の古代神学であると取り違えたが、さまざまに異なる宗教が一致して指し示す根源の記憶が真理として存在するはずであり、この想定のもとに根源へと遡っていこうとするヘルダーの姿勢こそは、これまでさまざまな思想家の営為の中に繰り返し確認してきた古代神学的探究ないしは永遠の哲学の姿勢そのものである。ハラーとカントによる時間の枠組みの更新の後にも、古代神学がなおドイツ語圏の十八世紀後半の時代に登場するという現象が、ヘルダー個人に見て取れる。それではヘルダーは、普遍史とカントが描いたような自然史の時間についてはどのように考えていたのであろうか。

『人類史の哲学についての考察』

ワイマール時代に成立したヘルダーの主著、『人類史の哲学についての考察』（第一部一七八四年、第二部八五年、第三部八七年、第四部九一年と分けて、いずれも出版地はリガとライプツィヒ、ヨーハン・フリードリヒ・ハートクノッホ書店から特権の表記と献辞はない形で出版された。教区最高監督者であればこそ、出版にあたっての憂いはなかったのであろう）は、地球上における人間の形成を神の意志による必然と見なし、その形成のための場としての、諸世界の中にある地球の上のさまざまな地域に展開した人間の理性の発展の歴史を、ひとつの自然史として、あらためて古代神学の方法に依拠しながら描き出そうとしている。そこにおいてヘルダーは、旧約聖書における天地創造よりもさらに七百二十二年も遡るとされる、中国の歴史の長さの問題にはもはや悩まされることはない。イエズス会宣教師アントワーヌ・ゴービル（一六八九―一七五九年）が翻訳した『書経』（一七七〇年、東洋学者ジョゼフ・ド・ギーニュ〔一七二一―一八〇〇年〕による出版）は、キリストの誕生を百七十六年遡る中国最古の書であるが、これには世界開闢譚も中国国家の起源も含まれていないのだから、伏義《ふっき》および黄帝の支配した帝国の時代は神話に属するものであり、彼ら以前の時代もまた中国の人間によって創作された寓話と見なされている、との見方にヘルダーは立つ[13]。ここにはライプニッツがかつて中国の歴史の長さについての精査を求め、グリマルディに書き送ったときの態度はない。

ヘルダーによれば、中国文化の基本的特徴が、ギリシア人によってバクトラを経由して、あるいはタタール人によってバルフを経由して中国に伝承されたなどということはない[14]。中国の民は地球上の他の民族と同様に、その幼年期に留まったが、それは孔子による政治道徳と、この道徳がもつ機械的な仕組みとが軛《くびき》となって、精神の自由な発展が阻まれたからであり、だからこそこの専制国家から第二の孔子が生まれることはなかったと言う[15]。ヨーロッパの哲学者たちによって、ひとつの政治的理想として仰ぎ見られた、道徳に基づく国家形態というものも、過度の崇拝の対象とされることなく、正しくその状態が見積もられるべきだ、とヘルダーは考える[16]。ドイツ語圏における啓蒙主義を牽引したヴォルフとゴットシェートが、中国の人々とその文明に寄せた讃仰の念は、以下のようにヘルダーにあってはすっかり消えてしまっている。

モンゴロイドの民族は、地球のこの場所に植えつけられたのであり、中国における方位磁針がヨーロッパ的な偏差をもたないのであれば、この地域の民族からは決して、ギリシア人やローマ人が生ずることはできなかった。中国人は、小さな目、団子鼻、平たい額、少ない髭、大きな耳と布袋腹を自然によって与えられたひとつの人種であったし、そうであり続けた。この有機的組織化《オルガニザツィオーン》が生み出し得たものを、生み出したのであり、これより他を、この組織化に求めることはできない(17)。

古代神学的な歴史理解を脅かす中国の歴史の長さと、その文化的優位が否定される一方で、モーセによる書は三千年の歴史的伝統を記す最古の文書である、とヘルダーは考える(18)。モーセは、人間が目で見て理解し、記憶に留めることができるものだけを、人間と地球の歴史として記し、人間が目にすることができなかった地球の生成の歴史が別にあるとしても、これを省略したとヘルダーは考え、聖書に記された歴史的時間が、他の文明がもつ世界開闢譚と照らし合わせる中で生ずる限界を克服しようとする。

古代のエジプトであれば、創造主ウルカヌスの支配期間は無限であり、その息子太陽が三万年、その後サトゥルヌスと十二神が三千九百八十四年を支配し、これに半神たちが続く。古代のゾロアスター教徒、古代のチベットの場合もその創世記は、旧約のものよりも長く何千年という時間が記されている。さらにビュフォンが『自然の諸時期』において見積もる地球の生成に要した数万年という時間についていえば、これらの数字は地球の創成に関わるものであって、われわれ人間の歴史に属するものではなく、それゆえ人間の理解のおよばないものである。さまざまな伝承を集約して記述したモーセは、単純にそうした自然史的な地球の生成にかかわる部分を削除したのだ、とヘルダーは考える[19]。これによって聖書の描く歴史的時間は、地球上における物理的な時間の継起からは切り離され、そして聖書は永遠の哲学を保証する第一の文献として位置づけられるのである。こうすることでヘルダーは、カントによって更新された時間の枠組みの中に従来式の普遍史を組み込み、普遍史が依拠した聖書の正統性をも保持しようとする。その際、ウィストンが腐心したような、彗星の周期性による普遍史の時間的整合性をヘルダーは追究することなく、古代神学の方法に拠りつつ、始原にあった啓示の記憶への遡及を試みる。

大洪水は、ヘルダーのいわば古代神学的自然史においては当然のことながら決定的な意味をもたされる。これと関係して、『人類史の哲学についての考察《イデーン》』では、人類の根源は唯一であるとして、それがアジアの地の山岳地方、具体的にはヒマラヤ山脈に同定されている。この地こそが他の地域がまだ海面下にあった頃に既に唯一の陸地であり、この地においてあらゆる動物種とともに人類が出現した、とヘルダーは考える[20]。この地から発して、アフリカ、ヨーロッパ、そして東アジアのそれぞれの方角へと人類は歴史的に移動した。

ヨーロッパ人とアフリカ人——その中でエジプト人はいつものように例外とするが——、さらにはアメリカ人、南洋諸島西部のあらゆる伝説というものは、インド、チベット、古代のカルデアと低地エジプトにおける古い宇宙創成譚という、あの巨大な構築物と比べるならば、新しいメルヘンの失われた断片に他ならない。つまりこれらの断片は、寓話の中に姿を消した、アジアの太古世界の声と比べるならば、さ迷える残響の散り散りになった音なのだ[21]。

ビュッケブルク時代のヘルダーによって、かつて最古層と見なされたカルデアは、唯一かつ最古の根源であるこのアジアの山岳地帯から人類が下ってきた一道程にあるとしていわば格下げされ、またこのような道程は複数あるといまはみなされる。根源からの分岐そのものを決定的ならしめたのが大洪水であり、大洪水の後に複数の山岳で民族、言語、帝国が形成されるが、そのそれぞれはカルデアの系譜とは別のものであり、大洪水以後、アブラハムに既に堕落した形で伝えられた啓示の記憶は、大洪水以後に分岐した別の系譜に別様に伝えられた可能性が否定されない(22)。重要なのは、かつてヘルダーが熱心に描き出した古代神学の「サービア教／星辰信仰」は、真なるものを含む伝統ではあるが、それは唯一ではなく、他の伝統とともにひとつの根源から派生して全体を構成するという認識が、『人類史の哲学についての考察《イデーン》』では前面に出てくることである。

地球上ではただひとつ人間の理性のみが可能であり、自然はそれゆえまた理性を行使できる被造物をただ一種生み出すようにしたが、その分、自然は、理性を行使するこの者たちが、言語と伝統という、ひとつの学校において教育されるように仕向け、自らも、ひとつの根源に発したさまざまな世代の継起をとおしてこの教育を引き受けたのであった(23)。

ウィストンとゴットシェートは、彗星の回帰する周期性を利用して普遍史のもつ時間の真正さを宇宙的な時間の中に位置づけようとした。それに対してヘルダーは、宇宙的な時間の中に普遍史的な時間の枠組みを位置づけるにあたって永遠の哲学に依拠し、さまざまな伝承が一致して遡っていく途中に大洪水というフィルターをもうけ、その向こう側に、ひと筋に流れくる根源からの啓示を見る。啓示とは、任意の自然史の時間の中に蒔かれた、普遍史の種なのだ。

古代神学から進化論へ

ヘルダーがビュッケブルク時代に描いた古代神学は、啓示を真なるものとして担保するための、根源へと向かう遡及的運動であった。しかしヘルダーは、『人類史の哲学についての考察《イデーン》』において古代神学のそうした性質を放棄することなく、さらに根源からの派生と伝統を発展的に展開させる、時間的降下の側、すなわち未来に向かっての進歩に積極的な意義を見出そうとしている。過去と歴史、しかもさまざまな民族と文化の歴史は、一なる根源からの派生においてのみ意味をもつ。それは、「人間性《フマニテート》」という神の似姿、すなわち「理性と自由」[24]をいかなる形で発展させたかを知り、「人間性」の発展の連続的な伝統と歴史の中で、より純粋な形で「人間性」を形成することが、各々の民族と文化の地上における使命である、とヘルダーが考えるためである。

> 人類とは、人間性《フマニテート》へと向けて定められていたが、その始原からして、ひとつの血から出て、教化してゆくひとつの伝統の糸に導かれ、ひとつの兄弟の種族となるべく定められていた。そしてそのようにして、いまなおあらゆる家族が発生し、ひとつの幹からたくさんの枝が、ひとつの始原の庭園

から子孫たちが出るような形で、ひとつの全体が生じたのである。[25]

根源への眼差しは、未来において完全なる「人間性」を、人間の種族を手段として形成する限りにおいて意味をもつ。古代神学の系譜は、啓示の真正さを指し示しつつ、さまざまな歴史の段階において、多様な民族集団をこの伝統の継承のための媒体として得た一方で、今度は「人間性」を形成するための、民族の間での競争の歴史へと、未来に照準を合わせて読み換えられる。根源が唯一であるからこそ、未来の形成目標もまた、同一として見定められるのであり、人類という全体は「人間性」を発芽させるためのひとつの種族と見なされる。

民族の全歴史とはこうしてみると我々にとって、人間性と人間の尊厳という最も美しい月桂冠を手に入れるための、競争の場ということになる。[26]

（『人類史の哲学についての考察《イデーン》』）

ヘルダーは、人間が「人間性《フマニテート》の芽」を発芽させる可能性をもち、この「芽」は「神的な《ゲットリッヒ》人間の形姿」として現れ、さらに「神に似た人間性《ゴットエーンリッヒェ・フマニテート》」[27]へと完成されうるとしている。バロック期までの古代神学が、根源からの系譜と根源への遡及に力点を置いたとみるならば、ヘルダーの古代神学では、根源にあった啓示の記憶を未来において十全に展開し、啓示において現れた神性を人間が新しく獲得し、これに向けて完成されてゆくまでの収斂の方向性を可能性として提示しようとしている。人間は地球上で神性を発芽させるための目的なのであり、地球は人間のためにあるとさえ、ヘルダーは考える。そしてこの競争は、地球上における諸民族集団の間での競争であると同時に、神の似姿を受け継ぐであろう、あらゆる天体上の「人間」の課題であり、競争による獲得の目標となるのである。

他の天体の住民と輪廻転生による「人間性」の完成

それではヘルダーの自然史は、「世界の複数性」というトポスといかなる関わり方をするのであろうか？　地球上における事物は人間を目的として進化し、「神に似た人間性」を発芽させる、というのがヘルダーの描く地球の自然史であった。そしてこの「神に似た人間性」を発芽させるための自然史が、地球上にのみ限定されるものではなく、宇宙全体において遍く展開するものである、とヘルダーは考えている。水星や金星、土星の上でこの自然史が何処まで展開し、そもそもそこで既に人間的な知性をもった存在が出現し、さらに文化を営み始めているのかということはもとより知り得ない。また地球の住民の理性は、地球という星の物理的要件に依存しているものではあるが、しかし理性である限り、それはどのような星の条件のもとで成立しても変わりがない、とヘルダーは考えている。

したがって、もしさまざまな惑星がもつ普遍的な性格を、それらの住民の有機的組織や生の点において、一条の陽の光がもつ多彩な色や、ひとつの音階がもつ多様な音に喩えることが私に許されるならば、私は以下のように言うだろう。すなわち、真なるもの、善なるものという、ひとつの太陽の明かりは、恐らくはおのおのの惑星の上でさまざまに分光されるのだ、と。それゆえに、それらの惑星の住民のうち、誰もこの太陽を完全に享受すると誇ることはできまい、と。ただひとつの太陽が、それら惑星の住民たち皆を照らし、また彼らは皆、教化のひとつの計画の上をさまよっているのだから、彼らは皆、各々が自分の道を経て完全性へと近づいていき、さまざまに輪廻転生をした後、善なるものと美なるもののひとつの学校の中で恐らくいつかは合一すると期待されるのである。[28]

（『人類史の哲学についての考察《イデーン》』）

ヘルダーはここで明瞭に、「神に似た人間性」を発芽させた後、人間は生まれ変わってさまざまな星々の上に「神に似た人間性」を花として咲かせ、そしてそれぞれの星の上に花咲いた理性たちは宇宙全体に拡がる庭園を形づくると考えている。星々の世界を股にかけての輪廻転生という観念は、批判期前のカントが『普遍自然史ならびに天界の理論』（一七五五年）において夢想的ではあるが、ひとつの可能性として描き出したものであった。この夢想はゴットシェートに伝播し、ヘルダーの同時代人である若きハインリヒ・フォン・クライスト（一七七七―一八一一年）にまで共有されたように[29]、十八世紀のさまざまな思想家と文学者のテクストにおいて繰り返し語られる、人間の進化的再生の夢である。ヘルダーは、人間存在にとっての地球が、「神に似た人間性」を発芽させるための「練習の場、準備の場[30]」、「試練の場[31]」であると言い、「人間性の芽はもっと美しい太陽の光を浴びて花となる[32]」と考えている。ヘルダーが思い描く他の天体の住民は、「神に似た人間性」をより純粋に、より完成させた形で出現させるのであり、同時に彼らは、地球上の人間のうちで「神に似た人間性」を発芽させることのできた精神的存在の生まれ変わりであり得る。そうであれば他の天体の住民をも含めて、全宇宙の理性的存在が「神に似た人間性」をスケールとし、その完成度に即してなおあらためて存在者の階梯を霊的に構成することになるだろう。霊的存在は、この「神に似た人間性」の階梯を輪廻転生しながら完成へと向けて昇り行く。地球上の人間は、「神に似た人間性」を発芽させた時点で、霊的世界の天国にいわば所属するが、この霊的世界は、地球を含めた物理的世界である天体の世界においてそれぞれに展開しながら、また他方で、恐らくはもはや物理的天体とは関わりをもたない世界、完全なる「神に似た人間性」そのものが存在する世界にまで、遥かに連続して拡がっていると考えられる。その際、ヘルダーがもちだすのは、批判期前のカントが『視霊者の夢』(一七六六年)において描き出したのと同じ「存在の二重性」のイメージである。(33)

人間のみが自分自身と地球との関係で矛盾を抱えている。というのも、地球のつくる有機的組織すべてのうちで最も完成した被造物は、同時に彼の新しい状態の中では、たとえ彼が生に満ち足りて世を去るとしても、最も未完成であるからである。その原因というのは、明らかにこの地球上における彼の最後の状態が同時に次の存在の最初の状態であり、この最後の状態と引き替えに、彼は最初の練習をするひとりの子供のようにしてここに現れるからである。人間はしたがって、二つの世界を同時に表している。それが彼の存在を見かけの上で二重にする。(34)

(『人類史の哲学についての考察《イデーン》』)

ヘルダーの古代神学的思考方法は、未来を見定めた根源への遡及、すなわち神の似姿へと向けた人間理性の漸近的完成というイメージに即して基本的に理解されるが、「人間性」の完成を目指すこの古代神学は宇宙における「世界の複数性」を背景にして展開されている。神の似姿たる「人間性」を発芽させるために、地球上の存在の連鎖の階梯を上昇する進化の自然史があり、さらにこの自然史は全宇宙を覆っている。全宇宙の歴史とは、「人間性」そのものの完成を個々の理性的存在者が輪廻転生を経ながら目指す、ひとつの必然的な展開として理解されるのである。プロテスタントの牧師たるヘルダーの哲学ならびに神学は、古代神学のひとつの派生的系譜の中にあり、古代神学そのものは「人間性」を完成させるための、未来への道標となる。人間存在は、民族と文化の歴史において「人間性」を発芽させるために自らを発展させ、これからもそれは引き続き継承されるが、「人間性」のさらなる展開は、宇宙レベルで、また霊的世界とつながりをもって行われるのである。これは、ステウコの「永遠の哲学」の純粋な継承に他ならない。

カントが類としての完成に人間の理想を見、それが他の天体の住民との惑星系市民の状態への到達にあると考えたのに対して、ヘルダーはこの夢を宗教的な真実と捉え直し、個人の救済つまりは完成を、宇宙全体を舞台として展開される自然史の目的であるとみている。

「織り糸」として分光される「有機的な力」

カントは、ヘルダーの『人類史の哲学についての考察《イデーン》』を批判する際に、とりわけ「有機体を生じさせる不可視の諸力という仮定」に懐疑的な眼差しを向けていた。「有機的な力」は仮定であるのにもかかわらず、これまでのヘルダーの議論すべてを支えているのである。とはいえ、カント自身は『遺稿集』の中で同じような「有機的な力」を根拠に、自らの形而上学と自然学との橋渡しを図ろうとしていた。それではヘルダーの場合、「有機的な力」は現実といかなる接点ももたない、やはり単なる仮説に過ぎないのであろうか。

「有機的な力」と同様の性質をもつ概念が、『人類史の哲学についての考察《イデーン》』においてはいくつか挙げられており、「織り糸」あるいは「主要原質」とさまざまに名指される。まずその「織り糸」から解きほぐしていきたい。『人類史の哲学についての考察《イデーン》』第一部において、ヘルダーは宇宙論を展開するが、そこでは一なる単純な原理が無限に多様に変化することにより、宇宙の万物が形成されると説かれる。結合しては乖離する微細な「織り糸《スターミナ》」から四大は構成され、またこの四大から鉱物、その結晶、貝、植物、動物が生成されて、地球そのものもまたこの「織り糸」から成る。地球上の事物は「織り糸」の結合と解体を繰り返しながら、階層状に事物を生成してゆき、最終的には人間という小宇宙の形成に到達して、地球上の事物の進化的発展は止むというのである。

> 循環する時空間の中で、精神的かつ物質的な織り糸から風、火、水、土が発生した。水、風、光のさまざまな結合が先行してはじめて、最初の植物的有機体の種、例えば苔が生まれることができた。多くの植物が生まれ、そして死んでからはじめて動物的有機体が発生した。また動物的有機体でも昆虫、鳥、水生動物、夜行性動物が、地上で昼に活動する、より完成された動物に先行した。そうしてこれらすべての最後に、われわれの地球の有機体の王冠である人間、小宇宙が登場したのであ

る。(35)

「織《スターミナ》り糸」とは素材兼動因である万能のカオスであり、精神的および物質的な性質をもって時間と空間の中で結合して諸物を構成し、またこれらを他のものに変転させながら革新と解体を繰り返すことにより万物を形成する。(36)「織り糸」とはこの当時、ニュートンの実験によって有名となった、光の分光によって生ずるスペクトルを指す言葉であった。トルナヴァ大学で教授したイエズス会士ヨーハン・バプティスト・ホルヴァート（一七三二―九九年）は、ヨーロッパ全体で成功を収めたその著書、『物理小論』において光のプリズムによる分光を解説し、こう述べている。「単一の光が、このようにさまざまな部分に別れたものを、『織《スターミナ》り糸』とも呼ぶのが通例である」(37)。

「織り糸」は、以下のようにも言い換えられる。人間を目的として地球上の事物の進化は生起したとヘルダーは考えるのであるが、この人間には、ポリプなどよりは遥かに高度のレベルで有機的な力が働くとされる。有機体を生む「主要原質《ハウプトプラスマ》」(38)に従って、地球上の有機的事物は多様に構成されるが、この「主要原質」を最も多く有し、これを純粋に発現させるのが人間である。「主要原質」をスケールとすれば、人間を頂点としてあらゆる地球上の有機体は、人間から離れれば離れるほど、進化の低位の段階にあり、種の構成数を多くしつつ全体はピラミッド状に階層化される。「主要原質」は、ピラミッドの裾野では薄く、頂点では濃密に集合し、この集合が進化的な発展の結果として捉え直される。

万物をひとつの連関の中に見る、永遠なる存在の眼差しのもとでは、恐らくは生み出される氷の一片とこれをもとにさらに形成される雪片の形とは、母胎における胚の形成と常に変わることなく、ひとつの類似する関係をもっている。――したがって第二の主要原則を以下のように立てることができよう。すなわち、人間に近ければ近いほど、あらゆる被造物はその主要形態において多かれ少なかれ人間との類似性をもつことになり、また自然が愛する無限の多様性に関して、自然は、われわれの地球のあらゆる生物を、有機的組織化のひとつの主要原質に基づいて形成したかに見える、と。(39)

「織り糸」は「主要原質」、さらには「有機的な力《オルガーニシェ・クラフト》」(40)として、ヘルダーによってさまざまに名指されるが、いずれも普遍的かつ神的な、自然の事物を構成してゆく力とされる。この遍く存在する力が、地球上において人間という中心を、存在の連鎖の頂きに実現する。注目すべきは、鉱物から植物、動物を経て人間に至る存在者の階層的秩序という、ヨーロッパの思想史における伝統的な観念である「存在の連鎖」ないしは「存在者の階梯」のイメージをヘルダーが抱き、さらに鉱物の自然界と動植物の生命体との間に、生気論の場合とは異なって区別をもうけないという点である。存在の連鎖はひとつの統一的原理によって構成され、さらにこの連鎖は人間を目的として進化論的に形成された、とヘルダーは考えるのである。

「存在の連鎖」という世界観において万物は互いに照応関係をもつとされるが、そのスケールとして取り上げられるのが、ヘルダーの場合は、神の似姿としての人間の形姿である。この形姿の完全性の極点の一方に神が、他方に最も断片的となる水や空気が位置することになり、地球上における有機物が人間の形姿を獲得してゆくまでの進化の歴史が、そのまま階梯としてイメージされ、それがまた自然史として理解されるのである。しかもこの「存在の連鎖」は、宇宙全体を舞台とし展開している。「織り糸」ないしは「主要原質」は、さまざまに変化しながらこの連鎖の各項として結実すると考えられる。ビュフォンの「普遍的法則」が、ヘルダーにおいては「有機的な力」＝「織り糸」と目されているのだが、「織り糸」が仮説であるならば、少なくとも仮説の結果、形成される「存在の連鎖」の実在が証明される必要がある。ヘルダーの時代に「存在の連鎖」を証明することになるのが、当時発見された生物であるヒドラ・ポリプである。

存在の連鎖とポリプ――後成説的進化への期待

ジュネーヴの実験生物学者アブラハム・トランブレー（一七一〇―八四年）は、淡水性ヒドラを特殊なレンズによって観察し、切断やさまざまな条件における群体構成の実験を行い、その報告を一七四四年に、『淡水性ポリプのひとつの種に関する学に貢献するための研究報告』において発表した[41]。電気の発見と並んで、十八世紀における最も顕著な発見と見なされたヒドラの生態の発見は、各国大使がヒドラ研究の進展を自国政府に報告する義務があると見なしたほどのインパクトをもったが、それはヒドラ・ポリプが「存在の連鎖」という観念において探し求められたミッシング・リンクであったからに他ならない。というのも、ヒドラ・ポリプは単体で移動し、捕食行動を行うが、またそれぞれの単体が合わさって群体というものを形成し、この群体の中で各ポリプ部分は捕獲、消化、生殖器官などに機能分化し、有性生殖によって次の世代を生む。群体は、あたかも植物に似て種子をもつかにみえ、それゆえに動物種の中の最下等の種として植物に類似した性質を示すと考えられたのであり、それは存在者の各項が微細な変化を伴いながら連鎖し、階梯をなすというイメージを裏づけることにもなったからである。

さらにヒドラ・ポリプは無性生殖によって分裂しながら自らを増殖させ、切断されたヒドラ・ポリプの断片が、自らの単体を完全に再構成することもできた。「ポリプを、横でも縦でも、二つあるいはいくつかの部分に切断してみるならば、その結果は、切断されたどんな部位も再び完全なひとつの動物体となり、切断された断片はまことに目覚ましくも、自分に欠けているものを再び生やして獲得し、ひとつの完全なポリプになる」[42]。トランブレーによって報告されたこの事実は、部分が全体を再現するというヒドラ・ポリプの生態が、「存在の連鎖」の根幹にある万物照応の思想モデルを現実的に証明するという側面をもった[43]。しかしこの事実は、以下に見るヘルダーの考察のように、「存在の連鎖」を焦点として浮かび上がるもうひとつの観念である前成説を否定し、進化論を可能にする後成説に蓋然性をもたせることになる。というの

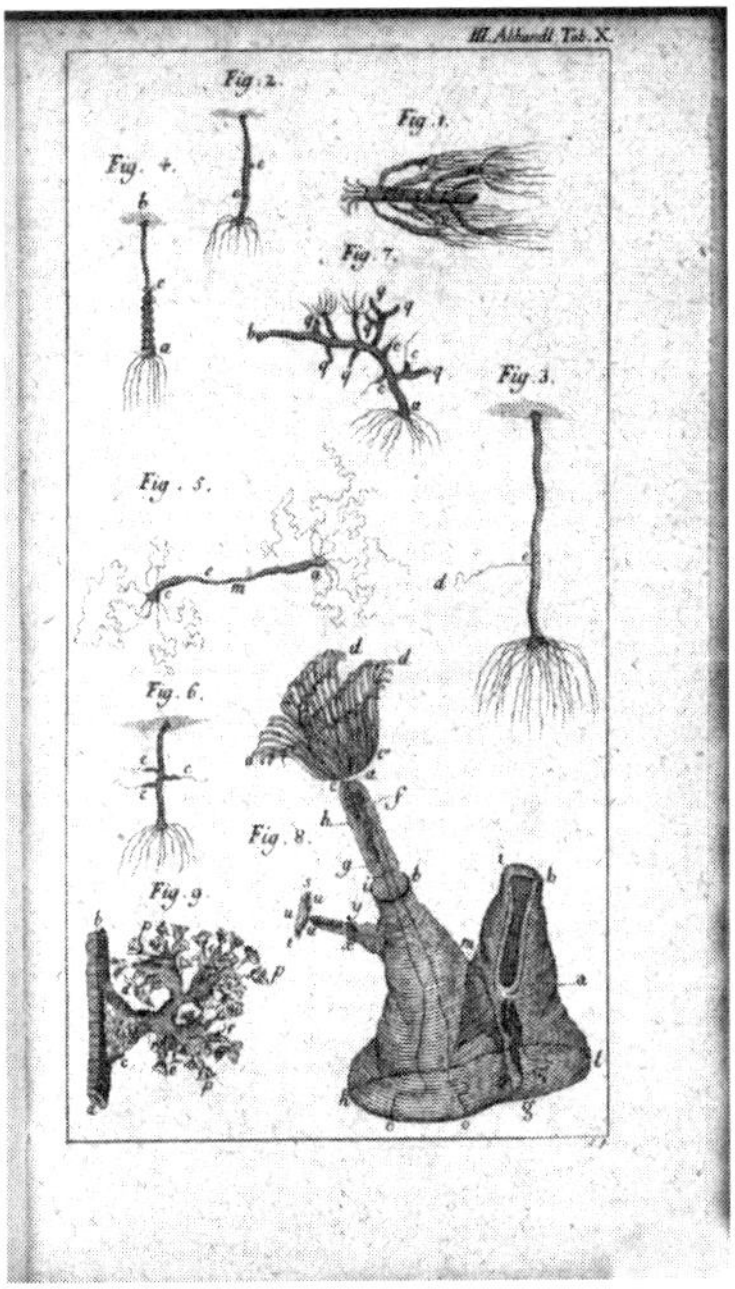

20　ドイツ語版，トランブレー『ポリプ種』(1773年) より．ポリプのさまざまな生態．下二つが群体．

も、あらゆる事物は予め定められた形姿を発生に先立って宿していると前成説は主張するが、むしろ発生後の環境の中での進化および発展が可能であるとみるのが後成説であり、それはやはりヒドラ・ポリプの生態に即して立証される、という立場をヘルダーはとるからである。ヘルダーは『人類史の哲学についての考察』の中で「植物性動物」の例としてのポリプに関して以下のよう述べる。

> いくつかの部位や、ある特定の方向では、その部位が小さすぎたり、ポリプの力があまりに弱々しくなると、ポリプはもはや欠けた部位を補ったり修復したりすることができない。補完修復ができないというのは起こりえないはずであろう。もしもあらゆる部位に予め形成された胚が既に存在するのであれば。強力な有機的な力をこそ、われわれはポリプの中に見出すのであり、これが成長を促す働きをするかのように、ポリプのずっと奥底のごく弱い朧気な最初の段階で働いているのである。[44]
>
> （『人類史の哲学についての考察《イデーン》』）

「予め形成された胚」というものは、個体の中のどの部位にも存在しない。どの部位にも潜在的に存在するのは「織り糸」としての「有機的な力」であり、この勢力が十分に強ければ、胚は新たに形成可能である。つまり、胚は個体において「有機的な力」が織り集められるようにして後天的に形成されるのであり、前成説の言うように、予め存在しているのではない。かくしてヒドラ・ポリプは、後成説の側に有利な論拠を与え、そして「有機的な力」の存在を証し立てるものとなる。その結果として、存在者の階梯は、予め定められた形姿が個々の事物において生成することにより成立するのではなく、発生後の個々の事物の連続的な進化の歴史であるということになる。ヒドラ・ポリプは、存在の連鎖のイメージを確固たるものにしつつ、さらにそれ自身が階梯の連鎖を支える項となることで、階梯間の上昇可能性を語り、進化論の成立へと道を開くことになるのである。

進化論

地球上における無機物から有機物へ、そして有機物の最終目標である人間へと至る自然史の展開について語るヘルダーには、進化論的思考方法が明確に見て取れる。実はダーウィンの登場よりもずっと以前から進化論的な発想は存在し、ドイツ語圏では、ハレ大学に学び、ペテルスブルク大学で解剖学と生理学を教えたカスパー・フリードリヒ・ヴォルフ（一七三四―九四年）が後成説を主張していた。これを受けてヘルダーは、『人類史の哲学についての考察《イデーン》』においてヴォルフに何度も言及している。

ヴォルフもまた、トランブレーのポリプに影響を受けて後成説の立場を主張したが、ヴォルフは顕微鏡を使った自らの実験観察に基づき、植物であれば、養分の吸収に始まる胚からの管、茎、葉肋《ようろく》の順次形成を空豆に即して、また動物であれば、頭部と脊椎の形成に始まり、羽と足、心臓や肺、腎臓といった臓器の各部位の、胚からの発生を鶏に即して、その著書、『発生の理論』（ラテン語版、一七五九年）の中で図示しつつ報告した(45)。

ヴォルフが証明を試みたのは、胚からの有機的組織の順次形成という「後成説《エピゲネーシス》」の証明であり、胚において発生以前に各有機的組織が既に形成され、いわばミニチュアの形で折りたたまれて存在し、これが展開するという「前成説《プレフォルマツィオーン》＝展開説《エヴォルツィオーン》」を論駁することであった。前成説は、聖書の記述と矛盾することなく、創造の時点であらゆる生物種とあらゆる生殖細胞は祖先の胎内に入れ子状に既に存在するとし、この生殖細胞の順次の機械的な展開を考える。一方で後成説は、生殖細胞の中に分化した構造が予め存在するのを認めず、後天的な発生、いわば神の創造が個体発生においてそのつど生ずると考える。

後成説において創造以後の生物の発展的展開を個体に認めるのであれば、種そのものも、個体そのものの連続的変化、つまりは進化として説明することができるであろう。前成説は機械論的である一方、後成説は生命に無機物とは異なる特別な力を認める点で「生気論」と分類される[46]。前成説を支持した同時代人の代表は、ジュネーヴに生まれた生物学者シャルル・ボネ（一七二〇―九三年）とハラーであったが、ヴォルフの時代とそれ以降も、生物の発生に関して前成説と後成説は相対立した。後の時代の後成説の代表はエルンスト・ヘッケル（一八三四―一九一九年）であるが、個体発生は系統発生を繰り返す[47]、という彼の有名な進化論のテーゼの萌芽は、ヴォルフの次の言葉に既に明瞭に読み取ることができる。

動物が、その形成にあたっては、植物の葉と非常に多くの類似性をもっているというのは、妄想めいた類推などではなく、確かなことである[48]。

（『発生の理論』ドイツ語版、一七六四年）

胚からの発生の比較研究に基づいてヴォルフは、植物種と動物種の発生の同質性を指摘し、さらには植物と動物に共通な、生命現象の根源となる作用を「本質的力《ウィース・エセンティアリス》」[49]と呼んでいる。この「本質的力」

を構想したことから、ヴォルフは生気論の側にあると考えることができるが、この力にヘルダーは自らの有機体論における「有機的な力」のヒントを得たとみることができる。

「有機的な力」とスピノザ――真空の否定

「織り糸」あるいは「主要原質」として説明される、自然の潜在的な勢力について、ヘルダーの最も明確なイメージが提起されるのが、『神――いくつかの対話』（一七八七年）である。この書は、ヘルダーが『人類史の哲学についての考察《イデーン》』を書き進める途中、その第三部（一七八七年出版）が終了した後に書かれたが、その序文には、書の構想そのものが十年以上前に遡るとあることから、この対話が『人類史の哲学についての考察《イデーン》』と密接な関係にあって、『人類史の哲学についての考察《イデーン》』の理論的背景として根本的な意味をもつと理解される。『神――いくつかの対話』の基本的な構想は、バルーフ・デ・スピノザ（一六三二―七七年）の哲学が無神論であることを反駁し、あわせてフリードリヒ・ヤコービ（一七四三―一八一九年）の『スピノザの教説について』（一七八五年）が暴露した、ゴットホルト・エーフライム・レッシング（一七二九―八一年）のスピノザ主義を擁護するものであった(50)。そのため、まずはスピノザの『エチカ』（一六七七年）から、ここでの議論に必要なだけの基盤となる考え方を取り出しておきたい。

『エチカ』第一部「神について」に基づいて考えれば、神は唯一かつ無限の実体であり、さらに第二部の定理二によれば、神は「延長されたもの《レース・エクステンサ》」(51)なのだから、神は唯一無限の実体であり、これは延長である。スピノザは、実体は延長であるというデカルトの考えに基本的に従っている。そして、第一部定理十三に拠れば、「絶対的で無限の実体は分割不可能である」[52]。このスピノザの考えは明確に、分割した最小の単位として原子を想定する原子論とは相容れないものである。したがってスピノザも、デカルトと同じく真空を認めることはない。『デカルトの哲学原理』(一六六三年)でもスピノザは、『哲学原理』を解説しつつ真空と原子の存在をともに認めていないが、これは、ロバート・ボイル(一六二七—九二年)の代理人となった形のオルデンブルクと書簡を交換した後でも変わらない、スピノザの根本的な立場である。

というのも、ブレーメン出身の王立協会秘書ハインリッヒ・オルデンブルク(一六一八—七七年)は、ボイルの立場をエピクロス主義のものとしながら、真空についてのスピノザの考えを問いただそうとしたが、これに対しスピノザは明確に真空の存在を不条理であるとしたのだった[53]。さらに、スピノザの考えるこの唯一絶対の神がひとつの実体および延長として、真空の中に浮かんでいるかと問えば、それは下記のように否定される。すなわち、『エチカ』第一部定理十四によれば、「神のほかにはいかなる実体もなく、また考えられない[54]」のであり、続く定理十五では、「あらゆるものは神の中にある[55]」とスピノザは述べるのだから、われわれのイメージする無限の宇宙世界そのものが神であり、この神の世界の外側にも内側にも真空は存在しない、と言える。そして定理十四、十五と連動する形で導かれる定理十六が、ヘルダーの「有機的な力」が生成してくる根源を考える上で重要となる。

神の本性の必然性からは、無限《イーンフィーニータ》に多くのものが無限なる方法で——ということはすなわち、無限なる知性のもとに入ってきうるすべてが——生ずるに違いない[56]。

神は、自然の外側に隠された超越として存在するのではなく、隠れなき内在として自然全体の中に自らを表出し、その表出の様相に、神の唯一性と自然の無限性とが媒介されている。ここから明瞭に浮かび上がってくるのは「神即自然」の汎神論的世界観であり、この世界観を、ヘルダーに先行するレッシングは自らの哲学的信念の言葉「ヘン・カイ・パン」、すなわち「一にして全て」、として言い表したのであった。

以上のようなスピノザの神的な自然世界観を背景として、ヘルダーの『神——いくつかの対話』という対話篇が展開される。その対話篇の第二部で確認されるのが、まず神の「存在」についてである。

存在。よろしいですか、レッシングはスピノザに関しては半分だけしか前進しなかった。そうでなければ、われらの世界知者《ヴェルトヴァイゼ》があらゆる力の根拠かつ神髄として充分に表現した、この概念をきっと展開してみせたことでしょう。存在とは、そのあらゆる作用よりも素晴らしいものです。喜び楽しむ存在というものが有り、これはあれやこれやの概念を超越しているばかりか、これら概念をもってしては量り知ることさえできないものです。というのも、想像力は、存在のもつさまざまな力のうちの単なるひとつですが、これに他の多くの力が従わなくてはならないのです。人間だってまさしくそうしたものですが、この制約された存在にあっても状況が同じであれば、神にあっては一体どうでしょうか[57]？

人間の概念をもってしては把握できない神的な「存在《ダス・ダーザイン》」というものが有り、この「存在」のもつ想像力の働きによって世界が生成する。ヘルダーは、「思考」と「延長」との二つを媒介するものが潜在的な「勢力《マハト》」であり[58]、「思考」は「勢力」でもあることによって、事物の世界に働きかけをすると言う。こうした「勢力」の現実的な姿が「物質的力《ズブスタンチエレ・クレフテ》」[59]であり、これは「精神と物質の媒介概念」として、スピノザのシステムには登場しないけれども、これに最も明瞭かつ美しく統一性を与える原理となるはずだ、とヘルダーは考えている。つまりは、デカルトにあっては物質とは単なる延長に過ぎなかったのだが[60]、これはうちなる「勢力」をもたされることで精神と橋渡しされ、その精神の働きかけを常に受けることにより、自然世界は無限にその現実的な姿を変化させていくことになると理解される。ヘルダーは、スピノザのシステムでは「神が無限の諸力の中で、無限の仕方で自ら現れる[61]」と説明するが、これはスピノザの『エチカ』第一部定理十六を、ヘルダーが自らの立場で解釈したものに他ならず、この現れが「勢力」となるというのである。そしてヘルダーは、「精神と物質の媒介概念」が事物としての世界を生成する「物質的かつ有機的な力[62]」であると、対話篇において登場人物に語らせる。つまり、『人類史の哲学についての考察《イデーン》』でも説明された「有機的な力」こそがスピノザのシステムを補完する、とヘルダーは考えるのである。

「可能的無限」から「現実的無限」へ

人々がスピノザの哲学を無神論として論難するにあたって一番問題にした箇所、すなわち世界の外部に神を認めないというそのシステムについて、ヘルダーは以下のように解釈して、スピノザの神を救い出そうとする。すなわち、「自ら自身によって無限なるもの《ウンエントリッヒ》と、構想力の中での時空間によって考えられた限りなきもの《エントロース》とを区別(63)」する必要がある、と。この言葉によってヘルダーは、無限を二種類に区別しているが、それによってはじめてスピノザの神を理解することができるという。

> かの者はあらゆるものの前に存在し、あらゆるものはかの者の中にある。全世界は、永遠に生き、永遠に活動するその諸力の表出であり、現れである(64)。

「かの者」を「自ら自身によって無限なるもの」、そしてその現れである「全世界」を「構想力の中での時空間によって考えられた限りなきもの」として捉えるならば、その違いは何であろうか。ひとつの「無限」は、もうひとつの「無限」とどのようにして区別されるのだろうか。これはヘルダーが意識しているカバラの教説によって説明され、またガリレオが発見した「現実的無限」と、ギリシア古代からの伝統的な「可能的無限」とを区別した上で理解可能となると考えられる。

「可能的無限」とは古代ギリシアに発する無限のイメージであり、アリストテレスは無限を定義して消極的に表出されるものとしている。すなわち、「その外部に何もないところのものではなく、その外部にたえず何かがあり続けるところのもの」[65]（『自然学』207a）である。いわば限りなく進行する中ではじめて消極的に得られる無限のイメージが「可能的無限」である。カントが『普遍自然史ならびに天界の理論』で描き出した恒星の誕生と死の繰り返しから導き出されるような時間の総体と、重力の中心を各階層で求めていく無限級数によってイメージされる宇宙空間の総体のいずれもが「可能的無限」の性質をもっていたと言える。この「可能的無限」は『純粋理性批判』においては以下のように定義される。

無限の真の（先験的な）概念とは、ある量の計測にあたって分割されない単位を結合し続けても完結をみることができない、というものである。[66]

ヘルダーの言う、「構想力の中での時空間によって考えられた限りなきもの」を「可能的無限」と捉えるならば、このような「可能的無限」としての神のもつ延長には、その拡張がどこまで進んでも外部というものはないことになる。これは例えば、レッシングが『神の外にある事物の現実性について』（一七六三年）において、「神の外にある事物の現実性を、私が望むように解釈してみたい。すると私は、これに関するいかなる概念も思い描くことができないと公言しなくてはならない」[67]と述べるのに通じている。『神の外にある事物の現実性について』は未完の断片に留まるテクストであるが、これをヘルダーは『神――いくつかの対話』の第二版（一八〇〇年）の末尾にまとめて掲載している。レッシングの議論が、まさしく「構想力の中での時空間によって考えられた限りなきもの」、つまりは延長と実体について、人間に理解される限りでの無限を巡るものであり、神はそうした人間の理解を超える無限である、とヘルダーは考える。

他方の「現実的無限」の性質は、ガリレオが異端審問にあって自説を撤回させられた後に書いた『新科学対話』（一六三八年）の中で述べる発見に基づいて理解することができる。そこでは登場人物サルヴィアーティが、「凡ての数の総体は無限であり、平方数の数も無限であり、その根の数も無限(68)」であると語る。これの言わんとすることは、整数全体という無限集合は、要素という点で、二乗数全体の集合($1^2, 2^2, 3^2, \cdots$)に一対一で対応する、ということである。二乗数の全体からなる無限集合が総数という形でもつ部分的性質は、整数全体が総数としてもつ無限の性質に等しい。つまり、二乗数からなる無限の全体は、無限という性質に関して、自らの部分と等しくなり、部分もまた無限となるのである。無限には階層というものがあるのだ。

「現実的無限」は全体が部分と等しくなるのであり、神を「現実的無限」と解すれば、その（真）部分集合としての現れもまた無限であり、その現れとしての無限を、人間はせいぜい「構想力の中での時空間によって考えられた限りなきもの」として捉えていることになる。このように無限を複数ないしは階層的に考えるならば、ヘルダーが考えるように、スピノザの神は、いわば無限の自然世界の外部に、別なる階層にある無限として存在することが可能になるだろう。「現実的無限」と「可能的無限」とは、いわば次元が異なっているのであって、これが「自ら自身によって無限なるものと、構想力の中での時空間によって考えられた限りなきものとを区別」することの意味であると考えられる。「自ら自身によって無限なるもの」を「現実的無限」であるとするならば、「現実的無限」において現れる、全体と部分とが等しいという、奇妙な性質をもって、無限なる神が、無限として発出する神となるという、そのパラドックスを解決できるのではないか。

ヘルダーが説明する世界の根底にある「存在」は、空間そのものに無限の延長として現れ出て、それが世界となったとしても、世界と同じであることはない。ヘルダーのスピノザ理解にあっては、あらゆる概念的把握を超越した「無」から発出する神という、新プラトン主義の神秘主義的な、あるいはヘルダー自らが言うようにユダヤ神秘主義カバラの「神の永遠の拡張と収縮[69]」、すなわち「チムツム」と呼ばれるような神の理解がある。この語は、エルサレムに生まれたカバラ主義者イサーク・ルーリア（一五三四―七二年）の教説において中心的な意味をもっているが、それによれば、この世として理解される世界の創造の最初の始まりは、無限の神が収縮することによって生ずる「真空」のうちへの、神の光の発出を起点とし、この発出から何段階も媒介を経た下位のレベルにわれわれの世界があると理解される[70]。「セフィロートの樹」としても表象されるこの発出の様態を、ヘルダーの「現実的無限」を援用して理解することができるのである。

ヘルダーのカバラ的有機体論

スピノザの哲学とそのシステムを、ヘルダーは「有機的な力」が働き、形成する場として説明した。この場が世界であるが、ヘルダーはこの世界そのものをひとつの有機体として理解していたこと、そしてこの有機体の活動の目的が「神に似た人間性」を芽生えさせることであり、この発芽した「人間性」が、非物質的世界、つまりは「存在」のレベルへと上昇するという、カバラのようなイメージを抱いていたことを示してみよう。

ヘルダーは『神――いくつかの対話』において、スピノザのシステムを拡張して考えるために、ライプニッツの「モナド」論を援用する。ヘルダーがライプニッツに依拠して思い描いたのは、スピノザのシステムにおいて働くと考えた力が相互に依存関係にあって、ひとつの全体を形成しているということである。ライプニッツが考えた、モナドによって構成される世界の予定調和を、ヘルダーは、「有機的な力」がつくりあげるひとつの有機的総体として読み換える。既に紹介したようなライプニッツのモナドを巡る議論と関連づけて、ヘルダーは彼の理解する「予定調和」を以下のように説明している。

> 神の全世界は、非物質的諸力《イマテリエラア・クレフテ》のひとつの帝国となるのであり、この力のひとつたりとて他の力と結合しないということはないが、それはまさしくこの結合と諸力すべての相互の働きかけとから、世界の現象と変化が生ずるからである[71]。

この結合の仕方と同じとされるのが「有機的組織化《オルガニザツィオーン》」であり、そこでは「あらゆる力《クラフト》が、自らに仕える他の諸力か、自らを支配する諸力と結合している[72]」。有機的に組織化された世界は、最終的に支配する力がなければ、ひとつの全体を構成できないであろうし、この力の統制を上から受けてこそ、さまざまなレベルで「有機的組織化」がなされるのであろう。世界全体が、神という「存在」から発出したのであれば、世界を支配する最高位の「有機的な力」もまた、「存在」に仕えることになる。「自然には有機的に組織化されないものは何もない[73]」とヘルダーが考える以上は、この世界全体も有機的に組織化された「ひとつの総体を形成する[74]」であろう。

それは考えてみれば、当然のことと思われる。「有機的な力」が働いて有機的組織を世界のさまざまなレベルで、つまりは「存在の連鎖」の各階梯でつくるのであれば、階梯はひとつの総体ないしは全体をつくり上げるはずであり、この全体がシステムなのであれば、それはまたひとつの有機体であるだろうからである。ヘルダーは対話篇の中でその有機体の姿に言及しているが、その姿は例えば、スウェーデンボリが『天界の秘儀』（一七四九―五六年）において描いたような人間の姿ではない[75]。

想像の翼を途方もなく拡げて、宇宙全体を想い描いてもよいとしたら、その姿は巨人ではなく、自ら自身に憩う、ひとつの球となるだろう[76]。

世界とはひとつの球形の有機体の姿をしている。そのような有機体を構成する実体がモナドであれば、それはやはり全体を構成すべく最初から調整されており、それが「予定調和」であることになる。「物質のおのおのの部分は、植物に満ちた庭園と魚に満ちた池として理解可能」であったが、それがまさにこの宇宙全体の有機体とその器官の姿としてマクロに捉え返される。

さて、世界が「存在」から発出し、有機体としての総体となり、この総体が上位の「存在」の支配を受けるのであれば、世界そのものもまた有機体の常として生成し、死を迎えるのだとしても不思議ではなく、それは次なる実体へと姿を変えてゆく自然な過程である。有機体を構成する物質はすべて流転し、次の有機体を構成する要素となる。この物質は有機的な力によって生きているが、これら諸力もまた消えることはない。ここにあるのは永遠の「転生《パリンゲネジー》」であり、そうであるとすれば人間がもつ精神的力もまた転生をする、とヘルダーによって考えられている。

もし私の魂が実体的な力であり、この力の現在作用する領域が破壊されるのだとしても、ひとつの創造されたものにはいかなる空隙も飛躍も孤立もないのだから、新しい器官がこの魂のために欠けるようなことは決してあり得ない[77]。

そうであれば、魂は新しい器官を得て、転生してゆく。しかもこの転生は、有機的な力の働く場で、「人間性」の完成を目指して永遠になされてゆく。死とみえるものも、永遠に若返ってゆく、留まることを知らない力の作用なのであり、有機物は永遠に交代し形づくられていく。この必然的な生と死の繰り返しの世界を、ヘルダーは必然と復讐の女神ネメシスの別名にして、またクレタ島の地母神的女神と縁のある「アドラステア」の名で呼んでいる[78]。「アドラステア」の世界は、「永遠の転生[79]」からの解脱が目指される仏教的な世界の対極にある。「永遠の転生」は「世界の複数性」の中でむしろ積極的な意味をもつからである。

スピノザのシステムを拠り所として、被造物が見出すことのできる救済は、『神――いくつかの対話』において以下のように表現されている。

移ろいゆくものはすべて、自身まったき存在である流れのもつ波であり、自立的で本質的な真理がみる夢なのである。時の現れの中では永遠なるものとして、空間の形の中では分かちがたきものとして、眼に見えるようになろうと欲したそのものは、あらゆる形に最も短くかつ同時に最も長い存在を与えずにはおかず、しかもこの存在は、空間と時間がもつ像というものになって、その形が現象することを求めるのである。[80]

この「アドラステア」の世界の中で、「人間性」の完成を目指す被造物は、はじめから神の存在と同じものを与えられて、この世界に現象する。神から発出して、世界の中で「人間性」を完成すべく星間を永遠に輪廻転生する魂は、最初から神と同じ本質をもつ、と考えられる。被造物はすべて神の「存在」を分与されるのであるから、「アドラステア」そのものの生成の中で永遠に生き、「人間性」の完成とともに、この生成を理解し、神そのものと同化してゆく。そして「アドラステア」が永遠の果てにいつか「存在」に回収されることがあれば、あらゆる被造物もまた「存在」のうちに帰還することになるのだろう。

バロック期の古代神学の遺産の上に立つドイツ近代啓蒙期のヘルダーは、古代神学が措定する啓示の根源を当然の真実として受け入れ、かつ根源へと遡及して認識される啓示の内容を、理性的存在が抱くべき、未来における完成の目的として新たに設定し直した。啓示された神性へと向けて地球上の生物は進化してゆき、神の似姿である人間は、神性を認識する最初の一歩を地球上の存在者として踏み出し、向後は理性的存在者としてなお星々の上を輪廻転生しながら神性の完成を目指していく。

「人間性《フマニテート》」とは神の似姿の謂いであり、地球上の人間存在は、さまざまな文化、民族集団という歴史的な媒体をとおして、個々人が「人間性」を発芽させるように、いわば試されている。個々の民族と文化は、「人間性」の発芽を目指して競争するのであり、この競争の場は、地球上にのみ限定されず、他の天体上の住民を含めて全宇宙空間とその歴史にも拡がっている、とヘルダーは考えた。「人間性」を発芽させるのが地球の目的であり、この目的は全宇宙の天体においても同様に目指されている。そうであればこそ、ヘルダーにおいてキリスト教を信仰することは、「人間性」を発芽させるための方便であり、キリスト教への信仰と、他の天体の住民存在の想定との間には何らの矛盾も生じない。存在の連鎖は地球上だけではなく、全宇宙の拡がりの中に応用的に投影され、その連鎖のスケールが「神に似た人間性《ゴットエーンリヒェ・フマニテート》」となる。人間は万物の尺度であり、宇宙のどんな辺鄙な場所にあろうとも、神性と関わりをもって、神性を目指して進化する永遠の存在者であると考えられるのである。

こうしたヘルダーの人間中心主義は、根源ないしは始まりを措定し、それを神的と考えようとするヨーロッパ的な思考方法と表裏一体であり、人間中心主義はヨーロッパ中心主義とも表裏一体でありうる。事実、理性の自律の模範を中国人に求めたヴォルフの態度は、もはやヘルダーにはなく、啓示宗教をとおしても自然宗教をとおしても、また理性によっても道徳的でありうるとされた理性への期待は、「人間性」の完成という目標と結びつけられて、再び啓示宗教への信仰と不可分になる。根源にあった啓示の記憶の古代神学的探究は正しくも、ピュタゴラス派の輪廻転生に帰着し、人間という種の進化的発展の夢が「世界の複数性」を背景として展開された。「永遠の哲学」は、地球上で完結することなく、ついには宇宙全体をその展開のための未来の場所として見出し、最終的には神の知へと上昇することが目指される。

そのような「永遠の哲学」の推進媒体となる「有機的な力」は、「人間性」を形成することを自然史の主たる目標としている。完成を担うのが種であるのか、個人であるのか、その違いは非常に大きいけれども、ヘルダーの自然史もカント同様に普遍的性格をもたされている。そしてこの「普遍自然史」の生成と消滅が永遠に回帰する様を、ヘルダーは女神アドラステアとして寓意的に、そして全宇宙的な球形の有機体の姿をもつものとして具体的にイメージしたのであった。

第九章　メタモルフォーゼ　ヨーハン・ヴォルフガング・ゲーテ

ヘルダーとゲーテ

ヨーハン・ヴォルフガング・ゲーテ（一七四九―一八三二年）は、帝国自由都市フランクフルトに皇帝付参与（実際の役職はない）のヨーハン・カスパー（一七一〇―八二年）を父とし、フランクフルト市総督《シュルトハイス》（市長を管轄する立場の者）の娘カタリーナ・エリーザベト（一七三一―一八〇八年）を母として、一七四九年に生まれた。その当時のフランクフルトは人口三万六千を数え、さまざまな歳の市が開かれ、また歴代の皇帝選挙とその戴冠式が行われる、経済、政治、文化の繁栄した都市であった。司教座教会も置かれた都市はルター派が多数を占め、両親もまたこれに属した。ライプツィヒ大学で法学を修めた父ヨーハン・カスパーは、かつてのハラーと同じように、フランクフルト市政への参与を望んだが叶わず、旅行をするほかは、主としてヨーハン・ヴォルフガングとその妹コルネーリアの教育に情熱を注いだ。

ヨーハン・ヴォルフガングは、ギリシア、ラテン、ヘブライの古典語、仏、伊、英のヨーロッパ各国語、絵画、ピアノにフェンシングと乗馬、そして法学を、父自ら、あるいは父が選んだ教師たち――その中には高校《ギュムナージウム》の校長も含まれる――によって私的に授業を受けた。フランクフルトは七年戦争の間、帝国側の同盟軍として進駐したフランス軍の支配を受けたが、その当時のゲーテは祖父からもらった無料パスを使い、劇場をあたかも学校のようにして通っては、フランス語演劇に親しんだ。

早くから詩作に才能を発揮したゲーテは、ゲッティンゲンで詩学と古代研究を専攻することを希望したが、父の強い反対があり、十六歳からライプツィヒで法学を学ぶことになった。この地でゲーテは法学の他に詩学、哲学、歴史、神学を学び、自然史への関心を育て、また老ゴットシェートを訪ねている。十九歳の時、肺を病んで帰郷するが、この頃に敬虔主義の人々との交流を深めた。二十一歳で、学位をとるためにシュトラースブルクへ赴き、一年後、国家法についての博士となる。同年フランクフルトで資格を得て、弁護士としての活動を始め、一七七二年には法学修養のため、ヴェッツラーの帝国最高法院の司法見習いとなる。

一七七四年に『若きウェルテルの悩み』を出版し、これがもとで七五年にザクセン＝ワイマール＝アイゼナハ公国への招聘を受け、翌年からアウグスト公の参与として活動を始めた。その後、ワイマールの宮廷では鉱山開発、戦闘・道路建築委員長、イエナ大学の運営、財務大臣、劇場監督など、さまざまな公務に携わり、八二年には貴族の称号を得る。ところが八六年、あらゆる公務を投げうって、かつて父が定めた旅の目的地であるイタリアへと向けて、ゲーテは保養先の温泉地カールスバートから遁走したのだった。(1)

一七八七年十月、ゲーテは旅先のローマ近郊ガンドルフォ城にあって、ヘルダーの『人類史の哲学についての考察《イデーン》』第三部を受け取り、ことのほか感激してみせた。ヘルダーの自然史の展開は、ゲーテのイタリア旅行の時期と、そしてその時期におけるゲーテの関心の内容と並行関係にある。イタリアへ向かったゲーテはブレンナー峠を越えながら、大地の歴史的生成の根源を観察し、シチリアにあっては、植物の形成の原理となる原植物を探し求めた。ローマへと向かう旅は、古代世界そのものへの時間旅行と重なる。ヘルダーが「有機的な力」として捉えようとした、自然史を普遍的に記述可能にするであろう法則は、ゲーテの場合「メタモルフォーゼ」と言い表される。理念的な形態が現象し、それが進化してゆく様をゲーテは、鉱石、植物、昆虫、動物の世界において探究した。後年のゲーテが、ヘルダーとの協働を振り返って一八一七年に著した『形態学について』の「序文的内容」は、彼の「メタモルフォーゼ」とヘルダーの「有機的な力」との関係を以下のように示唆している。

> 私の苦難に満ちた研究は、ヘルダーが人類史についての考察を描くのに着手したことにより、容易にされ、またそれどころか愉快にさえなった。私たちの毎日の話題は、水状の地球の最初のはじまりと、その後の太古から発展してきた有機的被造物の最初のはじまりとについてだった。根源的な始まり《ウァアンファング》とその絶え間なき形成が常に論ぜられ、そしてわれわれの学問的財産は、互いに伝え合い検証されることで、日々純化され、豊かになった。(2)

この「序文的内容」から浮かび上がるのは、前成説を却けるゲーテの後成説としての立場であり、植物、昆虫、動物の世界のそれぞれに、「永遠の変形《ウムビルデン》」[3]ないしは「メタモルフォーゼ」をする根源的な形態を探究し、それらを「原植物《ウアプフランツェ》」や「原動物《ウアティーア》」という概念で具体的に提示しようとした、ゲーテの一貫した姿勢である。「理念」的形態が単に現象する、というよりは視線の向きは反対で、「変形」の起点となる「根源《ウア》」的形態を確定し、この現象に基づいて、対応する「理念」を発見し、それを無機物から有機物までの万有を幅広く対象として実験する態度が、ゲーテにはみられる。ヘルダーは、自らの自然史を発展的に構築する原理を「有機的な力」と呼んだが、同じようにゲーテもまた進化論的な「メタモルフォーゼ」の概念を梃子に、「地球の形成」という自然史を構想したのであった。

ゲーテの「地球の形成」は構想されるに留まったが、その中には引用においてみたヘルダーとの共同研究の重要項目である、「液状的なるものからの生成」[4]が地球の生成形態として挙げられている。鉱石と地質の分野においても根源的現象を探究してこれを「花崗岩」に見定めるゲーテであるが、この「花崗岩」が水を生成因として形成され、これが「メタモルフォーゼ」してゆくとの観点に、ゲーテは立っている。その背景にあるのは、これまで確認した化石洪水原因説のいわば発展型にあたる水成論という、十八世紀に興隆を見た考え方である。ゲーテの「メタモルフォーゼ」の背景にある水成説を、ゲーテの時間についてのスケールを特定するためにまずは辿り、続いて「世界の複数性」の議論とのゲーテの関わりについて考察し、その後、「メタモルフォーゼ」つまり「形態の変形」がゲーテにおける世界知のひとつの結論となっている様を眺めてみたい。

ヴェルナーの水成説

フライブルクの鉱山学校で鉱石学を教えたアーブラハム・ゴットロープ・ヴェルナー（一七四九―一八一七年）は、『岩石種の分類と記述小論』（一七八七年）において、岩石の種類をその形成時期とともに四つに大別した。最初期の岩石（花崗岩、片麻岩などが含まれる）、鉱床岩石、火山性岩石と沖積岩石で、これらは「われわれの地球が存在している途方もなく大きな時間」の中で順次、次の種類へと変化した[5]。最初期の岩石には化石が含まれることがない一方、鉱床岩石には最も多く化石が含まれるという。最初期の岩石の形成過程を、ヴェルナーはこの書物においても、その他でも書き表すことはなかったが、彼の講義録から、最初期の岩石が、水による化学的変成作用の結果、生成すると唱えられていたことが知られている[6]。水による最初期の岩石の生成の後に、この岩石の変成と火による岩石の生成の時期が続くとする水成説は、最初期の岩石が地球内部の熱ないしは火によって生成されたとする火成説――これのひとつの始祖にデカルトの『哲学原理』を分類することができる――とその真正さを巡って十八世紀末には拮抗した。

ゲーテはヘルダーとの共同研究の頃には、一七八〇年からワイマールの宮廷の参事になっていたヨーハン・カール・ヴィルヘルム・フォークト（一七五二―一八二一年）をとおしてヴェルナーの水成説に親炙しており、この説の支持者であった。そのため先の引用における「水状の地球の最初の始まり」とは、次のようなイメージであったと、一七八五年頃のゲーテのメモからうかがい知ることができる。

うちなる火は乖離されたものというような敵対性を水に対して決してもっていなかったようにみえる。／水は最初の大地の塊を溶解状態でともに保持するのに役立った。水は世界のあらゆる山岳部分を越えて行き渡った。／この普遍的溶解状態から最初に花崗岩が沈殿し、最初に結晶化した。(7)

地球は、最初は全面的に水状で、濁った「途方もない大洋」そのものであり、この状態から最初期の岩石である花崗岩が生成した、とゲーテも考えている。この花崗岩が、ひとつの根源的現象として神秘的な意味をもっていたことは、地球の最深部から最高部までを屋台骨のように貫くこの花崗岩を山上で自ら体験したときの、ゲーテの次の記述をとおして知ることができる。

格別の孤独——このむき出しの頂きを見降ろして、足下に遠くまで、わずかに生えるこけもない様をみるときに、格別の孤独を人間は感じ、太古の最初の、深い、真理の感情に対してはその心を開くようになる、と私は考える。そう、人間は自らに言うことができる、「深遠なる創造の基礎上に直接つくられた、この太古の永遠の祭壇の上で、私はあらゆる存在のうちの本質的存在《ヴェーゼン》に犠牲を捧げる。私は、われわれの現にある存在《ダーザイン》の最初の確たる始まりを感じ、この世界、けわしくも和らげられた谷たちと遥かな肥沃な草原を見渡す。私の心は自分自身とすべてを超えて崇高になり、より近しい天上に焦がれる」、と。(8)

（『花崗岩について』一七八四年）

ここに描かれるのはあたかも磐座《いわくら》信仰のような、花崗岩という石への信仰であり、この石をとおして創造の神秘へと思いを馳せ、戦《おのの》いて高揚するゲーテの姿である。花崗岩は創造の起点であり、この起点を足がかりにして「本質的存在《ヴェーゼン》」へと遡ることができる一方、この起点から降って、人間という「存在《ダーザイン》」にまで創造は連続している。「存在の連鎖」を支える証拠のひとつが、ゲーテの場合は「ポリプ」ではなく、「花崗岩」なのである。この「花崗岩」を起点として、金属とさらにはずっと進んで有機物が形成され[9]、「われわれの現にある存在」にまで変形がなされる、というのがゲーテの「メタモルフォーゼ」である。

このような「本質的存在」から「現存在」までの「メタモルフォーゼ」は、発出のイメージによって支えられる、新プラトン主義ないしは、ユダヤ神秘主義カバラの世界創造を想起させる。そして実際に、ゲーテはそうした発出のイメージによって世界創造を構想したことを『詩と真実』(一八一一―三三年)に記している。

ゲーテにおけるカバラ的世界観

ゲーテが『詩と真実』で描き出す、ライプツィヒ時代の神のイメージは、「新プラトン主義的な土台の上に、ヘルメス主義的なもの、神秘主義的なもの、カバラ的なものが付け加わった[10]」性質をしている。そしてゲーテは、シュトラースブルク大学で新たに勉強を再開する頃、次のような神話を、世界創造譚として心に抱いていたと記している。この神話には、新プラトン主義的であるが、また明瞭にカバラ的な創造の神話の影響がみてとれる。『詩と真実』第二部第八章から、その長い断章を引用する。

私はあるひとつの神性、永遠このかた自らを生み出す神性を描き出すことが好きだった。創造とはしかし、多様性なしには考えられないのだから、創造は必然的にすぐ第二のものとして現れざるを得ず、これをわれわれは子の名のもとに認識する。これら二つのものは生み出す行為をさらに継続するので、第三のものの中に自ら姿を現すのであり、この第三のものは全体と同じく、持続的に生きかつ永遠であった。ここで神性の輪は閉じられ、さらに彼らと完全に同じものを生み出すことは、彼らにとっても不可能であったことだろう。だが創造する衝動はなお継続したので、彼らは第四のものを創出したが、これはしかし自らのうちにすでに、ある矛盾を抱えており、この第四のものは、彼らと同様に無制約ではあるが、しかし同時に彼らの中に含まれて彼らによって制限を加えられなくてはならなかった。これがルチファーであって、この者にそれ以後、創造の力のすべてが移行し、この者から自余のすべての存在が発出することになったのであった。ルチファーはただちにその無限の活動力を実行してみせ、自らとすべて同じく無制約ではあるが彼のうちに含まれ、彼によって制限を加えられる天使たちの軍団を創造した。そうした栄光に包まれて、彼はより高き場所から自らが発出したことを忘却し、その発出の源が自分自身の中にあると思い、そしてこの最初の忘恩から、神性の意味と意図とは一致しないとわれわれには思われるすべてが発生した。彼がいまや自らのうちに注意を向けれ《コンツェントリーアテ》ば向けるほど、それだけ一層彼は不愉快にならざるを得なかったが、彼のうちなる霊たちも同様なのであって、彼らは自らの源へと焦がれつつも、帰昇することをルチファーによって妨げられていたからであった。そしてそれゆえに、われわれには天使たちの堕落として描かれることが起こった。天使たちの一部はルチファーとともに団結《コンツェントラチオーン》し、また別の一部は自らの源の方へと再び向き直ったのであった。創造はルチファーから発生し、彼に付随しなくてはならなかったので、全創造というこの収縮《コンツェントラチオーン》からは、われわれが物質という形態のもとに認識することになるすべて、重い、固い、暗いとしてイメージするすべてが発生した。しかしこれらは、神の本質から直接ではないが、しかしその系統に由来するので、父と祖父と同じく強く永遠なる性質をもっていた。もしそう名づけて構わないとしたら、不幸なるものはすべてルチファーの内向的性質によってのみ発生したので、この創造には当然のことながらよりよきもう半分が欠けていた。というのも、収縮《コンツェントラチオーン》によって得られるすべてを、創造された世界はもっていたが、しかしそこには拡張によってのみ惹き起こされうるようなすべてが欠けていた。それだから、この創造の全体は永続的な収縮《コンツェントラチオーン》によって自ら消耗してしまい、その父ルチファーもろとも自らを破滅させ、神性と共有する永遠性に対する要求を失ってしまったことだろう。この状態を、しばらくエロヒームたちは眺めていたが、彼らは選択をしようとしていた。すなわち、その領域が再び純化され、新たなる創造のための余地が残されるようになるまでの永劫に長い時間を待つか、あるいはこの現在に介入し、無限性へと向かえるよう、欠如に手を差し伸べるか。彼らはついに後者を選択し、瞬間に望むことによってただ欠如を補ってやったが、その欠如はルチファーの始めたことが成功を収めた結果なのであった。彼らエロヒームたちは、永遠なる存在に、拡張し彼らの方に向かって運動してゆく能力を授けた。すると生命の本来の脈拍が取り戻されたが、ルチファー自身もこの作用から逃れることができなかった。これが、われわれが光として知るものが生まれ出た時代なのであり、われわれが創造という言葉で呼び習わしているものが始まった時代なのである。エロヒームたちの永続的に働く活動力によって、この創造が段階的には非常に多様化されたが、神性との本来の結びつきを取り戻すよう運命づけられた存在がなお欠けていた。それで人間が生み出され、これはすべての点において神性と似ており、いや同じと定められたのであったが、しかし無制約で同時に限定されてあることにより再びまたルチファーと同じ状況に身を置くことになった。そしてこの矛盾は存在のあらゆるカテゴリーをとおして人間の身に現れ、さらに完全な意識と完全な意志とがその状態というものを常に伴わなければならないので、人間は、最も完全なるものにして同時に最も不完全なるもの、最も幸福なるものにして最も不幸なる被造物とならざるを得なくなった。この状態は長続きしなかったので、人間はまたルチファーと完全に同じ役割を演ずるようになった。そもそも忘恩とは恩人に背くことであり、こうしてあの堕落が二度目もまた顕著になったが、創造の全体とは、いまも、そしてかつても、根源的なるものからの堕落であり、それへの帰還に他ならないのである。(11)

この世界創造譚において繰り返される特徴的な言葉は、「団結」「収縮」という言葉に翻訳したKonzentrationという語であるが、この語はヘブライ語では「チムツム」という言葉に対応し、イサーク・ルリアのカバラの教説にも登場する。この「チムツム」には悪と堕落が本質的に付随するとされ、これが「ルチファー神話」と呼ばれるゲーテの世界創造譚に継承されている。何段階も媒介を経て発出した世界の最終段階、つまり「ルチファー」は「チムツム」により没落が決定的になるが、その没落を救済する契機が「ルチファー」には働く。しかしまた「ルチファー」の中で「人間」があらためて罪と没落を繰り返すことになるが、「根源への帰還」という救済の希望は、アダムの裔《すえ》にも忘恩による堕落の可能性とともに常に託されてある。「チムツム」によって生成する世界が、「現在も、そして過去も、

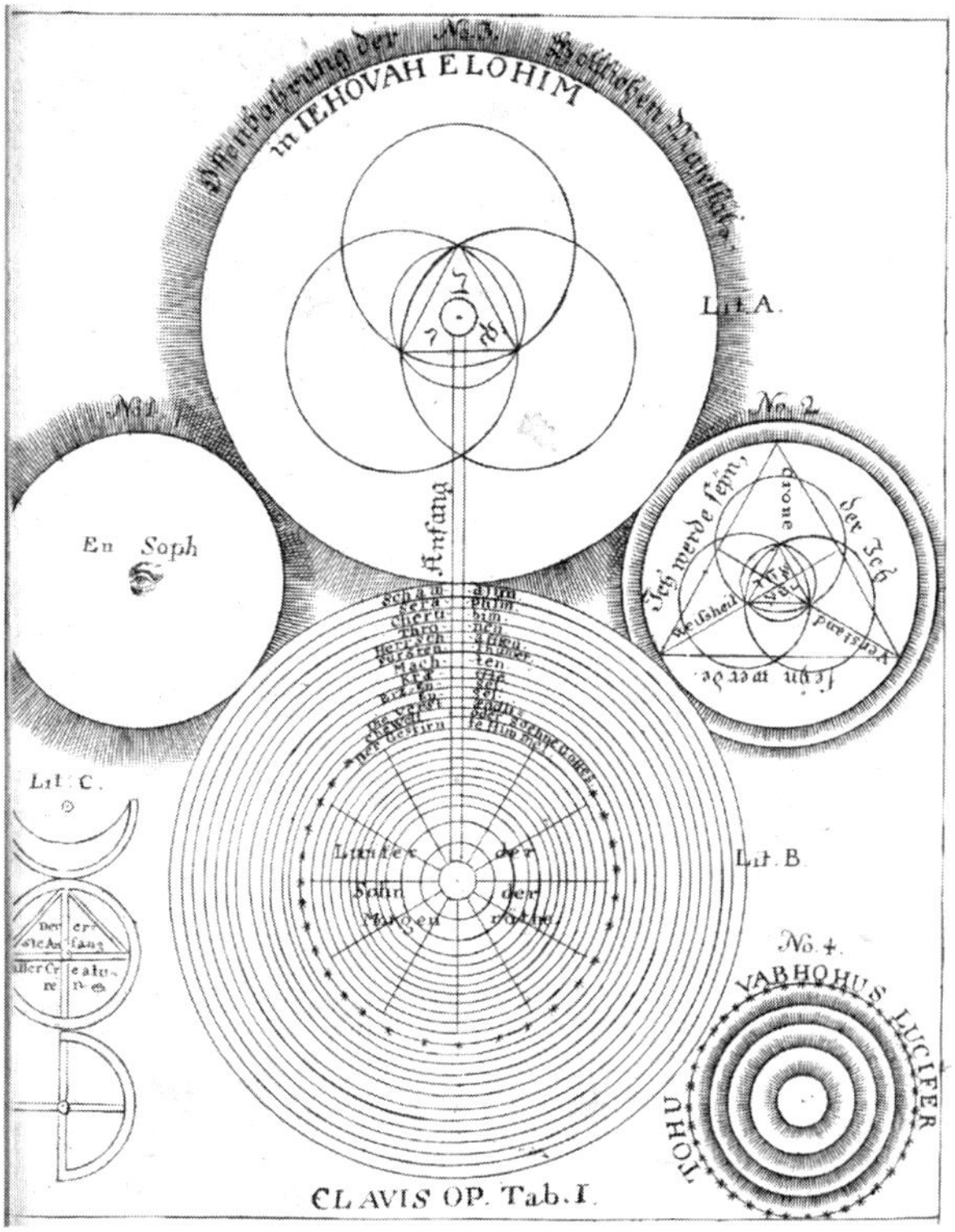

21　若きゲーテがその世界創造譚を考えるにあたって参照した，ゲオルク・フォン・ヴェリングの『魔術的カバラ的神智学の書』（1760年）から「書を解く鍵」の図(12).

根源的なるものからの堕落であり、それへの帰還にほかならない」と考えられるのであれば、その堕落と帰還の永続的な進行の姿こそが、「メタモルフォーゼ」という言葉によって写し取られると考えることができる（図21参照）。

「根源への帰還」、これこそはヘルダーが「アドラステア」として言い表した進化的形

成のプロセスと基本的には同じイメージであると捉えることができる。そこでゲーテにおける「アドラステア」に相当するものを考えてみたい。「アドラステア」も、カバラの教説を背景にもつのであれば、ゲーテの「メタモルフォーゼ」にも帰還してゆく、起源ないしは根源が具体的にイメージされているはずである。そのための題材として、ゲーテが生涯をかけて完成させた『ファウスト』に目を向けてみたい。

諸世界に対するゲーテの眼差し

悲劇『ファウスト』(第一部、一八〇八年、第二部、三二年)において主人公ファウストは、第一部でマルガレーテを破滅させたけれども、第二部冒頭で空《かぜ》の精霊によって忘却の眠りへと誘われ、彼女を救えなかった良心の呵責から解放される。その後、ファウストは、破産状態の皇帝の宮廷に入り込んでゆき、兌換紙幣を発行させて問題を解消し、さらに宮廷でのアトラクションの演出として、絶世の美女・美男であるヘレネとパリスとを登場させるように求められる。そのためファウストは、ヘレネの像を求めて、時間も場所もない「母たち」のもとに降りてゆく。この「母たち」のそばには、「灼熱している三本足の香炉」があり、メフィストフェレスに渡された鍵でその三脚に触れるならば、ファウストは三脚を従えて現世に帰り、そこからあらゆる被造物の形象を呼び出すことができるようになるのである。メフィストフェレスは言う。

もえる三脚の鼎《かなえ》がついに見えてきたら、
あなたは一番深い底についたということです。
もえる三脚の鼎のおかげで母たちが見えるでしょう。
ひとりは座って、ほかのは立ち止まったり、進んだりしています、
ちょうどしかるべき具合に。形成《ゲシュタルトゥング》、変形《ウムゲシュタルトゥング》、
永遠の感覚が、永遠に楽しんでいるのです。
あらゆる生物の形《ビルダーン》に取り囲まれて。
彼女たちはあなたを見ません。造形するための型だけを見ているからです。
そこで勇気を出すのです。危険は大きいからです。
あの三脚の鼎を目指してまっすぐに飛び込んで、
この鍵で触れるのです[13]！

「母たち」と「三脚」、これがゲーテによって組み合わされて生まれた詩的なイメージであるのだが、この「母たち」と「三脚」にはそれぞれ背景がある。地中海圏では鼎状の形態をした「三脚」が神託を下すために用いられ、三脚はアポロの持ち物とされる[14]。この「三脚」からのイメージの連想で、ゲーテが依拠して文学的形象の素材としたのが、プルタルコスの『倫理集』所収の『託宣の没落について』である。『託宣の没落について』は、なぜに託宣が廃れゆくのか、その理由を対話式に論ずる書であり、その理由として挙げられるのが、一、ギリシアの人口減少、二、託宣を伝えるダイモーンの死滅あるい

は他の宇宙への移動、三、神とダイモーンに由来し、自然的要素であり、また人間の魂も関わるプネウマが、天変地異など、なんらかの自然的理由により変質したこと、である。[15]

このうち二番目に挙げられる他の宇宙へのダイモーンの移動を論ずるくだりにおいて、宇宙はいくつ存在するのか、という「世界の複数性」についての議論がなされる。そこではシチリア出身のピュタゴラス派の哲学者、ヒメラのペトロン（紀元前四―五世紀）が説いたとされる複数世界論が紹介されるが、それは三角形の各辺にそれぞれ六十――＝十二×五。この部分を解説してプロクロスは五に象徴的な意味を見出している[16]――の世界が触れあって並び、また三つの頂点にも世界があり、合計で百八十三の世界が三角形の辺と頂点を輪舞するように運行してゆく、というものである。この三角形の内側が、「真理の野」と呼ばれる真実在の世界であり、「かつて生成したものとこれから生成しようとするものとの、理《ロゴス》と形相《エイドス》と範型《パラディグマ》とが不動のものとして置かれている」[17]。この真実在の世界にはまた「永遠《アイオーン》」があり、これの流出として「時《クロノス》」がそれぞれの宇宙へと運ばれてゆくという。[18]

三を神聖と見るのはピュタゴラス派の考えであり、これはガリレオの『天文対話』においても指摘されている。[19]百八十三の世界は一種のパラレルワールドでもあり、世界はいくつあるのか、というプラトンの『ティマイオス』における問いに、ひとつでもなく、無限でもなく、複数かつ有限個の宇宙を答えとして出した形になっている。ゲーテはヒメラのペトロンのこの説を換骨奪胎し、「かつて生成したものと、これから生成しようとするもの」の形を秘めた「三脚」を、時間も場所もないところに据えて、その周りに「母たち《ミュッター》」を配置した。ゲーテは、ヒメラのペトロンの輪舞する百八十三の複数世界から、複数性の議論を省略し、三角形の「真理の野」がもつ「理」と「形相」と「範型」を取り出してきて、これのイメージを操ることで、「形」をつくり、変形し、また新たに造形する「母たち」なるものを創案した。

「母たち」にもモデルがあり、ゲーテはこれをやはりプルタルコスの『英雄伝』の「マルケルススの生涯」において描かれる「母たち《マーテライ》」から引いてきている。「母たち」とは、もともとはシチリア・エンギュオンにて奉じられた女神たちであり、これはクレタ人が伝えたものであるとされる。[20]そのクレタでこの「母たち」に等しいと見なしてよいのが「ニンフたち」であり、「ニンフたち」はクロノスに悟られることなく、レアから託された赤子のゼウスを洞窟の中で養い育てたと言われる。[21]そして、この「ニンフたち」のひとりの名が、クレタ王メリッススの娘アドラステアであったと伝わる。[22]

ギリシア・ローマ神話においても諸神混淆が行われ、神々や伝説の人物たちが同一視されたり、置き換えられたりすることがある。それは古代神学的同定の思考方法でたびたびみたように、根源あるいは同一性を志向する場合によく観察されることである。地中海圏の神話に観察されるさまざまな女神の名前――ギリシア世界であれば、ガイア、ウラニア、デーメーテール、ヘラ、アプロディーテー、アルテミス、ローマ世界であれば、ウェヌス、ユーノー、ディアーナ――これらの女神の名前はさまざまに混淆し、すべての女神の名は、イシスの別名であるとさえ考えられたことを、キルヒャーに則して既にみた。

しかしゲーテは、キルヒャーやヘルダーとは異なり、根源的なるものを志向するにあたって、「永遠の哲学」にとりわけ染まることはなく、むしろ距離をとろうとする。ヘルダーにあっては、「永遠の哲学」と「普遍的な法則」である「有機的な力」とは調和していたが、ゲーテの「メタモルフォーゼ」では、「永遠の哲学」がもった進化的発展の側面のみがより強調されているように考えられる。それゆえにたとえば、ゲーテのみるところ、モーセ個人は古代神学者ですらない。というのも、『西東詩集』(初版、一八一九年)の中で自らの詩を解題する際に付された「荒野のイスラエル」において、ゲーテは文献学的手法に則って旧約聖書批判を行う。ゲーテの見積もりによれば、カナンまでの旅は四十年ではなく、実際には第二年の末までには恐らくヨルダン河に到達できていたと推測され[23]、またモーセ個人に備わった指導的統率力は、とりわけ軍事面においては不充分なものであり[24]、それゆえにモーセは、イスラエルの民がヨルダン河を渡る前に殺害されたという、同時代の研究に基づいた認識にさえ、ゲーテは立つ[25]。ゲーテによって「偏狭、融通が利かない」とさえ形容されるモーセは、「古代神学者」の一人として啓示の記憶を伝承するひとつの宿駅とみなされるのには、あまりに平凡で神秘性に乏しい。このためゲーテの「母たち」に、「アドラステア」のような地母神的な原型のイメージを重ねて、そこに古代神学につながる詩的形象を読みとるべきではなく、ただ「母たち」は造形する力を備えた「メタモルフォーゼ」の原理そのものを現すものとして理解すべきと考えられる。

ファウストは首尾よく「三脚」を手に入れ、そこからヘレネとパリスの形姿を取り出すことに成功する。しかし、皇帝諸侯を前に彼らを披露する場で、ファウストはヘレネの姿に魅了され、彼女を無理につかまえ、パリスを追い払うべく彼に鍵で触れると、「三脚」から呼び出したこの姿たちは爆発して霧散する。そこでファウストは現実のヘレネを手に入れようと、第二部第二幕「古典的ヴァルプルギスの夜」の場で、ペルセポネー——豊饒の女神デーメーテールの娘であり、またデーメーテールの別なる相での現れとも見なされる——のもとへ、つまりは冥府へと赴くことになる。この度は形ではなく、死者を蘇らせようというのである。

エーゲ海の祭り

宮廷での爆発の後、意識を失ったファウストは、「古典的ヴァルプルギスの夜」に先立って、いったんかつての自分の部屋へと連れられて戻る。そこには実験室があり、ファウストの助手であったヴァーグナーがいまは錬金術の方法を用いて、何百もの素材を巧みに混ぜ合わせてフラスコに封入し、蒸溜純化させ、「自然がかつては有機的に生成させたものを／結晶化させる《クリスタリジーレン》」(26)ことに取り組んでいる。ファウストが「母たち」という「メタモルフォーゼ」の原理に手を伸ばす一方で、かつての彼の助手は、無機物から有機物への移行を「結晶化」によって成し遂げようとしている。そしてそれは、無機物から有機物への進化を「メタモルフォーゼ」が行うとする、ゲーテの考えのもうひとつの詩的な表現となっている。この「結晶化」によってフラスコの液体の中に誕生する生命が「小さな人間《ホムンクルス》」であり、彼はフラスコに入ったまま飛翔し、「古典的ヴァルプルギスの夜」へとファウストたちとともに赴く。そこでホムンクルスはフラスコから出て完成するために、火成論の代表者アナクサゴラスと水成論の代表者タレース両者の論争から学ぼうとし、最終的にタレースに導かれてエーゲ海へと向かう。このエーゲ海でのホムンクルスの死こそが、ゲーテの「メタモルフォーゼ」を最も美しく詩的に形象化したものと考えられる(27)。

第二部第二幕の「エーゲ海の岩の入り江」と題された場面では、洞窟がそこかしこに口を開ける岩礁の海で、年に一度の、地中海圏の神々や妖怪たちの月夜の祭りが催される。セイレーンの合唱に包まれて、海神ネーレウスのもとには、海で救った船乗りの若者たちを恋人として伴って、五十人いるという娘たち、ニンフが訪れる。この娘たちのうちでも最も美しいのがガラテイアであり、このガラテイアはキプロス島のウェヌスの後継者としていまは君臨すると物語の中で明かされ、海豚《いるか》たちの引く貝の御輿に乗って姿を現す。ガラテイアに、ホムンクルスは恋をし、貝の御輿の玉座において、自らが封印されるフラスコを毀《こぼ》ち、ガラテイアに自らを注いで死ぬ、とはつまり、これが新たなる生の始まりとなる。ガラテイアを中心として、この祭りに集うものたちの体は光を放ち、その航跡が波間に描かれ、波はまた光りつつ砕ける。月夜に営まれる生命の神秘を讃えて、セイレーンたちは次のように歌う。

あらゆるものを開始したエロスはかくのごとく支配するがよい、
海よ、波よ、聖なる焔に囲まれて
幸あれ。
水よ、焔よ、そして類い稀なる冒険よ、
幸あれ。
（全員で）
やさしくなびく風よ、
神秘の洞窟たちよ、幸あれ、
ここにあるすべてのもの、四大よ

高く讃えられてあれ。(28)

ゲーテの描くこのエーゲ海の祭りにおいては、ニンフつまり水の精ないしは女神が、ホムンクルスを死なせつつ、かつ受け入れ、彼を新たに生命として誕生させるであろう、そうした神秘が描かれている。ゲーテは、万物の流転を働きかけてゆく原動力として水をとらえており、その水が生を生みなしてゆく神秘をガラテイアに託し、またこの祭りをとおして表現している。ガラテイアの姿には水の精とウェヌスとが重ね合わされ、そこにはまた水とエロティシズムとの普遍的な関係をみることができる。これは、インドを出自とする河の女神サラスバティーが、日本の仏教世界において弁財天となり、水のある場所に常に関係づけられることからも理解されよう。それはまた、イシスが水のもつ湿潤さと関係づけられた、古代神学的同定のイメージとも連関している。

他方で、ガラテイアがウェヌスの跡を継いでおり、ウェヌスそのものがここに登場しないのは、十八世紀ゲーテの時代には、ガラテイアとアーキスとの恋の物語が、ゲーテも愛好したオウィディウスによって伝わり、文学、絵画、オペラとさまざまな形で取り上げられたことと関係している。またアーキスが死んで川に姿を変じるという変身《メタモルフォーゼ》の構図が、フラスコに入ったホムンクルスの死の姿に重ねられるからとも考えられる。ホムンクルスの死と再生への希望は、この物語におけるファウストその人の運命の伏線となるが、それが地中海圏の女神の形象を借りて、このエーゲ海の祭りにおいて表現されている。

ゲーテは、水成論の立場に立って、水が始原の岩石を形成するとした。そしてこの岩石から、有機物、そして人間に至るまでの進化論的な変形を「メタモルフォーゼ」として構想した。その詩的表現は、神話と結びつくことで、「母たち」として現れ、いままたガラテイアに姿を変える。ホムンクルスはフラスコに入っている限り、未完成ではあったが、ガラテイアとの象徴的結婚と死をとおして、新たなる生へと生まれ変わると考えられる。ここには錬金術的な人間生成の夢が、最終的には不完全なものであることと、生命誕生の原理がもつ神秘性とが対比されている。とするならば、ゲーテにとっては、生命誕生の原理が道徳を超えたものであるように、人間の「メタモルフォーゼ」もまた、道徳とは本来関係がないという、信仰の告白ともなるだろう。

　ゲーテの文学において繰り返し取り上げられるテーマが、すでに最初の作品である『若きウェルテルの悩み』（一七七四年）がそうであるように、エロスそのものがもつ抗しがたい力との人間の格闘である。ゲーテの文学は、繰り返し市民社会における——それは十九世紀が進むにつれて大きな変容を遂げるのであるが——人間の性愛の問題を扱っており、社会契約としての婚姻がもつ意義とあり様を常に問い、限られた人生において永遠のエロスに対峙する人間のもつ生命力の苦悩を、形を変えて幾度も主題としている。その最後の決算が『ファウスト』となるのだが、ここには市民的な契約に相応する愛情や、これと関わる責任などが問題とされることはない。あるのは、カントの美の定義（「美は、所有《インテレッセ》とはすべてかかわりなく、快いものでなければならない[29]」）とは反対に、常に所有が問題となる、飽くことなき美の追求であり、この追求は物語の中でファウストが盲目となり、干拓という、大地そのものの征服と所有を目指し、大地から水を遠ざけるという事業の完成まで終わりをみることがない。

　ファウストは、道徳に照らし合わせるならば、これに反する行為を作品世界では重ねて行っている。

グレートヒェンは、ファウストとの逢瀬のために、渡された薬で母を毒殺し、またファウストとの間に生まれた嬰児を殺《あや》めるが、これを惹き起こしたファウストの側の苦しみは、作品の第二部冒頭において忘却された形となり、罪の意識は不問にふされる。また最後の土地干拓事業においても、事業の完成には妨げとなる無辜の人々が無残に殺戮されるが、これに暗黙の形で同意を与えるのがファウストである。美なるものをひたすら追い求めたファウストは、罪無き無垢の人間であるから、作品の中で救済され、再生する、というのではない。

永遠に女性的なるもの

ヘルダーの「有機的な力」は、普遍自然史を、目的をもったものとして描き出し、さらにこの力は他の天体への人間の魂の転生を可能にすると構想された。そうした「有機的な力」の作用によって、有機物が永遠に交代し、形づくられていく世界を、ヘルダーは「アドラステア」と呼んだ。「アドラステア」が地母神的な豊饒性の意味と、また別名として、復讐の女神ネメシスの相をあわせもつのに対して、ゲーテが『ファウスト』の結末で「メタモルフォーゼ」を約束するものとして名指す、「永遠に女性的なるもの」が、そのような応報の観念をもつものでないことは、ファウストによって破滅させられたグレートヒェンが、ファウストの救済を願うものとして最後に登場することによっても明らかである。ヘルダーの「アドラステア」の世界とは対照的に、「永遠に女性的なるもの」は他の天体上への転生を語ることはないけれども、人間の転生そのものの可能性は肯定し、それが道徳とは関係なく、「メタモルフ

22　ラファエロ『ガラテイアの勝利』.

ォーゼ」のもつ力からの必然的結果であることを示唆している。ヘルダーにとっての「アドラステア」が、ゲーテの場合には「永遠に女性的なるもの」となるのである。

ゲーテはガラテイアについての着想を、ラファエロの画『ガラテイアの勝利』（一五一二年頃）から得たとされる（図22参照）。その画は、パウルス三世の曾孫で同名のアレッサンドロ・ファルネーゼ（一五四五―九二年）が一五七九年に入手した邸宅の壁に掲げられている。シエナの銀行家アゴスティーノ・キージ（一四六六―一五二〇年）が建てさせたこの邸宅のロッジアは、ラファエロの手になる「クピードーとプシュケー」の挿話を巡る一連の壁画によってもまた彩られている。この物語は天使城にあったパウルス三世の寝室を飾り、また物語の枠をなす『黄金のロバ』はイシス神への帰依を表していた。かくして、「対蹠人」に始まり、地球と宇宙を、その生成にまで遡って巡ってきたわれわれの思考の旅は、生を与える――とはすなわち、未来の死を与えるのと同じことではあるが――女神のアレゴリーにはからずも帰着した。ガラテイアが地中海圏の豊饒の女神であることを思えば、この女神はアフロディテーやウェヌスと同様に、水と根本的に関係する。とすれば、すべては水から始まり、水へと帰りゆく。「永遠に女性的なるもの」、それがゲーテの描いた「メタモルフォーゼ」という普遍的原理が帰着する根源である。

終　章　〈世界知〉の系譜学

キルヒャーからゲーテに至るドイツ語圏の精神文化の歴史を、ここであらためて概観してみよう。「世界の複数性」と対蹠人《たいせきじん》、原子論と真空、永遠の哲学とイシス信仰、輪廻転生とピュタゴラス派の教説といった、パウルス三世の周辺に浮かび上がった数々の観念は、キルヒャーからゲーテに至るまで、ドイツ語圏に生を享けた知性の活動の中でさまざまに受容され、変奏された。振り返ってみるならば、ゲーテにおいては、輪廻転生のイメージが「メタモルフォーゼ」として受け継がれ、これだけがパウルス三世の時代の諸観念と接点をもっているようにみえるが、ゲーテの思考そのものが、ヘルダーまでに継承された〈世界知〉の基盤の上に成り立っている。

〈世界知〉とは博物学的かつ総合的な、そしてまたピュタゴラスに立ち返って「愛知《フィロソフィア》」と同義であろうとする、発展的な知であり、かつ幸福の学であった。キルヒャーからゲーテに至る〈世界知〉の展開に特徴的であるのは、その展開を可能にする「普遍的法則」の探究であり、それは「普遍的種子」「有機的な力」あるいは「メタモルフォーゼ」とさまざまに名を変えて登場した。「普遍的法則」はまたその一方で、それが働く場としての時間と空間の性質と根本的な関係を有している。キルヒャーの「普遍的種子」は、非真空空間を背景として働き、イシス信仰として現れる「永遠の哲学」と連携していた。それは有限な時空間において働き、普遍史とも齟齬をきたすことのないものであった。

これに対してゲーリケの場合には、重力に等しい「非物質的作用力」が普遍的に働く場としての「真空」空間が問題とされた。ゲーリケはこれを実験によって証明し、ニュートンの重力の理論的フォーマットを準備したけれども、しかし「真空」そのものは、若き日のカントを除いて、ドイツ語圏の〈世界知〉の展開においては支持者をもつことはなく、また晩年のカントによって再び退けられてしまった。延長と空間とが同一視されるデカルトの空間認識が、彼以降もほとんど恒常的なトポスとなる一方で、真空は神の手がおよばない空間であるというイメージがあったために、「普遍的法則」という、結局は自然神学的な意味で神的なる法則の探究にあたっては放棄されざるを得なかった。

それほどまでに真空は忌避されたのであるが、この空間のイメージと同じように、回帰的な時間、無限の時間の観念は、「世界の複数性」よりもなお、〈世界知〉の展開にとっては受け入れがたいものであった。対蹠人と、真の意味での化石はともに、聖書がもっていた空間と時間のイメージのいずれからも大きくかけ離れたものであるために、それぞれその前提となる空間と時間についての観念の変容をみるのでなければ、それらの存在を受け入れることは到底できないのであった。その意味では、キルヒャーからゲーテへと至る、あるいはバロック期から啓蒙主義期におよぶドイツ語圏の精神文化の歴史とは、空間と時間についてのイメージ、ないしはパラダイムの交代の時期であったと捉えることができる。

時空間のイメージの転換とともに、対蹠人と化石とをそれとして正当に認識する作業が、〈世界知〉の展開にとってどれほど困難を伴う作業であったかを、あらためて認識させることになったのが、この精神文化の歴史を辿るもうひとつの意味であるだろう。ここでの対蹠人とは、パウルス三世の時代における文字どおりの意味ではなく、地球の裏側の住人、すなわち中国人を意味するが、彼らの有する歴史の長さが、啓示宗教を根本的に相対化する視点を提起した。ライプニッツはキルヒャーとは異なり、中国人を「永遠の哲学」から離れて見つめ、自然宗教の神と啓示宗教の神との一致、さらには両者の背景にある文明の総合を夢見た。この一致の可能性の探究は、「世界の複数性」を背景としているのであり、この一致の意味は、他の天体の住民の宗教がまた斉しく同じ一神を指し示すことができるというのと同じなのであった。ライプニッツのこの視座は、ヴォルフによってより精度を増して道徳の問題の中にもちこまれ、古代の中国人を実践例として、理性そのものだけを拠り所とし、道徳的でありうるとする立場が、自然神学と啓示宗教から導かれる道徳観に並ぶものとして確立されることになった。

ヴォルフがその人生において被った困難は、〈世界知〉が理性とともに自律してゆく、そうした時代に特徴的な事件であったと捉えることができる。そのようにして自律した理性が、中国人を理想としてみた後には、ヘルダーへと至る過程で、明確にヨーロッパ中心主義に堕した観があるのは否めない。啓蒙主義の時代の「永遠の哲学」が、人間を目的とする進化論へとその性格を明確化し、あるいは変貌することによって、もともと備えていた神学的思考を、自律したはずの理性と協調させるに至ったと見なすことができる。

「世界の複数性」の受容は、三十年戦争を経て、より複雑化するドイツ語圏の政治状況と密接な関係をもっていたことが、〈世界知〉の展開をとおして浮かび上がる。郵便馬車によって構築された書簡のネットワーク世界に、ラテン語を共通語とする、いわゆる「学者共和国」の構成員は、それぞれが必ずしも自由な言論人としてこの共和国に参加していたのではなく、彼らは政治的ないしは経済的庇護者たちを必要としていた。キルヒャーからゲーテに至る、〈世界知〉の展開に関わった人々は、イエズス会のような強力な検閲機関そのものか、宮廷か、あるいは自ら政治家となるか、いずれにせよ何かしらのバックボーンを、表現を行うにあたって必要とした。また「世界の複数性」のイメージそのものが、ドイツ語圏の宮廷と教皇庁との関係そのものの比喩であり、「世界の複数性」を許容することが宗教的多様性を認める、権力者たちの寛容度の表徴であり得た。それはとりわけ、ザクセン選帝侯やブランデンブルク選帝侯＝プロイセン王の政治的プレステージと市場の拡充と密接に関係したと見なすことができる。ひるがえって考えてみれば、プロイセン支配下にあったハレ、ケーニヒスベルクのような大学都市においてこそ、〈世界知〉の展開のための強力な推進力が芽生えることができたのである。ケーニヒスベルク大学で学んだ、ゴットシェート、カントおよびヘルダーの間には、〈世界知〉という博物学的知についての、疑いようのない伝統の存在を指摘することができる。

〈世界知〉がトマージウスによって提唱されたことには、大学における知の刷新への期待がその背景としてある。三十年戦争の時代をはさんで、ドイツの大学はその知的水準に関して大きな危機に面した。キルヒャーはドイツ語圏を去って再び帰らず、ゲーリケとハラーの最終学歴となった場所はライデンである。父親が大学教授であったライプニッツは、ライプツィヒでの学位取得に際して妨害を受け、大学という知的機関には早々に見切りをつけた。だからこそトマージウスは、大学での教育改革に乗り出したのだとみることができる。ハレ大学は、トマージウスが移籍した頃はまだ騎士アカデミーであったが、騎士アカデミーは、当時必要とされていた、適切な教養と挙措を身につけた人材を諸方の宮廷へ送り出す機関として人気を博したのであった。

その頃、ドイツ語での教育が必要とされたことは、すなわちそれだけラテン語が、現実に必要とされ活用される知の表現に追いついていなかった可能性を窺わせる。〈世界知〉に関わる著作をヴォルフがラテン語とドイツ語で執筆し、そのヴォルフの〈世界知〉を、ゴットシェートがドイツ語でよりわかり易く大学での講義の場面で提供したという事実は、それだけ新しい知識が増大し、それがラテン語の媒介を経ずに、できる限り早く教授される必要があり、またそれが同時に学生の要望でもあったことを物語っている。実際に、哲学史、天文学、道徳学、医学生理学から空気力学、築城術にまでおよぶ〈世界知〉の博物学的展開は、その後の学部で、神学、法学、医学を学ぶための準備となるという意味以上に、むしろそれら〈世界知〉が大学における学問の主導的役割を奪取していた観がある。それはゴットシェートの著作の成功の大きさによって裏づけられる。ラテン語からドイツ語へ、それは〈世界知〉の展開とまた並行する現象であり、知の分野の多様化とその総量の増大ゆえに、ひとつの必然的な移行であったと考えられる。

〈世界知〉は限りなく増大することを目指すが、それは、「永遠の哲学」が根源にあった知の絶対性へ遡及しようとしたのと同じように、無限の問題と根本的に関係がある。「世界の複数性」と自然史的な時間の複数性とは、どちらも無限とともにイメージされ、まさしく無限へと拡張されることから、その受容に困難が伴った。スピノザが忌避された大きな一因は、無限をその思想の根幹に据えたからだとも考えられる。有限な時空間から無限の時空間へ、これが〈世界知〉の展開の背景にあるパラダイムの転換であるが、無限をイメージすることは、古代の地中海圏で栄えた、さまざまな密儀宗教の秘儀の内容とよく似ている。だからこそ、無限をイメージさせるときにカントは、ヴェールを纏ったイシスの神像というモティーフを用いたし、無限を、訓練を必要としてはじめて得られる崇高の感情とともに表現した。そして無限こそは、カバラの教説の核心なのでもあった。キルヒャーからゲーテに至るまで、彼らが格闘したのは明確に無限という問題であった。ハラーの偉大さは、化石洪水原因説が支配し、まだ普遍史が影響をもっていた時代に、自然史的時間の回帰性を無限とともにイメージしたことにある。ヘルダーは無限を理解するにあたって、現実的無限と可能的無限とを区別したが、このカバラのイメージを凝視したとき、彼はヴェールを纏わないイシスの神像を直視した青年と同じ運命に陥る危険さえあったことであろう。

〈世界知〉の展開は、キルヒャーからヘルダーへの知的伝統を解きほぐす中で浮かび上がってきた認識である。それが、この期間の精神文化全体を言い表しているとは必ずしも言えないが、しかし、これまでにみえなかった、多岐にわたる、そしてさまざまに連絡し合う精神文化の展開を捉えるための、ひとつのキーワードにはなりうると考えられる。パウルス三世の時代に登場した数々の観念、「世界の複数性」、「永遠の哲学」、「原子論」が輻輳しながら、また新たに変容してゆく様を包括的に捉えようとする意識は、キルヒャーを筆頭に明確に存在した。それはトマージウスとヴォルフによって、〈世界知〉という言葉で明瞭にまとめ上げられ、ドイツ語圏の啓蒙の時代に繰り返し喧伝され、そして博物学的知の衰退により、これを意識した人々の伝統ともども、ほとんど忘れ去られるに至った。

その意味では〈世界知〉という言葉によって、ドイツ語圏の博物学的知の伝統をあらためて掘り起こし、その時間的展開を明らかにしようとした本書の試みは、世界の姿とそれを支えるパラダイムとを巡る精神文化史の記述の企てでもあったことになる。

ゲーテの「メタモルフォーゼ」は、そもそもこの〈世界知〉として知られるに至った知的展開の掉尾を飾るものであった。しかし、ゲーテの存在は、彼に先行する知性たちによる〈世界知〉とのかかわりにおいてはむしろ付加的なものとして認識されることになった。ゲーテには、確かに彼以前に展開した〈世界知〉の多くが残存していることが認められる。しかしゲーテが、その系譜の部分的な継承者ではあるとしても、そのうちのいずれかの領域における大胆な革新者であったとして眺めることは難しい。むしろ、ゲーテの目をとおして、〈世界知〉はエーゲ海の夜闇に明滅するような鮮やかな色彩を与えられ、詩として形象化されたと考えるのがふさわしいであろう。ゲーテを経て、アレクサンダー・フォン・フンボルトへ、世界知を巡るドイツ語圏の精神文化はなお継承されていく。だが、それを描くためにはまた新たな章が必要となる。

注

序章　対蹠人　パウルス三世

（1）Vgl. Otto von Guericke: Experimenta Nova (ut vocantur) Magdeburgica De Vacuo Spatio. Amstelodami 1672, S.3.

（2）Vgl. L. Caelius Firmianus Lactantius: Divinarum institutionum libri septem. Fasc.2 Libri III et IV ediderunt Eberhard Heck et Antonie Wlosok. Berlin 2007, S.289ff.

（3）Vgl. Cárlos Gutierrez : Fray Bartolomé de Las Casas. Sus Tiempos y su Apostolado. Madrid 1878, S.427.

（4）D・P・ウォーカー『古代神学』榎本武文訳、平凡社、一九九四年参照。

（5）Vgl. Frances A. Yates: Giordano Bruno and the Hermetic tradition. Chicago and London 1991, S.14. ウェイン・シューメイカー『ルネサンスのオカルト学』田口清一訳、平凡社、一九八七年、二九八頁以下参照。

（6）Agostino Steuco: Opera omnia, quae iam extabant. Tomus Tertius. In quo haec continentur, De Perenni Philosophia, Libri X. Venetiis 1591, S.1B.

（7）Vgl. Wilhelm Schmidt-Biggemann: Philosophia perennis. Historische Umrisse abendländischer Spritualität in Antike, Mittelalter und Früher Neuzeit. Frankfurt am Main 1998, S. 677ff.

（8）Vgl. Steuco: De Perenni Philosophia, S.3C.

(9) Vgl. Ebd., S.1B.
(10) Vgl. Ebd., S.1C.
(11) Vgl. Ebd., S.1E.
(12) Ebd., S.2F.
(13) Vgl. Ebd., S.3D.
(14) Vgl. Ebd.
(15) Guericke: Experimenta Nova (ut vocantur) Magdeburgica De Vacuo Spatio, S.217.
(16) トーマス・クーン『コペルニクス革命』常石敬一訳、講談社学術文庫、二〇〇一年、三一一頁参照。
(17) コペルニクス『天球の回転について』矢島祐利訳、岩波文庫、二〇〇一年、一七頁参照。
(18) ガリレオ・ガリレイ『星界の報告』山田慶児・谷泰訳、岩波文庫、二〇〇九年、二二頁以下参照。
(19) ガレリオ・ガリレイ『天文対話』上、青木靖三訳、岩波文庫、二〇一〇年、一四頁参照。
(20) Procli Diadochi in Platonis Timaeum commentaria edidit Ernestus Diehl, Bd.2, Leipzig 1904, S.48. 訳出にあたっては山口大学教授脇條靖弘氏に助言を受けた。
(21) ディオゲネス・ラエルティオス『ギリシア哲学者列伝』下、加来彰俊訳、岩波文庫、一九九四年、三一一頁参照。
(22) ロベルト・ザッペリ『ティツィアーノ《パウルス三世とその孫たち》』吉川登訳、三元社、二〇〇七年、七八頁参照。
(23) ロベルト・ザッペリ『教皇をめぐる四人の女——伝説と検閲の間のパウルス三世伝』藤代幸一訳、法政大学出版局、二〇〇三年、一一二頁参照。
(24) 板倉聖宣『原子論の歴史——誕生・勝利・追放』上、仮説社、二〇〇四年、一三頁以下参照。
(25) エピクロス『エピクロス——教説と手紙』出隆・岩崎允胤訳、岩波文庫、一九五九年、二七頁以下参照。
(26) 板倉聖宣、前掲書、二四六頁以下参照。
(27) ディオゲネス・ラエルティオス、前掲書、三五四頁参照。

(28) スティーヴン・グリーンブラット『一四一七年、その一冊がすべてを変えた』河野純治訳、柏書房、二〇一二年参照。
(29) トーマス・クーン、前掲書、三六八頁参照。
(30) 同書、一三三頁以下参照。
(31) Vgl. Thomas S. Kuhn: The Copernican Revolution. Planetary Astronomy in the Development of Western Thought. Canbrigde, Massachusetts and London 2003, S.89.
(32) Iamblichos: Pythagoras. Legende・Lehre・Lebensgestaltung, Griechisch und Deutsch herausgegeben, übersetzt und eingeleitet von Michael von Albrecht, Darmstadt 1985, S.89.
(33) ポルピュリオス『ピタゴラスの生涯』水地宗明訳、晃洋書房、二〇〇七年、一六二頁参照。
(34) Vgl. Die Schule des Aristoteles. Texte und Kommentar, hrsg. v. Fritz Wehrli. Heft VII Herakleides Pontikos. Zweite, ergänzte und verbesserte Auflage. Basel/ Stuttgart 1969, S.100.
(35) Vgl. Karl Kerényi: Pythagoras und Orpheus. Präludien zu einer zukünftigen Geschichte der Orphik und des Pythagoreismus. Dritte, erweiterte Ausgabe. Zürich 1950, S.79f.
(36) プルタルコス『月面に見える顔について』三浦要訳、モラリア一二、西洋古典叢書、京都大学学術出版会、二〇一八年、九四頁以下参照。
(37) 同書、一〇〇頁参照。
(38) Iamblichos: Pythagoras, S.39.
(39) プルタルコス、前掲書、九一頁参照。

第一章　中国のイシス　アタナシウス・キルヒャー

(1) Vgl. Joscelyn Godwin: Athanaius Kircher's Theatre of the World. London 2009, S.13f.
(2) Harald Siebert: Flucht, Aufstieg und die Galilei-Affäre. Drei Jahre im Leben des Athanasius Kircher. Eine Mikrostoria

(1631-1633). Norderstedt 2008, S.13ff.

（3）Vgl. Athanasius Kircher: Iter extaticum II. Romae 1657, S.129.

（4）Vgl. Ebd., S.174.

（5）Athanasius Kircher: Itinerarium exstaticum. Romae 1656, S.28.

（6）Vgl. Harald Siebert: Die große kosmologische Kontroverse. Rekonstruktionsversuche anhand des Itinerarium exstaticum von Athanasius Kircher Sj (1602-1680). Stuttgart 2006, S.26f.

（7）アリストテレス『天体論』村治能就訳、アリストテレス全集第四巻、岩波書店、一九六八年、九頁以下参照。

（8）Vgl. Kircher: Itinerarium exstaticum, S.52.

（9）Vgl. Ebd., S.90.

（10）Vgl. Ebd., S.128.

（11）Vgl. Ebd., S.54ff.

（12）Ebd., S.261.

（13）Vgl. Ebd., S.266.

（14）Ebd., S.265.

（15）ジョルダーノ・ブルーノ『無限、宇宙および諸世界について』清水純一訳、岩波書店、一九八二年、二四二頁参照。

（16）Vgl. Kircher: Itinerarium exstaticum, S.50.

（17）Vgl. Ebd., S.115.

（18）Vgl. Ebd., S.218.

（19）金星でテオディダクトゥスは優美な「人間たち」をたくさん目にしたと驚くが、彼らは天使なのだとコスミエルに教えられる。Vgl. Ebd., S.97.

（20）Vgl. Ebd., S.316ff.

（21）Vgl. Ebd., S.337.
（22）Athanasius Kircher: Iter extaticum coeleste. Ipso auctore annuente, a P. Gaspare Schoto, Norimberga 1660, S.22.
（23）Vgl. Kircher: Itinerarium exstaticum, S.387.
（24）Vgl. Ebd., S.263.
（25）Vgl. Siebert: Die große kosmologische Kontroverse, S.20.
（26）Vgl. Ebd., S.200.
（27）Vgl. Ebd., S.20.
（28）月面人の世界の科学的に精密な描写はなされるが、その宗教に関する記述はない。
（29）Vgl. Francis Godwin: Der Mann im Mond oder Der Bericht einer Reise dorthin von Domingo Gonsales dem rasenden Botschafter. Deutsch von Michael Prinz. Frankfurt am Main/Berlin 1986, S.83f.
（30）Francis Godwin: Der Fliegende Wandersmann nach dem Mond. Faksimiledruck der ersten deutschen Übersetzung (1659). Wolfenbüttel 1993, S.73ff.
（31）Vgl. Martin Brecht: J. V. Andreae und Herzog August zu Braunschweig-Lüneburg. Ihr Briefwechsel und ihr Umfeld. Stuttgart-Bad Cannstatt 2002, S.67.
（32）Kircher: Itinerarium exstaticum, S.421f.
（33）Vgl. Kircher: Iter extaticum coeleste, S.461. この第二版はニュルンベルクでの出版である。クリスティーナへの献辞は削除され、代わりにフルダ領主僧院長ヨーアヒム・フォン・グラーフェネッグ（一五九四―一六七一年）への献辞が添えられている。
（34）Vgl. Siebert: Flucht, Aufstieg und die Galilei-Affäre, S.82f.
（35）Kircher: Itinerarium exstaticum, S.132f.
（36）Vgl. Thomas Leinkauf: Mundus combinatus. Studien zur Struktur der barocken Universalwissenschaft am Beispiel

Athanasius Kirchers SJ (1602-1680). Zweite, durchgesehene und bibliographisch ergänzte Auflage. Berlin 2009, S.92ff. 「普遍的種子」の考えは、十二世紀のスコラ学者ペトルス・ロンバルドゥスの著作に遡るとされる。Vgl. Lutz Bergemann: Ralph Cudworth – System aus Transformation. Zur Naturphilosophie der Cambridge Platonists und ihrer Methode. Berlin/ Boston 2012, S.122.

（37）Athanaius Kircher: Mundus subterraneus. Tomus I. Amstelodami 1665, S.109.

（38）Athanaius Kircher: Mundi subterranei Tomus II. Amstelodami 1665, S.330.

（39）Vgl. Ralph Cudworth: The true intellectual system of the universe. Volume I. Bristol 1995 (= reprint of the 1845 Edition), S.221ff.

（40）Vgl. Ebd., S.196.

（41）Vgl. Bergemann: Ralph Cudworth, S.56.

（42）カドワースの「可塑的自然」は、キルヒャーの「普遍的種子」をヒントにした可能性がある、とベアゲマンは見ている。Vgl. Ebd., S.122.

（43）Kircher: Mundi subterranei Tomus II, S.6.

（44）Vgl. Bergemann: Ralph Cudworth, S.124f.

（45）Vgl. Cudworth: The true intellectual system of the universe. volumeI, S.20.

（46）Vgl. Bergemann: Ralph Cudworth, S.101.

（47）Cudworth: The true intellectual system of the universe. Volume III, S.548f.

（48）ケラリウスは、「普遍的な歴史」として考えられた歴史の中で、自らの生きる時代を「新しい時代」として捉えていた。彼はそれ以前の「古い時代」をいくつかに区分して、自らキリスト教徒になり、ローマ帝国でのキリスト教の布教を許したコンスタンチヌス一世（大帝）の時代までを「古い時代」、そしてこの大帝の時代以後、彼が築いた「コンスタンチノスの都」、すなわちコンスタンチノープルがオスマン帝国の侵略によって陥落した一四五三年までの時代を

「中間の時代」と区分した。Vgl. Christophorus Cellarius: Historia universalis breviter ac perspicue exposita, in antiquam, et mediiaevi ac novam divisa, cum notis perpetuis. Ienae 1702, S.13f.

（49）Christophorus Cellarius:Kurtze Fragen aus der Historia universali Von Anfang weltlicher Monarchien biß auf ietzige Zeiten gerichtet, welche sowol einen Unterricht vor die Anfänger, als auch insonderheit eine General-Repetition vor mehr Erwachsene darstellen. Zweyte Auflage. Jena 1714, S.23.

（50）Edd., S.25.

（51）『七十人訳ギリシア語聖書』秦剛平訳、講談社学術文庫、二〇一七年、三一頁以下参照。

（52）エウセビオスはアダムから大洪水までを二二四二年、大洪水からアブラハムまでを九四二年と数え、そしてアブラハムの誕生を紀元前二〇一六年とするので、あわせて五二〇〇年である。Vgl. Eusebius Werke. Siebenter Band. Die Chronik des Hieronymus. Hironymi chronicon. Herausgegeben und in zweiter Auflage bearbeitet im Auftrage der Kommission für spätantike Religionsgeschichte der deutschen Akademie der Wissenschaften zu Berlin von Rudolf Helm. Berlin 1956, S.250 u. S.20b.

（53）Vgl. Dionysius Petavius: Rationarium temporum in partes duas, libros decem tributum. Parisiis 1633, S.84.

（54）Vgl. Eusebius Werke. Siebenter Band. Die Chronik des Hieronymus, S.9. u. S.16.

（55）岡崎勝世『聖書 vs. 世界史――キリスト教的歴史観とは何か』講談社現代新書、一九九六年、四〇頁参照。

（56）Anthony Grafton: Kircher's Chronology. In: Athanasius Kircher. The last man who knew everything. New York 2004, S.178.

（57）Athanasius Kircher: Oedipus Aegyptiacus. Tomus I. Romae 1652, S.72.

（58）Ebd., S.74.

（59）Athanasius Kircher: Oedipus Aegyptiacus. Tomus III. Romae 1654, S.568.

（60）トリスメギストゥスをモーセと同一人物と見立てる立場もある。Vgl. Yates: Giordano Bruno and the Hermetic tradition., S.26.

(61) Vgl. Martino Martini: Sinicae historiae. decas prima Monachii 1658, S.11.

(62) Vgl. Ebd., S.27.

(63) Vgl. John Jackson: Chronological Antiquities: Or, the Antiquities and Chronology of the most ancient kingdoms, from the Creation of the world, for the space of five thousand years. In three volumes. Vol. I. London 1752, S.71

(64) Athanasius Kircher: China Monumentis qua Sacris quà Profanis, nec non variis naturae & artis spectaculis, aliarumque rerum memorabilium Argumentis Illustrata. Amstelodami 1667, S.226.

(65) Vgl. Kircher: Oedipus Aegyptiacus. Tomus I, S.72.

(66) Vgl. Kircher: China Monumentis, S.226.

(67) Vgl. Apuleius: Der goldene Esel; Metamorphoseon. Lateinisch und deutsch. 3. verbesserte Auflage. München 1980, S.460ff.

(68) Kircher: Oedipus Aegyptiacus. Tomus I, S.194.

(69) Vgl. Ambrosius Theodosius Macrobius: Tischgespräche am Saturnalienfest. Einleitung, Übersetzung und Anmerkungen von Otto und Eva Schönberger. Würzburg 2008, S.94.

(70) Vgl. Kircher: Oedipus Aegyptiacus. Tomus I, S.190.

(71) Kircher: China Monumentis, S.141.

(72) Ebd.

(73) 宮治昭『仏教美術のイコノロジー――インドから日本まで』吉川弘文館、一九九九年、三三頁参照。

(74) 同書、三八以下参照。

(75) 阪本祐二『蓮』法政大学出版局、一九七七年、一〇四頁参照。

(76) 宮治昭『仏教美術のイコノロジー――インドから日本まで』吉川弘文館、一九九九年、三〇頁参照。

（77）阪本祐二『蓮』七三頁参照。

（78）Vgl. Kircher: Iter extaticum II, S.156.

（79）アリストテレス『天体論』村治能就訳、アリストテレス全集第四巻、一四三頁参照。

（80）Vgl. René Descartes: Die Prinzipien der Philosophie. Lateinisch – Deutsch. Hamburg 2005, S.471.

（81）Vgl. Alan Cutler: The Seashell on the Mountaintop: A Story of Science, Sainthood, and the Humble Genius who Discovered a New History of the Earth. New York 2003, S.74ff.

（82）Vgl. Ebd., S.9.

（83）Kircher: Mundi subterranei. Tomus II, S.38.

（84）「移動という形の運動が永遠なものであることはすでに証明されているのであるから、これら天界のことがらが是認される限り、必然的に、生成もまた連続的に行われなければならない」（アリストテレス『生成消滅論』336a10、戸塚七郎訳、アリストテレス全集第四巻、岩波書店、一九八八年、三三七頁）。ここでは天界における円環的運動が地上における円環的生成を保証している。

（85）Vgl. Cutler: The Seashell on the Mountaintop, S.56ff.

（86）Vgl. Nicolaus Steno: De solido intra solidum naturaliter contento dissertationis prodromus. In: Steno Geological Papers. Odense University Press 1969, S.151ff.

（87）Ebd. S.206.

第二章　マクデブルクの半球　オットー・ゲーリケ

（1）Vgl. Otto von Guericke: Neue (sogenannte) Magdeburger Versuch über den leeren Raum. Zweite, durchgesehene Auflage. hrsg. v. Fritz Krafft. Berlin Heidelberg 1996, S.XXVIII.

（2）シルレル『三十年戦史』第一部、渡辺格司訳、岩波文庫、一九四三年、二五五頁以下参照。
（3）Vgl. Guericke: Neue (sogenannte) Magdeburger Versuch über den leeren Raum, S.XXXIff.
（4）Vgl. Ebd., S.XLIII.
（5）Gaspar Schott: Mechanica hidraulico-pneumatica. Francofurtens 1658, S.443.
（6）Vgl. Johannes Kepler: Harmonices mundi libri V. Francof. 1619.
（7）Vgl. Siebert: Die große kosmologische Kontrovers, S.212ff.
（8）アリストテレス『自然学』内山勝利訳、アリストテレス全集第四巻、岩波書店、二〇一七年、二一一頁。
（9）Descartes: Die Prinzipien der Philosophie, S.108ff.
（10）Vgl. Ebd., S.114.
（11）Vgl. Bergemann: Ralph Cudworth, S.111.
（12）Vgl. Descartes: Die Prinzipien der Philosophie, S.624.
（13）Vgl. Ebd., S.202.
（14）Otto von Guericke: Experimenta Nova (ut vocantur) Magdeburgica De Vacuo Spatio, S.84f.
（15）Ebd., S.125.
（16）Ebd.
（17）Vgl. Ebd., S.132.
（18）Ebd., S.85.
（19）Ebd., S.86.
（20）Vgl. Ebd., S.130.
（21）Vgl. Ebd., S.49.
（22）Vgl. Ebd., S.215.

(23) Vgl. Ioannis Kepleri Mathematici Caesarei Dissertatio Cum nuncio sidereo nuper ad mortales misso à Galilaeo Galilaeo Mathematico Patavino. In: Johannes Kepler Gesammelte Werke. Bd.IV Kleinere Schriften 1602/1611 Dioptrice. München 1941, S.305.

(24) Vgl. Die Schule des Aristoteles, S.37.

(25) Vgl. Guericke: Experimenta Nova (ut vocantur) Magdeburgica De Vacuo Spatio, S.217.

(26) Ebd., S.244.

第三章　「いずこも同じ！」　ゴットフリート・ヴィルヘルム・ライプニッツ

(1) 伝記的情報は、以下の書に拠る。Reinhard Finster/Gerd van den Heuvel: Gottfried Wilhelm Leibniz. Hamburg 2005. マシュー・スチュアート『宮廷人と異端者——ライプニッツとスピノザ、そして近代における神』桜井直文・朝倉友海訳、書肆心水、二〇一一年。アミール・D・アクゼル『デカルトの暗号手稿』水谷淳訳、早川書房、二〇〇六年。

(2) Vgl. Otto von Guericke, Gottfried Wilhelm Leibniz: Leibniz und Guericke im Diskurs. Die Exzerpte aus den Experimenta Nova und der Briefwechsel. Berlin/ Boston 2019, S.73.

(3) Vgl. Ebd., S.76.

(4) Ebd., S.77.

(5) Gottfried Wilhelm Leibniz: Monadologie. Stuttgart 1998, S.45.

(6) Vgl. Ebd., S.47.

(7) Ebd., S.40.

(8) Ebd., S.48.

(9) 谷本勉「訳者あとがき」、ゴットフリート・ライプニッツ『中国学・地質学・普遍学』山下正男ほか訳、ライプニッツ著作集第一期一〇所収、工作舎、二〇一九年、二〇三頁参照。

(10) 山田俊弘『ジオコスモスの変容——デカルトからライプニッツまでの地球論』ヒロ・ヒライ編、勁草書房、二〇一七年、二二二頁以下参照。

(11) 谷本勉「訳者あとがき」、ライプニッツ、前掲書、二〇三頁参照。

(12) Gottfried Wilhelm Leibniz: Protogaea sive de prima facie telluris et antiquissimae historiae vestigiis in ipsis naturae monumentis dissertatio ex Schedis manuscriptis viri illustris in lucem edita a Christiano Ludovico Scheidio. Goettingae 1749, S.7.

(13) Vgl. Descartes: Die Prinzipien der Philosophie, S.228ff.

(14) Vgl. Ebd., S.327

(15) Vgl. Ebd., S.373.

(16) Ebd., S.292.

(17) Vgl. Ebd., S.389.

(18) Vgl. Ebd., S. 431f.

(19) Vgl. Ebd., S. 437.

(20) Vgl. Leibniz: Protogaea, S.12.

(21) Ebd., S.15.

(22) Ebd., S.36.

(23) Vgl. Ebd., S.44.

(24) Ebd.

(25) Vgl. Ebd.,S.7f.

(26) Vgl. Ebd., S.85f.

(27) この数字は、カッシーニの計算に基づくプラトン大年＝恒星年である。プラトン大年とは、もとはプラトンが『ティマイオス』で述べた、天の八つの運動体の周期的循環が始原の状態へと回帰するまでの時間である（39D）。これを恒星天球の運動と読み替えたのがプトレマイオスであり、百年に一度数回転する恒星天は、三万六〇〇〇年で一周する。この恒星年を刻む歳差の研究から、地動説と今日理解されるような歳差運動が導かれたとされる。Vgl. Bell's New Pantheon; Or, Historical Dictionary of the Gods, Demi-Gods, Heroes, and Fabulous personages of antiquity: In two volumes. Vol. II. London 1790, S.56. 坂本博『歳差とコペルニクス体系の生成』信州大学教養部紀要第二七号所収、一九九三年、六七—九八頁参照。

(28) Vgl. Leibnitz: Protogaea S.82.

(29) Vgl. Ebd., S.83.

(30) アリストテレス『生成消滅論』戸塚七郎訳、アリストテレス全集第四巻、三三七頁。

(31) Georges-Louis Leclerc Buffon: Histoire naturelle, générale et particulière, avec la descripition du capinet du roy. Tome Premier. Paris 1749, S.611.

(32) Vgl. Ebd., S.611f.

(33) Vgl. Allgemeine Historie der Natur nach allen ihren besondern Theilen abgehandelt; Mit einer Vorrede Herrn Doctor Albrecht von Haller. Erster Theil. Hamburg und Leipzig 1750, S.317.

(34) Vgl. Herrn von Buffons allgemeine Naturgeschichte. Dritter Band. Troppau 1785, S.186.

(35) ビュフォン『自然の諸時期』菅谷暁訳、法政大学出版局、一九九四年、五頁以下参照。

(36) 同書、四五頁参照。

(37) 同書、一四五頁参照。

(38) 同書、一五八頁参照。

(39) 同書、一〇九頁参照。

(40) 同書、二八頁参照。

(41) 同書、二四頁参照。

(42) 同書、二七頁以下参照。

(43) Vgl. Gottfried Wilhelm Leibniz: Der Briefwechsel mit den Jesuiten in China (1689-1714). Hamburg 2006, S.39.

(44) Vgl. Ebd., S.45.

(45) Ebd., S.353.

(46) Vgl. Ebd., S.333ff.

(47) Vgl. Ebd., S.339.

(48) Vgl. Ebd., S.171.

(49) Vgl. Ebd., S.361.

(50) Vgl. Ebd., S.339

(51) 伏の字が「人」と「犬」からなることと、ヘルメス・トリスメギストゥスが犬の頭を持つ人の姿で表されたことが一致するという。また義は「犠牲を捧げる者」の意味を持つことと、彼の名に「非常に偉大なる」という言葉が冠せられる習慣が、「三倍偉大なる《トリスメギストゥス》」という意に通ずるとしている。Vgl. Leibniz: Der Briefwechsel mit den Jesuiten in China (1689-1714), S.351.

(52) Vgl. Leibniz: Explication de l'arithmétique binaire. In: Histoire de l'Académie rooyale des sciences, Année M DCC III. Paris 1705. S.85ff.

(53) Leibniz: Der Briefwechsel mit den Jesuiten in China (1689-1714), S.409.

(54) Vgl. Ebd., S.425.

(55) 利瑪竇『天主實義』上巻第二篇、慈母堂、一八六八年。

(56) 平川祐弘『マッテオ・リッチ伝』3、平凡社東洋文庫、一九九七年、七五頁参照。

(57) 同書、一六四頁以下参照。

(58) 同書、一七〇頁参照。

(59) 同書、一六六頁以下参照。

(60) Vgl. Nicolas Longobardi: Traité sur quelques points de la religion des Chinois. In: Gottfried Wilhelm Leibniz. Discours sur la théologie naturelle des Chinois. Frankfurt am Main 2002, S.139.

(61) Vgl. Ebd., S.31.

(62) Vgl. Ebd., S.49, S.75 u. S.89.

(63) Vgl. Gottfried Wilhelm Leibniz: Vorwort zu »Novissima Sinica«. In: Deutsche Denker über China. Frankfurt am Main 1985, S.11.

(64) Vgl. Ebd., S.12.

(65) Vgl. Ebd., S.13.

(66) Vgl. Anne Mauduit de Fatouville: Arlequin Empereur dan la Lune. Comédie. Par Monsieur D ★★★ , Troyes 1684, S.71ff.

(67) Vgl. Leibniz: Vorwort zu Novissima Sinica, S.17

(68) 自然宗教とは、ヒュームに拠れば「自然神学」として、「宇宙における秩序の原因ないし諸原因は人間の知性と、ある遠い類比を帯びているらしいという命題」として定義される。人間が自然界の中に遍く存在する重力を確認したとして、この重力の存在から、これを法則として定めた超越的な知性の存在を推測することを自然宗教の例として理解することができる。デイヴィッド・ヒューム『自然宗教に関する対話』福鎌忠恕・斎藤繁雄訳、法政大学出版局、二〇〇五年参照。

(69) Vgl. Gottfried Wilhelm Leibniz: Discours de la conformité de la foi acec la raison. In: Gottfried Wilhelm Leibniz.

Philosophische Schriften Bd.2.1 herausgegeben und übersetzt von Herbert Herrin. Frankfurt am Main 1996, S.68ff.

（70）Vgl. Gottfried Wilhelm Leibniz: Essais de théodicée sur la bonté de dieu, la liberté de l'homme et l'origine du mal. In: Gottfried Wilhelm Leibniz. Philosophische Schriften Bd.2.1 herausgegeben und übersetzt von Herbert Herrin. Frankfurt am Main 1996, S.284ff.

（71）Vgl. Ebd., S.236ff.

（72）Vgl. Ebd., S.212ff.

（73）Ebd., S.238.

第四章　理性の自律　二人のクリスティアン

（1）エンゲルハルト・ヴァイグル『啓蒙の都市周遊』三島憲一・宮田敦子訳、岩波書店、一九九七年、三七頁参照。

（2）Vgl. Wilhelm Schrader: Geschichte der Friedrichs-Universität zu Halle, Erster Teil. Berlin 1894, S.10.

（3）Vgl. Ebd. S.14f.

（4）Christian Thomasius: Einleitung zu der Vernunfft=Lehre, Halle 1691, S.12f.

（5）Ebd., S.80.

（6）ヴァイグル、前掲書、四〇頁参照。

（7）Vgl. Thomasius: Einleitung zu der Vernunfft=Lehre, S.13f.

（8）Ebd., S.75f.

（9）Christian Thomasius: An Seine Hochwohlgebohrne Excellenz Den Chur=Brandenburgischen Staats=Minister Hn. Eberhard von Danckelman. In: Außübung der Vernunfft=Lehre, Halle 1691. エーバーハート・フォン・ダンケルマン（一六四三―一七二二年）は、フリードリヒ一世の家庭教師を務め、後にブランデンブルク選帝侯領およびプロイセ

ン公国の首相となり、ハレ大学設立の責を担った。

(10) Immanuel Kant: Beantwortung der Frage: Was ist Aufklärung? In: Schriften zur Anthropologie, Geschichts-philosophie, Politik und Pädagogik 1. Frankfurt am Main 1996, S.53.

(11) Thomasius: Einleitung zu der Vernunfft=Lehre, S.81f.

(12) Vgl. Ebd., S.83f.

(13) Ebd., S.82.

(14) Ebd., S.83.

(15) Vgl. Ebd., S.82f.

(16) Vgl. Thomasius: Außübung der Vernunft = Lehre, S.67.

(17) Vgl. Christian Thomasius: Introductio ad philosophiam aulicam, seu lineae primae libri de prudentia cogitandi et ratiocinandi. Lipsiae 1688, Praefatio.

(18) Ebd., S.56.

(19) Vgl. Ebd., S.51ff.

(20) 伝記的情報は以下の書に拠る。Heinrich Wuttke: Christian Wolffs eigene Lebensbeschreibung. Leipzig 1841.

(21) Vgl. Christian Wolff: Vernünfftige Gedanken von den Kräfften des menschlichen Verstandes und ihrem richtigen Gebrauche in Erkäntnis der Wahrheit. Halle 1713, das erste Register.

(22) Vgl. Ebd., S.1ff.

(23) Ebd., S.4f.

(24) Vgl. Michael Albrecht: Einleitung. In: Christian Wolff: Oratio de Sinarum philosophia practica. Rede über die praktische Philosophie der Chinesen. Übersetzt, eingeleitet und herausgegeben von Michael Albrecht. Lateinisch - Deutsch. Hamburg 1985, S.XLVI.

(25) Vgl. Gero von Wilpert: Sachwörterbuch der Literatur. 7., verbesserte und erweiterte Auflage. Stuttgart 1989, S.683.
(26) Vgl. Albrecht: Einleitung, S.XLVI.
(27) Vgl. Manfred Geier: Kants Welt. Hamburg 2005, S.24.
(28) 山本道雄『クリスティアン・ヴォルフのハレ追放顛末記——ドイツ啓蒙の哲学者』晃洋書房、二〇一六年 、六〇頁参照。
(29) Vgl. Christian Wolff: Oratio de Sinarum philosophia practica, S.24ff.
(30) Vgl. Ebd., S.120.
(31) Ebd., S.26.
(32) Ebd., S.30.
(33) ザムエル・プーフェンドルフ『自然法にもとづく人間と市民の義務』前田俊文訳、京都大学学術出版会、二〇一六年、五五頁参照。
(34) Vgl. Wolff: Oratio de Sinarum philosophia practica, S.64.
(35) Vgl. Ebd., S.76.
(36) Vgl. Christian Wolff: Elementa matheseos universae. Tomus II, Halle 1715, S.479.
(37) Vgl. Christian Wolff: Vernünfftige Gedancken von Gott, der Welt und der Seele des Menschen, auch allen Dingen überhaupt, den Liebhabern der Wahrheit. Halle 1720, S.548.
(38) Vgl. Christian Wolff: Vernünftige Gedanken von den Absichten der natürlichen Dinge, den Liebhabern der Wahrheit. Halle im Magdeburg 1724, S.98.
(39) Ebd., S.110f.
(40) Vgl. Ebd., S.98, S.137. u. S.496.
(41) Vgl. Ebd., S.152.

（42）Ebd.,

（43）Vgl. Wolff: Oratio de Sinarum philosophia practica, S.120.

（44）Wolff: Vernünfftige Gedanken von den Absichten der natürlichen Dinge, S.496

（45）Barthold Heinrich Brockes: Das, durch die Betrachtung der Grösse Gottes, verherrlichte Nichts der Menschen, in einem Gespräche. Auf das Neue Jahr 1722. In: Irdisches Vergnügen in Gott, bestehend in Physicalisch=und Moralischen Gedichten. Zweyte, durchgehends verbesserte, und über die Hälfte vermehrte Auflage. Hamburg 1724, S.407f.

（46）Ebd., S.409f.

第五章　〈世界知〉　ヨーハン・クリストフ・ゴットシェート

（1）Johann Christoph Gottsched: Erste Gründe der gesamten Weltweisheit, darinn alle philosophische Wissenschaften in ihrer natürlichen Verknüpfung abgehandelt werden. Erster, Theoretischer Theil. Leipzig 1733, Vorrede.

（2）Vgl. Gero von Wilpert: Sachwörterbuch der Literatur, S.588f.

（3）Herrn Bernhards von Fontenelle Gespräche von Mehr als einer Welt zwischen einem Frauenzimmer und einem Gelehrten; Nach der neuesten Frantzösischen Auflage übersetzt, auch mit Figuren und Anmerckungen erläutert von Joh. Chr. Gottscheden. Leipzig 1726.

（4）この書は、これまでの研究史の中では主としてヴォルフの哲学を広めたものとして理解されている。Vgl. Fritz Brüggemann: Gottscheds Lebens=und Kunstreform in den zwanziger und dreißiger Jahren. Leipzig 1935, S.5.

（5）第一版（理論篇、一七三三年、実践篇、一七三四年）、第二版（理論篇、一七三五、三六年、実践篇、一七三六年）、第三版（一七三九年）、第四版（一七四三年）、第五版（理論篇、一七四八年、実践篇、一七四九年）、第六版（一七五六年)、第七版(一七六二年)、第八版(死後、一七七七年出版、第七版に準ずる)。

(6) ゴットシェートが第六版で献辞を宛てるカロリーネ・アマーリア・フォン・カイザーリングは『全世界知の基礎』をフランス語に翻訳したが、これは出版されなかった。彼女が一七五三年、二人の息子の家庭教師として招いたのはカントだった。

(7) Gottsched: Erste Gründe der gesammten Weltweisheit. Erster, Theoretischer Theil(1733), Vorrede.

(8) Ebd.

(9) Vgl. Ebd., S.3ff.

(10) Vgl. Ebd., S.4.

(11) Vgl. Iamblichos: Pythagoras. Legende・Lehre・Lebensgestaltung, S.63.

(12) ガリレオ・ガリレイ『天文対話』上、青木靖三訳、一四頁参照。

(13) Vgl. Gottsched: Erste Gründe der gesammten Weltweisheit. Erster, Theoretischer Theil (1733), S.328.

(14) Vgl. Ebd., S.403.

(15) Vgl. Herrn Bernhards von Fontenelle Gespräche von Mehr als einer Welt zwischen einem Frauenzimmer und einem Gelehrten, S.173f.

(16) Johann Christoph Gottsched: Erste Gründe der gesammten Weltweisheit, darinn alle philosophische Wissenschaften, in ihhrer natürlichen Verknüpfung Theilen abgehandelt warden. Theoretischer Theil, Leipzig 1748, S.307.

(17) Vgl. Johann Christoph Gottsched: Erste Gründe der gesammten Weltweisheit, darinn alle philosophische Wissenschaften, in ihrer natürlichen Verknüpfung, in zweyen Theilen abgehandelt werden. Theoretischer Theil. Leipzig 1739, S.321.

(18) Vgl. Gottsched: Erste Gründe der gesammten Weltweisheit. Erster, Theoretischer Theil (1733), S.404.

(19) この観測表に基づき、ハレーは一五三一年にアピアヌスが、そして一六〇七年にケプラーとロンゴモンタヌスが観察した彗星が同一のものであり、これが一七五八年に回帰すると予測した。Vgl. Edmond Halley: Astronomiae Cometicae Synopsis. In: Philosophical Transactions. Band 24. London 1705, S. 1897.

（20）Johann Christoph Gottsched: Erste Gründe der gesammten Weltweisheit, darinn alle philosophische Wissenschaften, in ihrer natürlichen Verknüpfung, in zwenen Theilen abgehandelt werden. Theoretischer Theil. Leipzig 1756, S.337.

（21）一七三〇年頃は、ニュートンの重力理論とデカルトの渦動説は、いずれが正しいのかが決しておらず、例えば、それはジュネーヴのアカデミーにおいてもそうであった。Vgl. Simone De Angelis: Von Newton zu Haller. Studien zum Naturbegriff zwischen Empirismus und deduktiver Methode in der Schweizer Frühaufklärung. Tübingen 2003, S.23f. 同地においても彗星を巡る議論が、それぞれの理論の真正さを検証するうえで、大きな役割を果たしている。Vgl. Ebd., S.70ff.

（22）Gottsched: Erste Gründe der gesammten Weltweisheit. Erster, Theoretischer Theil (1733), S.419.

（23）Vgl. William Whiston: An historical preface to primitive Christianity reviv'd. With an appendix containing an account of the author's prosecution at, and banishment from the University of Cambridge. London 1711, S.7.

（24）Vgl. James E. Force: William Whiston. Honest Newtonian. Cambridge University Press 2009, S.20.

（25）Vgl. William Whiston: A new theory of the earth, from its original, to the consummation of all things. Wherein the creation of the world in six days, the universal Deluge, and the general conflagration, as laid down in the Holy Scriptures, are shewn to be perfectly agreeable to reason and philosophy. With a large introductory discourse concerning the genuine nature, stile, and extent of the Mosaick history of The creation. The fourth edition, London 1725.

（26）Vgl. Ebd., S.380ff.

（27）Vgl. Ebd., S.446ff.

（28）Vgl. Johann Christoph Gottsched: Erste Gründe der gesammten Weltweisheit, darin alle philosophische

Wissenschaften, in ihrer natürlichen Verknüpfung, in zweyen Theilen abgehandelt werden. Theoretischer Teil. Leipzig 1743, S.319f.

(29) Vgl. Whiston: A new theory of the earth, S.143f.

(30) Vgl. Gottsched: Erste Gründe der gesammten Weltweisheit. Erster, Theoretischer Theil (1733), S.412. 化石の形が自然の戯れによって生まれると考えていたショイヒツァーは、王立教会会員ジョン・ウッドワードに触発されて洪水説に転じたとされる。Vgl. Michael Kempe: Die Anglo-Swiss Connection. Zur Kommunikationskultur der Gelehrtenrepublik in der Frühaufkräung. In: Cardanus. Jahrbuch für Wissenschaftsgeschichte, hrsg. v. der Wissenschaftshistorischen Gesellschaft zu Heidelberg e. V. Band I (2000). Heidelberg 2001, S.84.

(31) Vgl. Whiston: A new theory of the earth, S.140.

(32) Ebd., S.141.

(33) Vgl. Johann Christoph Gottsched: Erste Gründe der gesammten Weltweisheit, darinn alle philosophische Wissenschaften, in ihrer natürlichen Verknüpfung, in zween Theilen abgehandelt werden. Theoretischer Teil. Leipzig 1762, S.7f.

(34) Ebd., S.7.

(35) Johann Christoph Gottsched: Erste Gründe der gesamten Weltweisheit, darinn alle philosophische Wissenschaften in ihrer natürlichen Verknüpfung abgehandelt werden. Andrer Practischer Theil, Leipzig 1734, S.24.

(36) Vgl. Ebd., S.24f.

(37) Vgl. Ebd., S.26.

(38) Ebd., S.27.

(39) Ebd.

(40) Vgl. Gottsched: Erste Gründe der gesammten Weltweisheit, Theoretischer Theil (1748), S.282.

(41) Vgl. Gottsched: Erste Gründe der gesammten Weltweisheit. Erster, Theoretischer Theil (1733), S.386.
(42) Vgl. Ebd., S.405.
(43) ベルナール・ル・ボヴィエ・ド・フォントネル『世界の複数性についての対話』赤木昭三訳、工作舎、一九九二年、一二八頁。
(44) William Whiston: A discourse concerning the nature, stile, and extent of the mosaick history of the creation. In: A new theory of the earth. The Fourth Edition. London 1725, S.42.
(45) Johann Christoph Gottsched: Erste Gründe der gesammten Weltweisheit, Praktischer Theil. Darinn die allgemeine Sittenlehre, das Recht der Natur, die Tugend= und Staatslehre enthalten ist. Leipzig 1762, S.497f.
(46) Ebd., S.502.

第六章　無限　アルブレヒト・ハラー

(1) I・ジョン・ヘッセリンク『改革派とは何か』廣瀬久允訳、教文館、一九九五年、六九頁以下、及び一四四頁以下参照。
(2) Vgl. Thomas Kaufmann: Über Hallers Religion. Ein Versuch. In: Albrecht von Haller im Göttingen der Aufklärung. Göttingen 2009, S.315.
(3) ベルンにおける同胞の風景画家ヨーハン・ルートヴィヒ・アーバリ（一七二三—一八六年）が直接の影響を受けたひとりとして挙げられる。
(4) Albrecht von Haller: Die Alpen und andere Gedichte. Stuttgart 2009, S.16f.
(5) Vgl. Gerhard Wagenitz: Im Dienste der Flora. Albrecht von Haller und sein Gegenspieler Carl von Linné. In: Albrecht von Haller im Göttingen der Aufklärung. Göttingen 2009, S.209.

（6）Vgl. Renato G. Mazzolini: Die Entdeckung der Reizbarkeit. Haller als Anatom und Physiologe. In: Albrecht von Haller im Göttingen der Aufklärung, S.283ff.

（7）Vgl. Urs Boschung: Ein Berner Patriot. Hallers Lebensstationen. In: Albrecht von Haller im Göttingen der Aufklärung, S.46.

（8）Albrecht von Haller: Uber den Ursprung des Ubels. In: Dr. Albrecht Hallers Versuch von Schweizerischen Gedichten. Zweyte/ vermehrte und veränderte Auflage. Bern 1734, S.19.『災いの源について』が新しく付加された『スイス詩の試み』第二版は、第一版では欠いていた献辞を、ハラーがベルン市の行政への参与資格を選挙にて獲得した際の後援者であった、ベルンの市長《シュルトハイス》イサーク・シュタイガー（一六六九—一七四九年）に捧げている。さらには『災いの源について』の後に続けて、シュタイガーにその亡き妻を悼む詩をも献呈している。

（9）Albrecht von Haller: Briefe über einige Einwürfe nochlebender Freygeister wieder die Offenbarung. I. Theil. Bern 1775, S.76f.

（10）Albrecht von Haller: Unvollkommne Ode über die Ewigkeit. In: Dr. Albrecht Hallers Versuch Schweizerischer Gedichte. Dritte, vermehrte, und veränderte Auflage. Danzig 1743, S.151f. 第三版の献辞もイサーク・シュタイガーに宛てられている。

（11）Haller: Briefe über einige Einwürfe nochlebender Freygeister wieder die Offenbarung. I. Theil, S.107f.

（12）Johann Jacob Scheuchzer: Herbarium Diluvianum. Editio Novissima, duplo Auctior. Lugduni Batavorum(=Leiden) 1723, S.6.

（13）Johann Georg Zimmermann: Sein Leben und bisher ungedruckte Briefe an denselben von Bodner, Breitinger, Geßner, Sulzer, Moses Mendelssohn, Nicolai, der Karschin, Herder und G. Forster. Hannover 1878, S.274.

（14）Vgl. Kaufmann: Über Hallers Religion, S.310.

（15）Albrecht von Haller: Briefe über einige Einwürfe nochlebender Freygeister wieder die Offenbarung. I. Theil, S.78.

（1）伝記的情報は、Manfred Geier: Kants Welt. Hamburg 2005 に拠る。

（2）Vgl. C. Plinius Secundus: Naturkunde. Gesamtregister. Düsseldorf/ Zürich 2004, S9ff.

（3）Vgl. Georges-Louis Leclerc Buffon: Histoire naturelle, générale et particuliére, avec la description du cabinet du roy. Tome Premier. Paris 1749, S.3ff.

（4）Ebd., S.13.

（5）宇宙と地球について論じるこの書には、フリードリヒ大王が「特権」を与えて出版を許可し、また保護している。但し、訳者マルティーニの名は書に記されてはいない。このドイツ語版をレッシングも所持していた。

（6）Vgl. Herrn von Buffons allgemeine Naturgeschichte. Erster Theil. Berlin 1771, S.53.

（7）Vgl. Allgemeine Historie der Natur nach allen ihren besondern Theilen abgehandelt; Mit einer Vorrede Herrn Doctor Albrecht von Haller. Erster Theil. Hamburg und Leipzig 1750, S.XVII. この書もまた、「神聖ローマ帝国、ポーランド王国およびザクセン選帝侯のありがたき特権を得て」出版されている。それには、「大英国宮廷参与および侍医、ゲッティンゲン高等教育機関の医学教師、イギリス王立協会、スウェーデンおよびウプサラの科学協会会員、ならびにベルン共和国の大参与」で前年に貴族に列せられたハラーの序言も重要な働きかけをしたであろう。献辞は、翻訳者B・J・ツィンクによって、ゲッティンゲン大学創立者、総長、ブラウンシュヴァイク＝リューネブルク（＝ハノーファー）選帝侯の大臣ゲアラッハ・アードルフ・フォン・ミュンヒハウゼン（一六八八—一七七〇年）宛になされている。

（8）Vgl. Immanuel Kant: Allgemeine Naturgeschichte und Theorie des Himmels. In: Ders.: Vorkritische Schriften bis 1768. Werkausgabe in 12 Bänden. Bd.1. Frankfurt am Main 1996, S.292.

（9）Vgl. Georges-Louis Leclerc Buffon: Histoire naturelle, générale et particulière, avec la descripition du capinet du roy. Tome Premier, S.130.

（10）Ebd. S.135f.

（11）Kant: Allgemeine Naturgeschichte und Theorie des Himmels, S.236.

（12）Vgl. Ebd., S.277.

（13）Ebd., S.237.

（14）Ebd., S.236.

（15）Vgl. Ebd., S.267.

（16）Ebd., S.274.

（17）Ebd., S.277.

（18）Vgl. Ebd., S.275ff.

（19）Vgl. S.280f.

（20）Vgl. Ebd., S.284.

（21）Vgl. Ebd., S.288f.

（22）Vgl. Ebd., S.288.

（23）Vgl. Ebd., S.292. u. Georges-Louis Leclerc Buffon: Histoire naturelle, générale et particulière, avec la descripition du capinet du roy. Tome Premier, S.138.

（24）Vgl. Kant: Allgemeine Naturgeschichte und Theorie des Himmels, S.299ff.

（25）Vgl. Ebd., S.326f.

（26）Vgl. Ebd., S.305.

（27）Vgl. Ebd., S.306.

(28) Vgl. Ebd., S.307ff.
(29) Ebd., S.323.
(30) 旧約聖書I『律法』旧約聖書翻訳委員会訳、岩波書店、二〇一〇年、二〇頁。
(31) Vgl. Kant: Allgemeine Naturgeschichte und Theorie des Himmels, S.235.
(32) Vgl. Ebd., S.323.
(33) Vgl. Ebd., S.329.
(34) Ebd., S.331.
(35) Vgl. Ebd., S.333.
(36) Ebd., S.334.
(37) Ebd., S.341f.
(38) Ebd., S.343f.
(39) Ebd., S.353.
(40) Ebd., S.328.
(41) Immanuel Kant: Allgemeine Naturgeschichte und Theorie des Himmels. Neue Auflage, Zeitz 1798, S.140. ポープのドイツ語訳は一七五五年版と九八年版とでは異なるが、ここではより分かり易い九八年版のものに拠った。
(42) Kant: Allgemeine Naturgeschichte und Theorie des Himmels, S.353.
(43) Ebd., S.387f.
(44) Vgl. Ebd., S.354 u. S.385.
(45) Vgl. Ebd., S.334.
(46) Vgl. Ebd., S.394.
(47) Ebd., S.395.

(48) Ebd., S.394.
(49) Ebd., S.393.
(50) Ebd., S.372.
(51) Vgl. Ebd., S.233.
(52) Immanuel Kant: Der einzig mögliche Beweisgrund zu einer Demonstration des Daseins Gottes. In: Ders.: Vorkritische Schriften bis 1768. Werkausgabe in 12 Bänden. Bd.2. Frankfurt am Main 1996, S.681.
(53) Vgl. Immanuel Kant: Kritik der reinen Vernunft. Werkausgabe in 12 Bänden. Bd.4. Frankfurt am Main 1992, S.412ff.
(54) Vgl. Immanuel Kant: Kritik der reinen Vernunft. Werkausgabe in 12 Bänden. Bd.3. Frankfurt am Main 1992, S.73.
(55) Vgl. Immanuel Kant: Kant's handschriftlicher Nachlaß. In: Kant's gesammelte Schriften. Hrsg. v. Preußischen Akademie der Wissenschaften. Bd. XXII. Berlin und Leipzig 1938, S.751.
(56) Immanuel Kant: Kant's handschriftlicher Nachlaß. In: Kant's gesammelte Schriften. Hrsg. v. Preußischen Akademie der Wissenschaften. Bd. XXI. Berlin und Leipzig 1936, S.542.
(57) Ebd., S.236.
(58) Ebd., S.293.
(59) Ebd., S.18.
(60) Ebd., S.20.
(61) Ebd., S.21.
(62) Ebd., S.196.
(63) Immanuel Kant: Zu Johann Gottfried Herder: Ideen zur Philosophie der Geschichte der Menschheit. In: Ders.: Schriften zur Anthropologie, Geschichtsphilosophie, Politik und Pädagogik. Werkausgabe in 12 Bänden. Bd.12. Frankfurt am Main 1995, S.791.

（64）Ebd., S.790.
（65）Kant: Kant's handschriftlicher Nachlaß. Bd. XXI, S.346.
（66）Immanuel Kant: Idee zu einer allgemeinen Geschichte in weltbürgerlicher Absicht. In: Ders.: Schriften zur Anthropologie, Geschichtsphilosophie, Politik und Pädagogik. Werkausgabe in 12 Bänden. Bd.11. Frankfurt am Main 1996, S.35.
（67）Ebd., S.39.
（68）Ebd., S.47.

第八章　有機的な力　ヨーハン・ゴットフリート・ヘルダー

（1）伝記内容はすべて以下の書による。Friedrich Wilhelm Kantzenbach: Johann Gottfried Herder. Hamburg 2002.
（2）Vgl. Johann Gottfried Herder: Älteste Urkunde des Menschengeschlechts. In: Werke in zehn Bänden. Bd.5 Schriften zum alten Testament. Frankfurt am Main 1993, S.365f.
（3）Vgl., Ebd., S.425f.
（4）Vgl., Ebd., S.427.
（5）ヘルダーがここに記す「セト主義者 Sethiten」は、グノーシスの一派である Sethianer を指すと考えられる。Vgl. Hans Jonas: Gnosis. Die Botschaft des fremden Gottes. Aus dem Englischen übersetzt und herausgegeben von Christian Wiese. Frankfurt und Leipzig 2008, S.198.
（6）Herder: Älteste Urkunde des Menschengeschlechts, S.431.
（7）Ebd., S.426.
（8）Vgl. Daniel Chwolsohn: Die Ssabier und der Ssabismus. Bd.1. St. Petersburg 1856, S.43.

（9）Ebd., S.44.
（10）Vgl. Ebd., S.44f.
（11）Vgl. Ebd., S.100ff.
（12）Vgl. Ebd., S.139ff.
（13）Vgl. Johann Gottfried Herder: Ideen zur Philosophie der Geschichte der Menschheit. In: Werke in zehn Bänden. Bd.6 Ideen zur Philosophie der Geschichte der Menschheit. Frankfurt am Main 1989, S.398.
（14）Vgl. Ebd., S.440.
（15）Vgl. Ebd., S.441.
（16）ヘルダーはその判断のための資料として、ギーニュの『書経』の他に、フランスから中国へ赴いたイエズス会士ジョゼフ・アン-マリ・ドゥ・モワリアク・ドゥ・メラ Josph-Anne-Marie de Moyriac de Mailla（一六六九年）の『中国史概説あるいはその帝国の年代記 Histoire générale de la Chine, ou Annales de cet empire』（一七七七―八三年）と、同じくルイ・ル・コント（一六五五―一七二八年）の『中国の現在の姿についての新しい覚え書き Nouveaux Memoires sur l'etat present de la China』（一六九七年）を挙げている。Vgl. Ebd., S.433.
（17）Ebd., S.434.
（18）Vgl. Ebd.,S.402.
（19）Vgl. Ebd., S.411ff.
（20）Vgl. Ebd., S.386.
（21）Ebd., S.396f.
（22）Vgl., Ebd., S.422.
（23）Ebd., S.389.
（24）Ebd., S.147.

(25) Ebd., S.389.
(26) Ebd., S.635.
(27) Ebd., S.189.
(28) Ebd., S.28f.
(29) クライストにおけるいわゆる「カント危機」は、婚約者ヴィルヘルミーネ・フォン・ツェンゲ宛ての手紙(一八〇一年三月二十二日)の中で以下のように、「世界の複数性」を背景とした輪廻転生と関連づけられて表現される。「僕は子供の頃からすでに——ラインにいる頃、ヴィーラントの書いたものを読んだためと思うが——、次のように考えていた。つまり、より完全になることが、創造の目的なのではないか、と。われわれが死んだら、この星の上でわれわれが達成する完成の段階から先へと、また別のある星の上で進んで行くのではないか、われわれがここで集める真理という宝物を、またいつかむこうで用いることができるのではないか、と思っていた。こんな風に考えてから次第にある個人的な宗教が出来上がり、そしてやがて、ここでは一瞬も立ち止まらず、常に休むことなく、より高いレベルの完成された姿へと向かって進む努力が、僕の活動の唯一の原理となったのだった。自分を形づくることが、唯一の努力目標であり、真理が、所有するに足る唯一の財産である、と僕には思えた。(中略)最近僕はカント哲学を知るようになった、そしてそれに関していま君にひとつの考えをお伝えしなくてはならない。この考えが、僕と同じくらい君を深く痛ましく驚かせるだろうと、恐れてはならないのだから。(中略)もしもすべての人間が眼の代わりに緑色のレンズをもっていたら、その場合人間は、このレンズを通して見る対象が緑であると判断しなくてはならない。それはつまり、人間の眼が物をあるがままに示しているのかどうか、あるいは、人間の眼が物にではなく、眼に属しているものを、物の方にあるとして付け加えていないのかどうかを、人間は決して判断できないということなのだ。認識とはこんなふうになっている。われわれが真理と名付けるものが、本当に真理であるのかどうか、あるいはただわれわれにそう見えるだけなのかをわれわれは判断することができないのである。もし後者の場合、われわれがここで集める真理は、死後にはもはや存在しないことになる。そして、墓の中でもわれわれについてくる財産を獲得するあらゆる努力はむなしいのだ」。Heinrich von Kleist: Sämtliche Werke und Briefe. Bd.4 Briefe von und an Heinrich von Kleist 1793-1811. Frankfurt am Main. 1997, S.204f.

（30）Herder: Ideen zur Philosophie der Geschichte der Menschheit, S.188.

（31）Ebd., S.193.

（32）Ebd., S.190.

（33）Vgl. Immanuel Kant: Träume eines Geistersehers, erläutert durch Träume der Metaphysik. In: Werkausgabe in 12 Bänden. Bd. 2 Vorkritische Schriften bis 1768. Frankfurt am Main 1996, S.940.

（34）Herder: Ideen zur Philosophie der Geschichte der Menschheit, S.194.

（35）Ebd., S.31.

（36）Vgl., Ebd., S.30f.

（37）Johann Baptiste Horváth: Physica particularis, Tyrnava 1777, S.85. ゲーテも後に『色彩論』の中でホルヴァートの書物を名指して、光のスペクトルをやはり「光の糸」と呼んでいる。Vgl. Johann Wolfgang Goethe: Zur Farbenlehre. In: Sämtliche Werke. I. Abteilung: Bd.23/ I., Frankfurt am Main 1991, S.903.

（38）Herder: Ideen zur Philosophie der Geschichte der Menschheit, S.73.

（39）Ebd.

（40）Ebd., S.90.

（41）Vgl. Abraham Trembley: Mémoires pour servir à l'histoire d'un genre de polypes d'eau douce. Leide 1744.

（42）Des Herrn Trembley Abhandlungen zur Geschichte einer Polypenart des süßen Wassers mit hörnerförmigen Armen aus dem Französischen übersetzt und mit einigen Zusätzen herausgegeben von Johann August Ephraim Goeze. Quedlinburg 1775, S.4.

（43）Vgl. Kristian Köchy: Ganzheit und Wissenschaft. Das historische Fallbeispiel der romantischen Naturforschung.

Würzburg 1997, S.168.

（44）Herder: Ideen zur Philosophie der Geschichte der Menschheit, S.90.

（45）Vgl. Caspar Friedrich Wolff: Theoria generationis. Halae 1759.

（46）ハンス・ドリーシュ『生気論の歴史と理論』米本昌平訳、書籍工房早山、二〇〇七年、二八頁以下参照。

（47）Vgl. Ernst Haeckel: Generelle Morphologie der Organismen. Allgemeine Grundzüge der organischen Formen-Wissenschaft, mechanisch begründet durch die von Charles Darwin reformirte Descendenz-Theorie. Berlin 1866, Bd.2, S.300.

（48）Caspar Friedrich Wolff: Theorie von der Generation. Berlin 1764, S.206.

（49）Wolff: Theoria generationis, S.73. u. Vgl. Wolff: Theorie von der Generation, S.160.

（50）『スピノザの教説について』の中で語られるところによれば、ヤコービは会見の際、レッシングにゲーテの名前を伏せて、『プロメーテウス Prometheus』（一七七五年頃）という、摂理に反旗を翻すような内容をもつ詩を差し出し、これを読んだレッシングはその詩の書かれた「観点」に通暁しているといって、それが「ヘン・カイ・パン」という、オーソドックスとは異なる神のイメージであると告白する（Vgl. Friedrich Heinrich Jacobi: Über die Lehre des Spinoza in Briefen an den Herrn Moses Mendelssohn. Hamburg 2000, S.22.）。一七八五年初版では会見の際に読ませたこの詩について、「良き動機から名前を挙げることができない」としている（一七八五年版、一一頁参照）。一方で、初版四八頁と四九頁の間には、件の詩『プロメーテウス』が頁数抜きで挿入されてあり、このような書物の体裁にしたヤコービの理由が巻末の「お知らせ Nachricht」に記されている。それによれば、「プロメーテウスのせいで、私の書物がそこかしこで差し押さえられることがまったくあり得ないわけではない。そうした場所では、罰に相当する、特別の頁を取り除くことで我慢されるよう、私は希望する」。さらに「お知らせ」には、詩が取り除かれる場合には、『プロメーテウス』を読んでレッシングが「ヘン・カイ・パン」を叫ぶエピソードを記した頁そのものを切り取って、この「お知らせ」に続く白紙の頁をその代わりに挿入されたい、とも記されてある。ヤコービがこのような仕掛けを書物に施したのは、巻頭にゲーテの名前とともにあたかもモットーのようにして置いた『神的なるもの』（一七八三年）がゲーテの作であるのを示しておいて、さらに問題作である『プロメーテウス』をもまたゲーテ作であると人々に思わせ、ひいてはゲーテにもまた、レッシングと同様に、「スピノザ主義」の烙印を押そうとする意図があったためだった。これはゲーテ本人が一七八五年九月十一日にヤコービに書き寄越した手紙によって裏付けられている。さらに同年九月二十六日のヤコービ宛ての手紙でゲーテは、「お知らせ」と「『プロメーテウス』の頁」によってむしろ「差し押さえを刺激した」とさえ書いているのであり、もしも『プロメーテウス』が削除された形の初版が人の手に渡れば、巻頭のゲーテの詩『神的なるもの』が『スピノザの教説について』の基調となり、これが仲立ちとなることによって、レッシングと「スピノザ主義」との関わりが読者に想起されるよう働く、そのようなもうひとつの仕掛けがヤコービによって用意されていたと考えられる。

（51）Baruch de Spinoza: Ethik in geometrischer Ordnung dargestellt. Lateinisch-Deutsch. Hamburg 2015, S.104.
（52）Ebd., S.28.
（53）『スピノザ往復書簡集』畠中尚志訳、岩波文庫、二〇〇五年、三八頁参照。
（54）Spinoza: Ethik, S.30.
（55）Ebd.
（56）Ebd., S.40.
（57）Johann Gottfried Herder: Gott. Einige Gespräche. In: Werke in zehn Bänden. Bd.4 Schriften zu Philosophie, Literatur, Kunst und Altertum 1774-1787. Frankfurt am Main 1994, S.743f.
（58）Vgl. Ebd., S.728.
（59）Ebd., S.709.
（60）Vgl. Ebd., S.714.
（61）Ebd., S.709.

(62) Ebd., S.710.
(63) Ebd., S.713.
(64) Ebd., S.772.
(65) アリストテレス『自然学』全集第四巻、内山勝利訳、岩波書店、二〇一七年、一五二頁。
(66) Immanuel Kant: Kritik der reinen Vernunft. In: Immanuel Kant Werkausgabe IV. Frankfurt am Main 1992, S.418.
(67) Gotthold Ephraim Lessing: Über die Wirklichkeit der Dinge außer Gott. In: Werke und Briefe in 12 Bänden. Bd. 5/1 Werke 1760-1766. Frankfurt am Main 1990, S.401.
(68) ガリレオ・ガリレイ『新科学対話』上、今野武雄・日田節次訳、岩波文庫、二〇一五年、六〇頁。
(69) Herder: Gott. Einige Gespräche, S.746.
(70) Vgl. Joseph Dan: Die Kabbala. Eine kleine Einführung. Aus dem Englischen übersetzt von Christian Wiese. Stuttgart 2012, S.110ff.
(71) Herder: Gott. Einige Gespräche, S.715.
(72) Ebd., S.776.
(73) Ebd.,
(74) Ebd., S.774
(75) Vgl. Emanuel Swedenborg: Die Himmlischen Geheimnisse. Zürich 1999 (=Orthographisch und typographisch revidierter Nachdruck der Basler Ausgabe von 1867-69), Bd.15, S.173.
(76) Herder: Gott. Einige Gespräche, S.781.
(77) Ebd., S.776.
(78) Vgl. Ebd., S.724.
(79) Ebd., S.790.

(80) Ebd., S.788.

第九章　メタモルフォーゼ　ヨーハン・ヴォルフガング・ゲーテ

(1) 伝記的情報は以下の書に拠る。Johann Wolfgang Goethe: Aus meinem Leben. Dichtung und Wahrheit. In: Goethe Sämtliche Werke I. Abteilung Bd.14. Frankfurt am Main 1986.

(2) Johann Wolfgang Goethe: Der Inhalt bevorwortet. In: Goethe Sämtliche Werke I. Abteilung. Bd.24 Schriften zur Morphologie. Frankfurt am Main 1987, S.405.

(3) Ebd., S.403.

(4) Johann Wolfgang Goethe: <Bildung der Erde>. In: Goethe Sämtliche Werke I. Abteilung. Bd.25 Schriften zur allgemeinen Naturlehre, Geologie und Mineralogie. Frankfurt am Main 1989, S.527.

(5) Vgl. Abraham Gottlob Werner: Kurze Klassifikation und Beschreibung der verschiedenen Gebürgsarten. Dresden 1787, S.5f.

(6) Vgl. Otfried Wagenbreth: Geschichte der Geologie in Deutschland. Heidelberg 2015, S.33. u. David Young: Die Entdeckung der Evolution. Basel 1994, S.74.

(7) Goethe: <Epochen der Gesteinsbildung>. In: Goethe Sämtliche Werke I. Abteilung. Bd.25, S.318f.

(8) Johann Wolfgang von Goethe: Über den Granit. In: Goethes Werke Band XIII. München 1994, S. 255f.

(9) Vgl. Johann Wolfgang Goethe: Der Dynamismus in der Geologie. In: Goethes Werke II. Abteilung Bd. 10. Weimar 1894, S.81f.

(10) Goethe: Aus meinem Leben. Dichtung und Wahrheit, S.382.

(11) Ebd., S.382ff.

(12) Vgl. Herrn Georgii von Welling Opus mago-cabbalisticum et theosophicum, darinnen der Ursprung, Natur, Eigenschaften und Gebrauch des Saltzes, Schwefels und Mercurii, in dreyen Theilen beschrieben. Andere Auflage. Franckfurt und Leipzig 1760, zwischen S.494 u. S.495.

(13) Johann Wolfgang von Goethe: Faust. In: Goethes Werke Band III. Dramatische Dichtungen I. München 1996, S. 193.

(14) Vgl. Wilhelm Vollmer: Wörterbuch der Mythologie aller Völker. Neu bearbeitet von Dr. W. Binder. Mit einer Einleitung in die mythologische Wissenschaft von Dr. Johannes Minckwitz. Dritte Auflage. Stuttgart 1874, S. 59.

(15) プルタルコス「神託の衰微について」丸橋裕訳、『モラリア』5所収、京都大学学術出版会、二〇〇九年、二三五頁以下参照。

(16) Vgl. Proclus: The Commentaries of Proclus on the Timaeus of Plato, in five books. Translated from the Greek, by Thomas Taylor. Vol. I. London 1820, S.384.

(17) プルタルコス、前掲書、二八〇頁。

(18) 同書、同頁参照。

(19) ガリレオ・ガリレイ『天文対話』上、青木靖三訳、岩波文庫、二〇〇九年、二〇頁参照。

(20) プルターク『プルターク英雄伝』四、河野与一訳、岩波文庫、一九九一年、一六六頁参照。

(21) Vgl. Diodorus Siculus: Library of History, Volume III. London 1989, S.79ff.

(22) Vgl. Vollmer: Wörterbuch der Mythologie aller Völker, S.12.

(23) Vgl. Johann Wolfgang Goethe: West-oestlicher Divan. In: Goethe Sämtliche Werke. Bd.3/I. Frankfurt am Main 1994, S.248.

(24) Vgl. Ebd., S.237.

(25) Vgl. Ebd., S.239.

(26) Goethe: Faust, S.210.

（27）柴田翔『晩年の奇跡——ゲーテの老年期』ノースアジア大学出版センター、二〇一二年、六五頁参照。
（28）Goethe: Faust, S.256.
（29）Immanuel Kant: Kritik der Urteilskraft. In: Immanuel Kant Werkausgabe X. Frankfurt am Main 1994, S.193.

坂本貴志

1969年生まれ. 専攻, ドイツ文学. 東京大学大学院人文社会系研究科博士課程修了. 博士（文学）. 現在, 立教大学文学部教授.
主要著書 :『秘教的伝統とドイツ近代――ヘルメス、オルフェウス、ピュタゴラスの文化史的変奏』（ぷねうま舎, 2014）,「崇高による自由の理念の救出と歴史哲学――シラーの三部作悲劇『ヴァレンシュタイン』」（東京大学大学院人文社会系研究科博士論文ライブラリー, 2003）.

〈世界知〉の劇場
――キルヒャーからゲーテまで

2021年9月24日　第1刷発行

著　者　坂本貴志

発行所　未来哲学研究所
https://miraitetsugaku.com

発売所　株式会社ぷねうま舎
〒162-0805
東京都新宿区矢来町122　第二矢来ビル3F
電話 03-5228-5842　ファックス 03-5228-5843
http://www.pneumasha.com

印刷・製本　株式会社ディグ

© Takashi Sakamoto, 2021
ISBN 978-4-910154-22-0　Printed in Japan

《未来哲学双書》
東洋哲学序説　井筒俊彦と二重の見
西平　直
四六判・二一四頁
本体二〇〇〇円

《未来哲学双書》
東洋哲学序説　西田幾多郎と双面性
西平　直
四六判・二二八頁
本体二三〇〇円

《未来哲学双書》
仏教哲学序説
護山真也
四六判・二八〇頁
本体二四〇〇円

《未来哲学双書》
無駄な死など、どこにもない
――パンデミックと向きあう哲学――
山内志朗
四六判・二五六頁
本体一八〇〇円

一八世紀　近代の臨界
――ディドロとモーツァルト――
鷲見洋一
四六判・四〇〇頁
本体四三〇〇円

いま・ここのポリフォニー
――輪切りで読む初発の近代――
鷲見洋一
四六判・三〇四頁
本体二八〇〇円

クザーヌス　生きている中世
――開かれた世界と閉じた世界――
八巻和彦
A5判・五一〇頁
本体五六〇〇円

秘教的伝統とドイツ近代
――ヘルメス、オルフェウス、ピュタゴラスの文化史的変奏――
坂本貴志
A5判・三四〇頁
本体四六〇〇円

ぷねうま舎

表示の本体価格に消費税が加算されます
2021年9月現在